新型蜂窝舷侧防护结构耐撞性能分析与优化

何 强 著

CRASHWORTHINESS ANALYSIS AND OPTIMIZATION OF NOVEL BROADSIDE DEFENSIVE HONEYCOMB STRUCTURES

北京理工大学出版社
BEIJING INSTITUTE OF TECHNOLOGY PRESS

版权专有　侵权必究

图书在版编目（CIP）数据

新型蜂窝舷侧防护结构耐撞性能分析与优化／何强著．—北京：北京理工大学出版社，2018.8
　　ISBN 978－7－5682－6052－7

　　Ⅰ．①新…　Ⅱ．①何…　Ⅲ．①船舣－船体结构－结构设计
Ⅳ．①U663.3

　　中国版本图书馆CIP数据核字（2018）第183968号

出版发行／	北京理工大学出版社有限责任公司
社　　址／	北京市海淀区中关村南大街5号
邮　　编／	100081
电　　话／	（010）68914775（总编室）
	（010）82562903（教材售后服务热线）
	（010）68948351（其他图书服务热线）
网　　址／	http：//www.bitpress.com.cn
经　　销／	全国各地新华书店
印　　刷／	保定市中画美凯印刷有限公司
开　　本／	710毫米×1000毫米　1/16
印　　张／	12.75
字　　数／	216千字
版　　次／	2018年8月第1版　2018年8月第1次印刷
定　　价／	58.00元

责任编辑／王玲玲
文案编辑／王玲玲
责任校对／周瑞红
责任印制／李志强

图书出现印装质量问题，请拨打售后服务热线，本社负责调换

前 言

  舰船舷侧防护结构作为各种水面舰船抵御各种战术武器攻击的有效手段，一直以来受到各个国家的重视。现代舰船通常在舷侧设置多层防护结构，其目的就是有效地抵御各种战术武器的攻击，保证舰船在受到各种武器攻击下所产生的破损或毁坏程度能控制在允许的状态和范围内，从而提高舰艇的生存和作战能力。

  蜂窝材料具有质量小、比强度和比刚度高、稳定性好等众多优点，被广泛地应用在舰船舷侧防护结构上。新一代高技术舰船领域的发展对舷侧防护结构的性能指标提出了更高的要求。如何在现有舰船常规抗冲击防护结构形式的基础上寻求一种可行的蜂窝结构，有效降低传递到船舱内部的应力水平，并通过其耗能尽可能多地吸收冲击能量，已经成为提高舷侧防护结构设计性能的重要问题。

  本书围绕控制进入被保护结构应力值及提高蜂窝材料的能量吸收能力展开。在理论分析、试验研究和数值仿真的基础上对蜂窝舷侧防护结构受面内及面外冲击载荷作用下的力学性能进行了研究，并对受面外冲击载荷作用下的蜂窝结构进行了耐撞性优化设计。

  本书由 6 个章节组成：第 1 章介绍了蜂窝舷侧防护结构力学性能的研究背景，以及本书的研究目标和研究内容。第 2 章和第 3 章从降低传入到被保护结构的应力水平入手，研究蜂窝结构面内冲击性能。通过第 2 章和第 3 章对蜂窝结构面内冲击性能的研究发现，利用其面内方向压缩吸能有可能降低传入到被保护结构的应力值，但是其吸能能力也远小于面外压缩时的吸能能力。作为基础理论研究，为通过其耗能尽可能多地吸收冲击能量，有必要进一步考虑利用蜂窝结构的面外方向压缩进行吸能。紧接着，第 4 章对常规正六边形蜂窝进行了面外准静态压缩试验，并得到了可靠的数值仿真模型，为第 5 章和第 6 章中其他构型蜂窝面外方向压缩的有限元仿真奠定基础。与此同时，为吸收尽可能多的冲击能量，本书第 5 章对加筋形式蜂窝面外压缩性能进行了研究。第 6 章更是选取三种新型蜂窝为研究对象。

  本书内容是根据作者近期的科研成果和经验整理而成的，在此特别感谢南京理工大学的马大为教授、朱忠领副教授、张震东讲师和仲健林讲师对本书编写过程中的切实指导。同时，也要感谢陈宇、任锐、杨春浩、李恩义及书稿的评阅人等，这本书是和他们交流的结果。

何　强

目 录
CONTENTS

1 绪论 ·· 001
  1.1 研究背景和意义 ·· 001
  1.2 蜂窝舷侧防护结构面内力学性能研究现状 ································ 002
      1.2.1 规则蜂窝结构面内力学性能研究 ·································· 002
      1.2.2 功能梯度蜂窝结构面内力学性能研究 ··························· 008
      1.2.3 含缺陷蜂窝结构面内力学性能研究 ······························ 009
  1.3 蜂窝舷侧防护结构面外力学性能研究现状 ································ 012
  1.4 吸能结构耐撞性及耐撞性优化 ·· 018
      1.4.1 吸能结构耐撞性 ·· 018
      1.4.2 吸能结构耐撞性优化 ··· 019
      1.4.3 吸能结构耐撞性优化设计研究现状 ······························ 020
  1.5 显示有限元理论简介 ··· 022
      1.5.1 弹塑性动力学基本方程 ·· 023
      1.5.2 显示积分算法 ··· 024
      1.5.3 接触-碰撞界面算法 ··· 025
  1.6 本书的主要内容 ··· 026
  1.7 本书的结构安排 ··· 028

2 功能梯度蜂窝舷侧防护结构的面内冲击性能研究 ················· 031
2.1 理论分析 ················· 032
2.2 递变屈服强度梯度圆形蜂窝面内冲击性能研究 ················· 033
2.2.1 有限元数值模型 ················· 033
2.2.2 有限元模型可靠性分析 ················· 034
2.2.3 变形模式 ················· 035
2.2.4 递变梯度蜂窝材料冲击端动态应力 ················· 038
2.2.5 递变梯度蜂窝材料固定端动态应力 ················· 040
2.2.6 递变梯度蜂窝材料能量吸收特性 ················· 041
2.3 分层屈服强度梯度圆形蜂窝面内冲击性能研究 ················· 043
2.3.1 有限元数值模型 ················· 043
2.3.2 变形模式 ················· 044
2.3.3 分层梯度蜂窝材料冲击端动态应力 ················· 047
2.3.4 分层梯度蜂窝材料固定端动态应力 ················· 048
2.3.5 分层梯度蜂窝材料能量吸收特性 ················· 049
2.4 小结 ················· 050

3 含填充孔缺陷蜂窝舷侧防护结构的面内冲击吸能特性研究 ················· 052
3.1 含随机填充孔缺陷圆形蜂窝材料面内冲击吸能特性研究 ················· 053
3.1.1 有限元数值模型 ················· 053
3.1.2 变形模式 ················· 054
3.1.3 冲击端平台应力的速度效应 ················· 057
3.1.4 随机填充孔对蜂窝结构平台应力的影响 ················· 059
3.1.5 含随机填充孔圆形蜂窝能量吸收特性 ················· 061
3.2 含集中填充孔缺陷圆形蜂窝材料面内冲击吸能特性研究 ················· 062
3.2.1 有限元数值模型 ················· 062
3.2.2 变形模式 ················· 063
3.2.3 含集中填充孔缺陷圆形蜂窝冲击端动态响应特性 ················· 065

3.2.4　含集中填充孔圆形蜂窝能量吸收特性 …………………… 069
3.3　含集中填充孔缺陷六边形蜂窝材料面内冲击吸能特性研究 … 070
3.3.1　有限元数值模型 ………………………………………… 070
3.3.2　变形模式 ………………………………………………… 072
3.3.3　含集中填充孔缺陷六边形蜂窝冲击端动态响应
特性 ……………………………………………………… 077
3.3.4　含集中填充孔缺陷六边形蜂窝能量吸收特性 ………… 082
3.4　小结 …………………………………………………………… 083

4　正六边形蜂窝舷侧防护结构面外压缩力学特性分析 ………… 085
4.1　准静态压缩试验研究 ………………………………………… 086
4.2　有限元模型的建立和验证 …………………………………… 087
4.2.1　有限元模型的建立 ……………………………………… 087
4.2.2　有限元模型的验证 ……………………………………… 088
4.3　蜂窝夹层板和纯蜂窝结构的面外压缩性能比较 …………… 091
4.4　正六边形蜂窝舷侧防护结构耐撞性因子筛选 ……………… 092
4.4.1　析因设计的理论基础 …………………………………… 092
4.4.2　分析因子和设计目标 …………………………………… 095
4.4.3　因子筛选 ………………………………………………… 097
4.5　小结 …………………………………………………………… 101

5　加筋正六边形蜂窝舷侧防护结构面外压缩性能
研究及优化设计 ………………………………………………… 102
5.1　蜂窝夹层板有限元建模 ……………………………………… 103
5.1.1　有限元数值模型 ………………………………………… 103
5.1.2　蜂窝夹芯层胞元属性与密度表征 ……………………… 104
5.2　数值仿真结果和分析 ………………………………………… 105
5.2.1　加筋蜂窝吸能特性直观比较 …………………………… 105
5.2.2　筋胞壁厚匹配效应研究 ………………………………… 107

5.3 优化理论和方法 …………………………………………………… 111
　　5.3.1 试验设计方法介绍及选择 ………………………………… 111
　　5.3.2 代理模型建模方法 ………………………………………… 115
　　5.3.3 代理模型精度分析和方法 ………………………………… 117
　　5.3.4 优化算法 …………………………………………………… 118
　　5.3.5 耐撞性优化设计流程 ……………………………………… 120
5.4 单筋加强蜂窝舷侧防护结构单目标优化设计 ……………………… 122
　　5.4.1 单目标优化问题的建立 …………………………………… 122
　　5.4.2 试验样本点采集 …………………………………………… 123
　　5.4.3 代理模型精度比较 ………………………………………… 123
　　5.4.4 优化结果与分析 …………………………………………… 129
5.5 双筋加强蜂窝舷侧防护结构轴向压缩的参数化研究 ……………… 130
　　5.5.1 筋板厚度的影响 …………………………………………… 131
　　5.5.2 胞壁夹角的影响 …………………………………………… 132
　　5.5.3 胞元厚度及边长的影响 …………………………………… 133
　　5.5.4 蜂窝底部约束条件的影响 ………………………………… 135
　　5.5.5 撞击块质量和撞击速度的影响 …………………………… 136
5.6 双筋加强蜂窝多目标优化设计 ……………………………………… 137
　　5.6.1 多目标优化问题的建立 …………………………………… 137
　　5.6.2 优化结果与分析 …………………………………………… 139
5.7 小结 …………………………………………………………………… 141

6 新型蜂窝舷侧防护结构面外压缩应力计算及耐撞性优化设计

6.1 超折叠单元理论 ……………………………………………………… 144
6.2 简化超折叠单元理论 ………………………………………………… 147
6.3 基于简化超折叠单元法的轴向压缩应力计算 ……………………… 150
　　6.3.1 双筋加强正六边形蜂窝轴向压缩应力理论计算 ………… 150
　　6.3.2 四边手性胞元蜂窝轴向压缩应力理论计算 ……………… 153

  6.3.3　弯曲胞元蜂窝轴向压缩应力理论计算 ……………………… 157
 6.4　有限元数值仿真 …………………………………………………… 159
  6.4.1　有限元模型 …………………………………………………… 159
  6.4.2　有限元计算结果 ……………………………………………… 159
 6.5　轴向压缩应力理论计算验证及讨论 ………………………………… 160
 6.6　耐撞性优化设计 …………………………………………………… 163
  6.6.1　优化问题的建立 ……………………………………………… 163
  6.6.2　优化结果 ……………………………………………………… 166
 6.7　小结 ………………………………………………………………… 170

7　结束语 ……………………………………………………………………… 171
 7.1　全书总结 …………………………………………………………… 171
 7.2　主要贡献和创新点 ………………………………………………… 175

参考文献 ……………………………………………………………………… 177

1 绪 论

1.1 研究背景和意义

海军是维护国家海权、保护海上活动安全的中坚力量。在历次海战中，大型水面舰船起着举足轻重的作用。如今，随着反舰武器，尤其是反舰导弹的快速发展，大型水面舰船由于目标大，航行速度有限，极易受到敌方攻击。水面舰船抗冲击性能是舰船生命力的重要方面，如何设计优良的抗冲击结构，提高船体结构的抗冲击性能，进而提高舰船生命力，一直深受各国海军重视。作为高效率、能源节约型复合材料的典型代表，蜂窝材料具有质量小、比强度和比刚度高、稳定性好等众多优点，在舰船舷侧防护结构上的应用研究受到了越来越多的关注。与此同时，《中国制造2025》也明确提出了要大力推动海洋工程装备及高技术船舶重点领域的突破发展。新一代高技术舰船领域的发展对舷侧防护结构的性能指标提出了更高的要求，如何在现有舰船常规抗冲击防护结构形式的基础上寻求一种可行的蜂窝结构，有效降低传递到船舱内部的应力水平，并通过其耗能尽可能多地吸收冲击能量，已经成为提高舷侧防护结构设计性能的重要问题。

蜂窝结构具有轻质、比强度和比刚度高、抗震、隔热、阻燃和表面平整光滑等优良特性，它的尺度分布非常广，小到细胞壁、闭孔泡沫胞壁，大到飞机机身、冷却塔。蜂窝结构广泛应用于航空航天、汽车、机械、土木等各个领域，其中金属铝蜂窝结构作为一种低成本、高吸能效率的构件，已广泛应用于飞机、汽车、铁路列车和轮船中的碰撞动能耗散系统中。

以圆形胞元蜂窝材料为例，其结构如图 1.1.1 所示。X_1 轴垂直于蜂窝单元的横向壁面；X_2 轴平行于蜂窝单元的竖向壁面；X_3 轴垂直于蜂窝芯面，沿深度方向。当应力作用在 $X_1 - X_3$ 或 $X_2 - X_3$ 面内或平行于它们，蜂窝材料所表现出来的性能称为面内性能（共面性能）；当应力作用在 X_1-X_2 面内或平行于它，蜂窝材料所表现出来的性能称为面外性能（异面性能）。蜂窝材料用作吸能装置时，其吸能性能与受冲击载荷作用方向关系密切。当受到面内冲击载荷作用时，应力波在蜂窝材料逐层胞元内传播，固定端和冲击端动态响应有所差异，有利于降低传递到被保护结构的应力水平，但是蜂窝胞元沿着面内方向压缩的总吸能有限；当受到面外冲击载荷作用时，蜂窝胞壁沿轴向折叠压缩，具有较强的吸能能力。

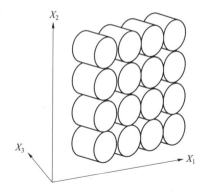

图 1.1.1　圆形蜂窝结构图

本书以国家自然科学基金青年项目为背景，为了提高舰船抗冲击性能，拟设计新型的蜂窝舷侧防护结构，一方面有效降低传递到船舱内部的应力水平，另一方面，通过其耗能尽可能多地吸收冲击能量。作为该功能构件设计的前期理论研究，本书主要围绕如何控制进入被保护结构应力值及提高蜂窝材料的能量吸收能力，在理论分析、试验研究和数值仿真的基础上，展开对蜂窝铝类功能构件受面内及面外冲击载荷作用下缓冲吸能特性的研究，并对受面外冲击载荷作用下的蜂窝舷侧防护结构进行了耐撞性优化设计。研究成果可为新型舷侧防护结构的设计提供理论依据和技术支持，同时可推广到其他缓冲吸能领域研究中。

1.2　蜂窝舷侧防护结构面内力学性能研究现状

1.2.1　规则蜂窝结构面内力学性能研究

蜂窝结构具有明显的结构拓扑敏感性，蜂窝结构的面内冲击力学响应是单一的材料特性，并且取决于它的结构拓扑属性。如何建立材料拓扑结构与力学行为间的关系，从而根据应用需求实现蜂窝的结构拓扑自设计，一直属于研究的前沿。与传统材料类似，面内载荷作用下蜂窝材料力学性能的研究主要包括应力波的传播和结构的静态及动态响应。前者将蜂窝结构的响应作为一个过程，主要研究局部扰动及其传播问题。后者忽略了扰动的传播过程，主要侧重于微观结构与静态响应的关系（主要指弹性模量和屈服强度）、结构的变形、断裂和失效准则及其与时间的关系。

由于蜂窝材料中应力波传播问题的复杂性，目前国内外涉及应力波在蜂窝介质中传播问题的研究还很有限。应力波在蜂窝材料内传播的过程中，会发生大量的折射和反射，其传播方向也在不断发生改变。尽管波动方程在原则上与均匀介质中的方程形式相同，但方程中材料参数已经不再是常数，而是关于坐标的函数。此时波动方程中包括了材料参数对坐标的偏导数，运动微分方程变得更为复杂，而材料属性随坐标的变化很难预测，因此很难求得问题的精确解。并且应力波在非完全弹性介质中传播的同时会产生衰减，其部分机械能在传播过程中转化为热能或其他形式的能量而被耗散。考虑到构成蜂窝结构的材料在一些特殊情况下不能完全作为弹性介质来处理（尤其是作为减震、防冲击的包装、防护材料，其应力波和能量衰减是其主要设计目标），因此应力波的衰减问题也需要考虑。

对于弹性波在多孔介质中的传播，一些学者采用实体材料的分析方法[1,2]，材料中的波速由 $c=\sqrt{E/\rho}$ 给出。然而从结构的角度来看，蜂窝材料中的应力不仅由拉压模式引起，还与弯曲、剪切和扭曲模式等有关。这就意味着 $c=\sqrt{E/\rho}$ 已不能准确描述弹性波在蜂窝材料中的传播。另外，根据应力波理论，当应力-应变曲线相对于应变轴外凸时，随后发生的塑性波将以渐增的速度传播，产生一个冲击波波前。由于几乎所有的蜂窝材料都展示了这样的应力-应变关系，因此冲击波理论可以用于解释蜂窝材料的动力学响应特性[3]。Reid 等[1]首先提出了圆环系统的"结构冲击模型"。Stronge 等[4]发展了一维冲击波理论模型，用以刻画塑性区波前在多胞材料中的传播。Reid 和 Peng 等[3]基于一维冲击波理论和理想刚塑性模型，研究了木材中应力波的传播过程，给出了多胞材料中应力平台计算公式。Zou 等[5]运用有限元方法建立六边形蜂窝的二维模型，研究了胞元结构的动力学响应特性及其压缩前沿的特征，从而检验 Reid 和 Peng 等[3]基于一维冲击波理论得出的计算公式。Hönig 等[6,7]讨论了冲击荷载作用下蜂窝材料的初始压缩变形带和波的传播,并通过应力波传播理论给出了临界速度的表达式。Liu 等[8]对具有密度梯度特性蜂窝杆中的应力波传递进行了研究,确定了应力波波前速度的改变及冲击应力的演化过程。

目前,国内外对蜂窝材料和结构的动力学性能研究主要集中于对结构静态及动态响应的讨论。蜂窝材料微观结构与静态或准静态响应间的关系(主要是弹性模量和屈服强度)已经基本确定。这方面研究主要涉及理论分析、数值计算及试验研究。

理论分析方面主要包括能量守恒法和均匀化有限元方法。Kelsey 等[9]首次运用能量守恒法计算出了正六边形蜂窝的剪切模量。赵剑等[10]对 Kelsey 模型的典型单元进行了简化,并且运用最小势能原理和最小余能原理分析了简化后典型单元的力学性能,所得解析式与 Kelsey 的一致。周祝林等[11]运用能量守恒法对蜂窝面内弹性模量的上下限进行了理论推导,并通过试验证了所得公式。Gibson 和 Ashby 等[12]采用胞元模型,将蜂窝胞壁简化为线弹性 Bernoulli – Euler 梁模型,并考虑了胞壁的弯曲变形,忽略其伸缩变形、剪切变形和 x 及 y 方向厚度的不一致性,得出了蜂窝结构等效弹性模量的理论计算式。富明慧等[13]基于 Gibson 和 Ashby 提出的胞元模型,考虑了胞壁的弯曲变形及伸缩变形、忽略其剪切变形和 x 及 y 方向厚度的不同,对 Gibson 公式进行了修正,扩大了该公式的应用范围,提高了分析精度。Masters 等[14]考虑了胞壁的弯曲变形、拉伸变形,并忽略了胞壁的剪切变形和 x 及 y 方向厚度的不一致性,再次对 Gibson 公式进行了修正。Burton 等[15]则在 Gibson 公式的基础上,考虑 x 及 y 方向厚度的不一致性,但是忽略胞壁的伸缩变形和剪切变形,得到了蜂窝结构等效弹性模量理论公式。王颖坚等[16]在 Gibson 公式的基础上,考虑了胞壁弯矩对面内剪切模量的影响,对 Gibson 面内剪切模量计算公式进行了修正。Warren 等[17]认为 Gibson 及相关修正公式只适合相对密度较小的蜂窝结构,当胞壁厚度与长度相差不大时,仅用梁模型已不能准确地模拟胞壁的受力,通过柔性系数的引入,Warren 推导出蜂窝结构弹性模量计算式。Sayed 等[18]用理论方法分析了蜂窝结构的面内力学性能及胞壁屈曲特性。卢子兴等[19]提出了一种具有负泊松比效应、由部分内凹及部分规则六边形组成的结构,并且预测了模型的泊松比及刚度系数随角度的变化关系,计算了该模型的剪应变,同时通过能量法给出了其弹性本构方程。孙德强等[20]考虑共面载荷作用时薄壁蜂窝铝孔壁的弯曲伸缩和剪切变形，基于梁理论精确推导出了其共面弹性模量的计算公式。蓝林华等[21]运用能量法研究了大变形条件下蜂窝材料的非线性剪切变形行为，建立了相应的非线性代数方程组，确定了等效剪应力和剪应变间的非线性曲线，并给出了剪切模量的非线性修正因子。牛斌等[22]采用桁架模型推导了正交各向异性 Kagome 单胞蜂窝材料的等效刚度和强度，并讨论了等效刚度与各向异性率及相对密度的关系。陈梦成等[23]考虑了弯曲变形、伸缩变形和剪切变形对面内等效刚度的影响，推导了六边形蜂窝面内等效弹性参数理论公式。颜芳芳等[24]提出一种负泊松比柔性蜂窝结构，并且运用能量法建立了柔性蜂窝蒙皮结构的力学分析模型，研究了柔性蜂窝结构参数对面内变形能力的影响，并对结果进行了有限元仿真分析与试验验证。彭海峰等[25]设计出一种柔韧性较好、特定方向模量低且承载能力较强的新型蜂窝结构，并对其力学性能进行了理论计算。鲁超等[26]基于能量法，采用柔性悬臂梁模型和欧拉梁模型分别对零泊松比蜂窝芯斜壁板大变形条件下的弯曲变形和蜂窝芯横壁板小变形条件下的变形进行分析，推导出了零泊松比蜂窝芯面内等效弹性模量理论计算公式。李响等[27]通过优化排列六边形和四边形夹心胞元，设计出六边形和四边形的组合胞元结构，提出了类蜂窝夹层结构的概念并对其进行了创新构型，同时计算出相应的等效力学参数。鲁超等[28]采用柔性悬臂梁模型，对一种负泊松比蜂窝结构大变形条件下的弯曲变形进行分析，给出了结构面内等效弹性模量理论计算公式。

在均匀化方法方面，Shi 等[29]提出运用渐进均匀方法计算正六边形蜂窝等效弹性模量。庄守兵等[30]运用均匀有限元方法计算了正方形蜂窝的面内弹性模量。王志华等[31]用均匀化方法分析了不同相对密度下正方形蜂窝的等效弹性模量。王飞等[32]用均匀化方法分析了相对密度对正六边形蜂窝面内等效弹性模量和泊松比的影响。Okumura 等[33]采用均匀化理论讨论了受面内双轴压缩时弹性蜂窝微观屈曲模式的变化。随后，他们基于均匀化理论建立了一个通用的框架来分析蜂窝结构的微观分叉及后分叉行为[34]。邱克鹏等[35]基于均匀化方法并结合有限元技术计算出了蜂窝结构的等效弹性常数。

在数值计算研究方面，Grediac 等[36]首次运用有限元法分析了蜂窝的等效剪切模量。Meraghni 等[37]将有限元法推广到蜂窝所有弹性常数的计算。

Chamis 等[38]建立了蜂窝结构的 3D 有限元模型，用 ANSYS 模拟计算了其有效弹性常数。Chen 和 Ozaki 等[39]利用有限元法分析了正六边形蜂窝结构的面外高度对其面内等效弹性模量的影响，得到了用高度表示的正六边形蜂窝面内等效弹性模量的理论表达式。Guo 等[40]运用 2D 梁单元修正了 Gibson 推导的共面弹性模量公式。Yang 等[41]利用有限元法分析了内凹蜂窝胞元的长度和宽度对其负泊松比的影响。梁森等[42]运用有限元方法计算了不同规格的等壁厚规则六边形蜂窝芯的等效弹性参数，并将模拟结果与试验结果进行了比较，得到了相关参数对蜂窝结构等效弹性模量的影响规律。Pan[43]等用有限元法分析了蜂窝结构的横向剪切模量和强度，并将仿真结果与剪切试验进行了对比。车建业等[44]用 ANSYS 软件分析了蜂窝结构在深度、对边距不同时的共面弹性模量和应力强度，并与试验进行了对比。Chung 等[45]结合量纲分析法和有限元数值仿真法推导出椭圆形蜂窝结构的偶应力弹性常数。刘叶花等[46]将有限元法与均匀化理论相结合，建立了计算铝蜂窝宏观等效特征参数的细观力学模型，并研究了各结构参数对其宏观表征性能的影响。Mustapha 等[47]提出一种面内各向异性的 Voronoi 型蜂窝结构，这种结构在单轴拉伸下具有正、负泊松比效应，同时，运用数值方法分析了胞元尺寸对蜂窝结构整体刚度、等效面内泊松比及剪切模量的影响。翟宏州等[48]通过 MSC. Patran/Nastran 有限元仿真获得一种新型蜂窝结构拉伸变形时蜂窝胞壁应力及应变分布。

在试验研究方面，Foo 等[49]设计了测试 Nomex 蜂窝共、异面弹性模量的方法。Chung 等[50,51]结合试验和有限元法分析了正六边形蜂窝受到面内静态和动态载荷时的力学性能。Kim 等[52]运用试验与理论对比研究了正六边形、正三角形及星形蜂窝芯在各种载荷下的屈服强度（弯曲、压缩和剪切强度）及面内等效弹性常数（杨氏模量、剪切模量及泊松比）。Balawi[53]等试验分析了相对密度对蜂窝结构面内弹性模量的影响。

事实上，建立多胞材料微拓扑结构对其动力学性能的影响一直是多胞材料动力学性能研究的前沿。Papka 等[54-58]首先从试验和数值模拟的角度研究了单轴和双轴压缩下蜂窝结构的宏观变形和塑性失稳，并对蜂窝结构面内单轴和双轴压缩下的变形过程进行了全尺度数值模拟。Chung 和 Waas[59]改进了 Papka 等的双轴压缩装置，研究了蜂窝铝材料的单轴静态和动态压缩性能。Zhao 等[60]运用霍普金森杆研究了蜂窝结构的面内冲击性能。Ruan 等[61]数值讨论了胞壁厚度及冲击速度对正六边形蜂窝局部变形带及平台应力的影响。Karagiozova 等[62]运用极限分析法研究了具有较大厚径比的规则正六边形蜂窝在双轴压缩下的面内动态响应，同时使用双轴加载装置分析了圆环蜂窝材料在双轴压缩下的面内局部应变响应[63]。Hu 等[64]对聚碳酸酯圆形蜂窝进行了面内的单轴和双轴压缩试验，在常规万能试验机上设计了一个特殊的试验台来进行平面压缩。通过跟踪蜂窝变形过程中胞元参数（区域应变和胞元角）的变化来定量描述蜂窝块的变形特征。为了揭示结构参数及冲击速度对圆形蜂窝结构面内冲击性能的影响，Sun 等[65]运用数值仿真方法研究了冲击速度为 3～250 m/s 时，多层规则排列圆形蜂窝材料的动态变形模式、平台应力及能量吸收性能。

　　金属薄板能够被制作成各种形状的蜂窝产品，例如正方形、六边形、三角形等。而目前的研究主要集中于对圆形或六边形单胞的讨论，对其他拓扑结构蜂窝材料动力学性能的研究刚刚展开。Qiu 等[66,67]将蜂窝拓宽至格栅形式，并通过分析典型格栅形式蜂窝受单轴准静态压缩下的坍塌强度来研究其在共面压缩时的力学特性。Erami 等[68]与 Ohno 等[69]运用数值仿真技术研究了正方形蜂窝材料的面内冲击力学性能。Liu 等[70]研究了不同形状胞元（正三角形或正方形）及排列方式（规则或交错排布）蜂窝结构的动态冲击性能，给出了蜂窝结构的变形过程，并通过引入棱边连接因子来反映拓扑空间参数对平台应力的影响，分别给出了正三角形和正方形蜂窝材料的平台应力经验公式。康锦霞等[71]建立了不同规则度下的 Voronoi 随机分布模型，并对模型进行了准静态载荷作用下的有限元模拟分析。胡玲玲等[72]通过数值计算研究规则排布和交错排布的三角形铝蜂窝在面内冲击荷载下的变形模式、承载能力及能量吸收特性。结果表明，两种蜂窝的变形均随着冲击速度的增加或胞壁厚度的减小而向冲击端集中，规则排布的蜂窝沿着局部变形带逐行压溃直至密实，而交错排布蜂窝的变形模式可分为 4 种。卢子兴等[73]建立了四边手性蜂窝的有限元模型，采用数值模拟方法研究了四边手性蜂窝在不同冲击速度下的变形模式和能量吸收等动力学响应特性，并同普通六边形蜂窝的冲击行为进行了对比。孙德强等[74]运用有限元软件 ANSYS/LSDYNA 研究了正方形蜂窝结构受面内冲击载荷作用下的力学行为。

1.2.2 功能梯度蜂窝结构面内力学性能研究

蜂窝结构受面内载荷作用下的动态响应曲线总是伴随着一个很大的初始应力峰值,并且该初始应力峰值远远大于平台应力值,这对于蜂窝材料在能量吸收方面的应用是极为不利的。近年来,为了降低初始应力峰值并提高和控制蜂窝材料的能量吸收性能,对蜂窝结构的动力学特性研究已经从传统的均匀蜂窝材料转向功能梯度蜂窝材料。Karagiozova 等[75,76]、Hu 等[77]对圆环蜂窝材料的变形特征进行了大量的研究,结果表明,圆环的几何尺寸(壁厚和半径)对其响应具有决定性的作用。Ali 等[78]研究了密度梯度六边形蜂窝材料在低速冲击下的动力学特性。何章权等[79]通过改变圆形胞元的半径(或厚度)建立了多孔梯度圆环蜂窝材料模型,并数值讨论了不同冲击速度下梯度系数和圆环排布方式(正方形排布和六边形排布)对其冲击动力学响应特性的影响。为了控制蜂窝材料的能量吸收性能,刘颖等[80]提出了一种分层递变梯度蜂窝材料模型。该模型通过改变胞元的半径来改变蜂窝材料的面内特征参数,从而实现蜂窝材料面内动力响应特性的多目标优化设计。张新春[81,82]基于功能梯度的概念,通过改变胞元壁厚,建立了具有密度梯度的蜂窝模型,基于此模型具体讨论了密度梯度和冲击速度对六边形蜂窝材料变形模式及能量吸收能力的影响。吴鹤翔等[83]基于二维圆环系,在相同密度排布的基础上,通过改变圆形胞元的壁厚,建立了具有不同密度梯度的二维密度梯度圆环蜂窝材料模型,讨论了不同冲击速度下密度梯度大小对材料动力学的影响。Ajdari 等[84]研究了密度梯度泰森多边形蜂窝材料的单轴和双轴压缩性能。Sun 等[85]分析研究了一种独特的六边形蜂窝(多功能分层蜂窝)的面内弹性模量。Mousanezhad 等[86]研究了应变硬化和密度梯度特性对六边形蜂窝材料面内冲击性能的影响,研究发现,在较高的冲击速度下,初始变形带及功能梯度变形带的提前产生引发了梯度收敛现象,而控制该梯度收敛现象的动能阈值受应变硬化的影响而大幅度降低。

以上研究主要集中在讨论胞元尺寸(壁长或者壁厚)或排列方式的改变对能量吸收能力的影响。铝加工材的屈服强度与材料牌号、坯料热处理方式及加工率有关,随着制造工艺技术的提高,可以通过特定的工艺方法改变其屈服强度值[87]。目前，仅 Shen[88,89]研究确定了铝制六边形屈服强度梯度胞元杆在冲击载荷作用下的冲击变形模式。作为一种简单的能量吸收结构，圆形蜂窝材料面内冲击吸能被广泛地应用在各种能量吸收装置中[79]。为了控制进入被保护结构的应力值和材料的单位质量能量吸收能力，本书在第 2 章中基于圆形蜂窝材料提出了屈服强度梯度的概念，并对其面内力学性能进行了研究。

1.2.3 含缺陷蜂窝结构面内力学性能研究

由于加工工艺等因素的影响，实际的蜂窝材料中缺陷不可避免。常见的缺陷包括胞壁质量分布不均匀、胞壁弯曲、胞壁缺失、胞壁错位、孔径尺寸不均匀和胞元缺失等。因此，如何评估缺陷对蜂窝材料力学性能的影响是当前研究的重点之一。

Silva 等[90,91]建立了二维 Voronoi 蜂窝的有限元数值模型，通过移除胞壁来研究缺陷对蜂窝结构准静态压缩强度的影响，结果发现，移除 10% 的胞壁能使结构的塑性坍塌应力降低 40%。Guo 等[92]研究了缺失胞元的规则六边形蜂窝的杨氏模量、弹性屈服强度及塑性极限强度，发现了随机分布的空洞缺陷之间存在一定的相互作用，这种作用的尺寸范围大概为孔径的 10 倍。Chen 等[93,94]基于 Silva 的二维 Voronoi 蜂窝模型提出了更加合理的边界加载条件，然后系统地分析了各种缺陷（孔壁弯曲、孔壁厚度分布不均匀、孔壁缺失、孔壁不规则排列、Voronoi 结构和单胞缺失）对蜂窝材料准静态力学性能的影响及作用机理。Albuquerque 等[95]发现蜂窝结构的刚度和强度由于胞壁的缺失而有所降低，他同时也指出胞壁缺失的体积分数对蜂窝结构的动态响应有很大的影响。Fortes 等[96]讨论了胞元边长及胞壁厚度不均匀性对各向同性蜂窝材料面内弹性模量的影响。Chung 等[97]结合解析方法和有限元数值方法进行了圆形蜂窝刚度对三种几何初始缺陷的敏感性分析，这 3 种缺陷是细胞圆度偏差、蜂窝胞壁厚度均匀变化及蜂窝胞壁厚度不均匀变化。Wang 等[98]考虑到缺陷率对不同形状蜂窝体的敏感性，分析了胞壁缺失对四边形和三角形金属蜂窝面内有效弹性模量和初始屈服应力的影响。Li 等[99]讨论了胞元形状不规则性和壁厚不均匀分布对二维多孔材料弹性模量的影响。Zhu 等[100]在周期性边界和高应变率压缩条件下研究了胞元不规则性对二维低密度 Voronoi 蜂窝结构杨氏模量和残余应力的影响。Symons 等[101]对正三角形、正六边形及各向同性 Kagome 蜂窝的孔壁缺失敏感性进行了详细的分析，发现正六边形蜂窝对孔壁缺失率的敏感性最强，Kagome 蜂窝的体模量和剪切模量次之，而正三角形蜂窝和正六边形蜂窝的剪切模量则基本不受影响。Wicks 等[102]和 Gui 等[103]运用新提出的条带理论（stripe method）和有限元方法对由单杆缺陷引起的正三角形蜂窝与 Kagome 蜂窝应力集中现象进行分析。康锦霞等[71]建立了在相对密度保持不变的情况下改变孔壁不均匀度及在均匀孔壁厚度下删除不同孔壁百分比的 Voronoi 模型，并分别对模型进行了准静态载荷作用下的有限元模拟分析。王博等[104]针对正六边形、Kagome 和正三角形蜂窝，围绕孔壁缺失这种最恶劣的缺陷类型，采用解析计算和数值计算的方法对蜂窝的体模量和剪切模量进行了分析。

以上研究主要集中在建立不同形式的几何缺陷与蜂窝静态及准静态响应间的关系。考虑到蜂窝材料用作吸能材料时，大多应用在高速碰撞场合，有关蜂窝材料动态响应特性的研究具有重要的实践意义。因此，关于不同类型结构缺陷对蜂窝材料动态力学性能影响的研究也相继展开。Hönig 等[105]研究了蜂窝材料中局部初始冲击带的产生和应力波在含缺失胞壁蜂窝中的传播。Tan 等[106]通过有限元研究表明，在冲击速度为 100、150 和 200 m/s 时，蜂窝胞元细观结构的不规则性对结构内部能量密度的影响不大。而 Zheng 等[107]研究了胞孔形状不规则性对材料动态力学性能的影响，结果发现，不规则蜂窝的变形模式比较复杂，胞元不规则程度的增大能够提高其吸能能力，且这种效应在冲击速度接近变形模式转变临界速度时更加明显。Li 等[108]对壁厚随机分布的蜂窝结构受到中等速度冲击载荷作用时的动态力学性能进行了有限元仿真，研究发现，平台应力和密实化应变都随着胞体不规则性和胞壁分布不均匀性程度的增加而减小，当两种缺陷共存时，蜂窝结构会呈现出复杂的变形模式，对平台应力和密实化应变能有非线性影响。刘耀东等[109]通过对二维 Voronoi 蜂窝的动态性能研究发现，惯性效应引起的结构宏观变形不均匀是高速冲击下结构平台应力提高的主要原因。寇东鹏等[110]对胞壁随机移除蜂窝结构的动态变形过程进行了有限元模拟，研究了随机缺陷对结构变形模式的影响，分析得到蜂窝结构在两个加载方向上的变形模式图及不同变形模式转换的临界速度值，并且其变形模式是由惯性效应引起的变形局部化和缺陷引起的多个变形带随机分布共同决定的。

另外，在冲击载荷作用下，蜂窝材料动态响应的一个重要特征就是变形局部化，这就意味着要考虑缺陷分布区域的影响。考虑到理想六边形蜂窝材料的变形特征，刘颖和Zhang等[111,112]将蜂窝试件划分成9个子区域，讨论了缺陷集中位置、缺陷率和冲击速度对蜂窝材料面内冲击变形模式和能量吸收性能的影响。研究发现，蜂窝材料的面内冲击性能依赖于缺陷的分布位置和缺陷率，且在中低速时表现出较高的敏感性，但冲击速度的增加将弱化缺陷分布不均匀性的影响。张新春等[113]还研究缺陷集中分布于试件的中央时，胞元缺失的大小对试件动力学特性的影响。张新春等[114]数值研究了胞壁缺失的集中分布对三角形和四边形蜂窝材料面内冲击性能的影响。研究结果表明，缺陷率的增加使平台应力和能量吸收能力明显降低，缺陷的影响又会随着冲击速度的增加而减弱。缺陷集中区域的分布对材料的动力学响应也有很大影响，而三角形蜂窝表现出更强的敏感性。

除了以上研究涉及的常见缺陷外，在蜂窝及多孔材料的实际生产过程中，由于孔壁坍塌或发泡不完全而导致材料中存在实体堆积的现象并不少见，开孔泡沫金属制备中也存在颗粒堆积不理想或未完全去除，从而导致材料密实的情况[115,116]。Prakash等[117]对蜂窝材料的试验研究表明，部分孔的实体填充导致蜂窝局部强化，其弹性模量和应变强化也因此提高，同时，结构的密实化应变减小。Chen等[94]用有限元方法研究了二维蜂窝结构准静态单向和平面静水压加载下实体填充孔对结构弹性模量和屈服应力的影响，发现实体填充孔使蜂窝结构弹性模量略有提高，但对单向屈服强度和平面静水屈服强度影响不大。Jeon等[115]则通过试验研究发现，因泡沫垮塌而出现实体堆积的闭孔泡沫铝的弹性模量低于相同密度的无垮塌缺陷泡沫铝，材料的塑性垮塌应力则基本不受影响。寇东鹏等[118]运用有限元方法模拟了含随机固体填充孔的六边形蜂窝结构的动态变形过程，获得了蜂窝结构在不同冲击速度下的变形模式，结合应力-应变曲线分析了平台应力的速度效应。Nakamoto等[119]运用有限元法分析了含随机固体填充孔的六边形蜂窝结构面内冲击性能，阐明了固体填充孔对变形模式、平均压缩应力、密实化应变及吸收能量值的影响，并归纳出一个倒置抛物线方程来预测单位体积吸收能量值。他们又研究了六边形蜂窝结构面内冲击性能，研究揭示了线性排列填充孔对单元区域的平均压缩应力、单元区域最大压缩距离及变形胞元排布规则的影响，同时给出了最大位移和平均压缩应力的近似方程，并通过试验数据验证了方程的可靠性[120]。

以上研究可知，由于描述含固体填充孔蜂窝材料力学特性的复杂性，目前关于这方面缺陷对蜂窝材料力学性能影响的研究还很有限，并且主要集中在其静态及准静态力学性能方面。考虑到在实际生产过程中，实体堆积的现象并不少见，本书在第3章中对含固体填充孔缺陷蜂窝结构的面内动态冲击性能进行了研究。

1.3　蜂窝舷侧防护结构面外力学性能研究现状

早在20世纪60年代，McFarland[121]对蜂窝胞元受面外载荷作用下胞壁的折叠模式进行了理想化简化，运用能量守恒定理计算了正六边形蜂窝轴向准静态平均压缩应力的半经验公式。Gibson等[12]对面外载荷和复合载荷（面外载荷+面内载荷）作用下六边形蜂窝的力学行为进行了大量研究工作，推导了蜂窝的屈服和压缩应力的计算公式。De Oliverira等[122]及Wierzbicki等[123,124]对McFarland的蜂窝折叠模式假设进行了修正，运用了超折叠单元理论计算出了薄壁结构受轴向静态和动态载荷作用下的平均压缩应力，Abramowicz等[125,126]对相关薄壁结构的轴向压缩进行了试验，验证了这些理论计算公式的准确性。Zhao等[60]采用霍普金森杆试验测得某种铝蜂窝材料轴向动态平均压缩应力比其准静态平均压缩应力大约40%。Goldsmith等[127]对铝蜂窝和Nomex蜂窝进行了大量的静态和动态试验，他们研究发现，动态压缩下蜂窝的压缩应力比静态试验下的结果大30%~50%。Langseth等[128]通过试验研究发现，静态压缩下薄壁结构呈现对称变形模式，而动态压缩下呈现混合变形模式，由于较强的惯性效应，相同压缩距离下动态压缩载荷明显高于静态压缩载荷，对于最初的直方管，动态与静态平均压缩力比值为关于轴向压缩距离的衰减函数，引入初始缺陷后，该比值为一定值。Wu等[129]对6种不同类型的铝蜂窝结构分别进行准静态和动态压缩试验，与静态试验相比，动态压缩下蜂窝的压缩应力最大可增长约74%，并将蜂窝结构准静态轴向压缩试验值与基于Wierzbicki[124]的理论值进行了比较，他们发现理论预测值低于试验值。Mahmoudabadi等[130]进一步改进了Wierzbicki的超折叠单元理论，在充分考虑结构压缩过程中的细观变化后，通过简单地增加圆柱面曲率的影响，对方形管和六边形蜂窝的压缩强度进行了研究。通过对前期工作的改进，他们完全考虑曲率效应的影响并提出一种计算轴向压缩力和折叠波长的静态模型。紧接着，他们将这种静态模型扩展到低速冲击下蜂窝动态力学行为的研究中，并将计算结果与试验进行了对比[131]。然后，他们运用能量守恒原理并充分考虑蜂窝胞壁与填充泡沫之间的交互作用，提出了计算准静态压缩下泡沫填充六边形蜂窝轴向压缩应力的理论模型，随后将准静态模型扩展至动态模型并提出一个能够确定所需撞击初速度的简单理论模型，使得胞壁在轴向撞击载荷作用下按照所需的折叠长度发生变形[132]。罗昌杰[133,134]等基于具有双倍孔壁厚度商用六边形金属蜂窝的对称性特点，以"Y"形蜂窝胞元为研究对象，根据能量守恒定理，分别采用Mises屈服准则和Tresca屈服准则建立金属蜂窝材料在异面压缩下静态塑性坍塌应力和塑性铰长度的理论计算模型；建立金属蜂窝材料的弹性坍塌应力和极限应变的理论计算模型，并通过对18种不同规格铝蜂窝试件进行试验，验证所建立金属蜂窝材料异面压缩特性理论计算模型的正确性，为腿式着陆器用金属蜂窝缓冲器的设计提供理论依据。Yamashita等[135]对受到轴向冲击载荷作用的铝蜂窝进行了仿真和试验研究，讨论了胞元形状及胞壁厚度对其撞击性能的影响。研究表明，典型胞元的"Y"形结构就能准确地反映其动态响应特性，且当蜂窝结构质量相同时，胞元形状为正六边形的结构能够吸收较多的能量。Hong等[136]开展了蜂窝试件动态压缩特性的试验，并且针对倾斜载荷作用试验制作了测试夹具。Yin等[137]对蜂窝填充多边形管的动态力学性能进行了研究，提出了一种基于六等级评价方法的耐撞性评价方法，基于该评价方法分别对蜂窝填充正多边形单层管和蜂窝填充正多边形双层管的轴向压缩比吸能和载荷效率进行了等级评价，从而找出了相对吸能最优的蜂窝填充正多边形管为正九边形管。为避免头部冲击力带来的损伤，Vincent等[138]对蜂窝结构的耐冲击性能进行了研究，其研究结果对保证蜂窝结构吸收足够撞击动能情况下的结构尺寸优化有着重要的指导意义。李萌等[139,140]基于六边形蜂窝结构的对称性，提取"Y"形蜂窝胞元对蜂窝结构异面力学特性进行分析，并且基于简化超折叠单元理论和弹性力学理论，建立了服从屈雷斯佳屈服准则和米塞斯屈服准则的六边形蜂窝结构准静态异面压缩平均应力和峰值应力的理论计算模型，并通过试验验证了理论分析模型的正确性，为腿式着陆器用蜂窝结构缓冲装置的设计提供理论依据。通过对六边形蜂窝轴向压缩的准静态试验发现胞壁间的黏结失效对其折叠变形有着重要的影响，而已有的理论模型均未考虑这一影响带来的能量耗散，Bai 等[141]考虑了黏结失效，推导出新的理论公式来预测六边形蜂窝受轴向压缩载荷时的平均压缩应力，并通过分析大量的有限元仿真结果，确定了理论公式中的各参数。Zhang 等[142]针对不同胞元数目和不同胞元扩展角的铝蜂窝进行了轴向压缩试验，并结合数值仿真计算研究发现了胞元数目及胞元扩展角对其面外冲击性能的影响。Ashab 等[143]进一步研究了不同加载速度下铝蜂窝的轴向压缩过程，分析并比较了动态和准静态加载下蜂窝的力学特性，从而揭示了应变率效应对平台应力及总吸能的影响。Ehinger 等[144]分析了不同应变率下高密度 TRIP 钢和 TRIP 钢/氧化锆复合材料蜂窝结构的面外动力学响应，研究发现该类蜂窝的力学特性、屈曲和失效机制和传统的低密度薄壁蜂窝大不相同。为了进一步提高蜂窝材料的比吸能效率，樊喜刚等[145]提出了一种几何参数或材料参数沿厚度方向梯度渐变的蜂窝材料模型，并针对六边形蜂窝构型研究了胞元壁厚和屈服强度梯度变化对其面外力学性能的影响。

Chawla 等[146]研究了数值仿真技术中蜂窝结构的动态响应结果与仿真参数（网格尺寸、相邻胞壁的黏结、速度变化及材料模型）之间的关系，发现仿真结果能够与试验结果很好地吻合，因此提出可采用该仿真方法进一步研究蜂窝结构其他参数对其力学性能的影响。Nguyen 等[147]数值仿真了含蜂窝芯及折叠芯的夹层板结构，他们提出几种合适的建模方法，其中一种就是分别采用 3D 实体单元和 2D 壳单元对蜂窝芯层及面板进行建模，但是该方法需要先通过材料试验测得夹芯层的等效材料参数。Levent 等[148]提出 3 种模拟蜂窝芯材料受轴向压缩载荷作用下变形的数值方法，即全尺度精细建模，采用适用于有限元实体单元的均质材料模型及应用于半自适应耦合技术的均质离散/有限元模型，并将数值仿真结果与 Nomex 纸蜂窝芯及铝蜂窝芯的试验结果进行对比。为了提高蜂窝材料轴向压缩有限元仿真的效率，Xie 等[149]建立了铝蜂窝夹芯等效实体模型，并将数值仿真结果与试验数据进行对比，从而验证了该方法的可行性。

已有研究表明，蜂窝结构的力学行为与其几何构型及材料属性有着密不可分的关系。以上的研究大多集中在对六边形蜂窝结构受面外载荷作用下力学性能的研究。考虑到金属薄板能够被制作成各种形状的蜂窝产品，因此，对蜂窝结构面外冲击载荷作用下力学性能的研究不局限于六边形胞元结构。Chen 等[150]提出了简化超折叠单元理论，分别对单胞、双胞和三胞方管的轴向准静态平均压缩应力进行了求解，并通过有限元法验证了该理论的正确性。Zhang[151,152]等基于简化超折叠单元理论，通过将多胞管截面分为 3 个部分：角形部分、十字形部分和 T 形部分，分别考虑每个部分所耗散的能量，给出了轴向压缩下多胞方管的平均载荷理论预测表达式。Liang 等[153]研究了正方形蜂窝结构面外冲击载荷作用下的力学特性，并给出了临界压应力的推导公式。尹汉锋[154-156]等运用超折叠单元理论对几种胞元构型蜂窝材料轴向平均压缩应力进行求解，进而根据推导出的理论公式进一步计算了这几种常用预压缩蜂窝材料的比吸能大小。Alavi Nia[157]等通过试验和数值仿真研究了含相同规格及不同规格胞元的多胞方管力学特性，并对 Zhang 等[152]提出来的公式进行了修改，研究也发现在不等胞元 3×3 方管的角落处添加薄壁能够增加方管的吸能能力。Tran 等[158,159]运用简化超折叠单元理论计算了多胞方管、三角形薄壁管及角单元结构的轴向压缩力。通过将钢板插在一起并钎焊，Cote 等[160]生产出不锈钢方形蜂窝，并进行了面外压缩试验，研究发现其面外抗压强度可由函数表示，该函数由蜂窝相对密度、试件高度和胞元尺寸比及与蜂窝胶黏有关的约束系数等组成。Mellquist 等[161]通过数值仿真和试验研究，发现胞元数目的改变对聚碳酸酯圆形蜂窝材料面外压缩性能没有影响。Zhang 等[162]结合理论分析、有限元仿真及试验验证，研究了菱形及 Kagome 形蜂窝受面外冲击载荷作用下的平均压缩应力及变形模式。为了提高多管薄壁结构的吸能特性，Hong 等[163]对其生产的三角形及 Kagome 格多胞管进行了准静态压缩试验，揭示了结构的变形机理并结合经典塑性模型给出了多胞结构轴向压缩力的预测值，研究表明 Kagome 格多胞管耐撞性能更好。D'Mello 等[164]分别研究了面外冲击速度分别为 5 m/s 和 12 m/s 时聚碳酸酯圆形蜂窝材料的动态响应，并记录了胞元折叠过程，他们发现动态冲击下钻石手风琴褶皱变形是主要的变形模式，并将这一结果与准静态压缩下蜂窝的变形模式进行对比，证明了应变率效应的存在。Hu 等[165]研究了不同胞元排布方式的圆形蜂窝，并推导出理论公式，用胞元结构参数、冲击速度及基体材料的力学参数来表示其面外冲击应力。张勇等[166]建立了 4 种典型胞元填充结构的有限元模型，采用参数化分析方法研究了它们在不同胞元壁厚及撞击速度作用下的动态力学行为，研究发现，蜂窝和空心薄壁结构之间存在耦合效应，这种耦合效应使得蜂窝填充薄壁结构的承载能力和吸能能力都得到提高。Radford[167]等揭示了不锈钢方形蜂窝材料动态压缩响应并确定了该拓扑结构蜂窝的动态增强因素。Li 等[168,169]首先通过数值仿真方法研究了胞元厚度和胞元边长对正六边形蜂窝结构撞击性能的影响。为了设计出质量更小、体积更小的能量吸收装置，他们提出一种正方形蜂窝结构，并且分析了胞元厚度和胞元边长对其耐撞性能的影响，研究表明，当蜂窝结构的胞元壁厚和胞元边长相同时，正方形蜂窝的耐撞性能优于正六边形蜂窝结构[170]。

近年来，美国 Hexcel 公司等[171]国外蜂窝制造企业推出了加筋形式的蜂窝产品。基于标准六边形蜂窝结构，不同厚度的铝板被黏结在波纹板之间，从而提高其性能。将加筋形式蜂窝运用在一些吸能需求较大的场合已经吸引了人们的注意，但是目前尚未有关于该类加筋形式蜂窝力学特性的报道。本书在第 5 章中研究了筋板对蜂窝力学性能的影响，以及筋板厚度与基础蜂窝胞元厚度间存在的筋胞壁厚匹配效应问题。

与此同时，国内外许多学者还对其他一些新型蜂窝结构产生了兴趣[172-174]。而当前的研究工作主要集中在发现新的蜂窝构型和预测其准静态力学性能及解释其变形机制上，对实际应用中其用作吸能装置材料时受面外冲击载荷下的压缩应力计算尚缺乏了解。本书在第 6 章运用简化超折叠单元理论推导了 3 种新型蜂窝结构的面外平均压缩应力理论计算公式。

蜂窝夹层板结构以其优良的性能获得了越来越多的关注和应用，夹层结构是由两块高强度的薄表层和填充其中用以保证两块表板共同工作的中间夹芯层而组成的。表层通常采用金属、玻璃钢或硬塑料等，夹芯层则可以采用泡沫塑料、波纹金属薄片、铝或不锈钢波片制成的蜂窝等。其中铝蜂窝夹层板结构的应用最为广泛。铝蜂窝夹层板结构的制造可以分为两个阶段，先是制造出铝蜂窝芯结构，然后将蜂窝芯与蒙皮胶结组合成为夹层板结构。国内对蜂窝夹层板力学特性的研究起步较晚,直到2007年才有相关的研究报道。徐小刚等[175]采用光滑粒子流体动力学算法,结合参数化程序设计语言和用户界面设计语言对蜂窝夹芯板进行了高速碰撞仿真研究,并且通过试验验证了该方法的正确性。张延昌等[176]利用有限元仿真软件 MSC/DYTRAN 从损伤变形、碰撞变形和能量吸收3个方面分析了蜂窝夹层板受冲击载荷作用下的动态响应,同时讨论了蜂窝夹芯层密度与高度对结构耐撞性能的影响。杨永祥等[177]研究了蜂窝夹层板受冲击载荷作用下夹芯部分的渐进屈曲变形过程,并详细讨论了胞元壁厚、边长及夹层高度对结构耐撞性的影响。赵桂平等[178]分析了不同子弹冲击下泡沫铝夹层板、方形蜂窝夹层板和波纹形夹层板的吸能特性及各部分的吸能变化规律。张延昌等[179]采用正交试验方法研究了三角形和正方形蜂窝芯夹层板的抗冲击防护性能,并得出部分结论来指导夹层板舰船结构的抗冲击设计。赵楠[180]等运用有限元软件模拟了具有Nomex蜂窝夹芯和铝合金面板的蜂窝夹层板受鸟体撞击下的动态响应,并指出吸能机理为夹芯的逐步压溃、撕裂及面板的弯曲、拉伸变形。宋延泽等[181]通过试验研究了泡沫铝夹层板在金属子弹撞击下的动力响应,给出了前、后面板及泡沫芯层的变形和失效模式,并讨论了冲量、面板厚度、芯层厚度和芯层密度对结构变形的影响。张延昌和王自力等[182-185]研究了正六边形蜂窝夹层板、折叠式夹层板、三角形和正四边形蜂窝夹层板在舰船结构耐撞性设计中的应用,研究结果表明,蜂窝夹层板结构是一种防护性能优异且吸能效率较高的结构形式。

国外对蜂窝夹层板结构动态力学性能的研究工作开展得较早。1998年,Mines 等[186]从能量吸收和结构破坏形式两方面给出了复合材料夹层板低速冲击试验结果,并且讨论了冲击速度和冲头质量对结构响应的影响,指出夹层板吸收的能量随着冲击速度的增大而增大。Roacha 等[187]研究了夹层板结构在静态和动态载荷作用下的倾彻。Yasui 等[188]通过准静态和动态试验研究了单层和多层蜂窝夹层板在轴向冲击载荷作用下的响应和能量吸收特性,并研究了蜂窝芯材料的应变率强化效应,研究表明,金字塔形的多层蜂窝夹层板结构具有最好的能量吸收能力。Meo 等[189,190]通过试验和 LS-DYNA 仿真研究了某飞机用复合材料蜂窝夹层板在低速冲击载荷作用下的结构失效机制,并研究了不同的冲头尺寸及冲击能量对结构响应的影响。Dear 等[191]进行了大量的试验，通过对撞击端动态曲线的分析，比较了四种不同形式的夹层板结构在冲击能量作用下的破坏过程、形式及吸能特性。Aktay 等[192]对具有 Nomex 纸蜂窝芯和聚醚酰亚胺泡沫芯的复合材料夹层板在高速冲击载荷作用下的破坏进行了研究，从而确定蜂窝夹层板结构的失效模式、抗冲击性能及能量耗散机制等。Nguyen 等[193]对夹层板结构在低速冲击载荷作用下的破坏行为进行了预测，并且通过与试验结果的对比验证了仿真分析结果的可靠性，进而对折叠型夹芯夹层板进行仿真研究。

Zhou 等[194]研究了具有铝蜂窝芯和复合材料面板的夹层板结构在准静态弯曲和侵彻冲击下的破坏与吸能特性，并研究了不同面板厚度、夹芯层密度和构型、冲头的形状和边界条件对其破坏和吸能特性的影响。Othman 等[195]对轴向载荷作用下不同载荷条件及几何尺寸对蜂窝夹层板的结构响应和破坏机理进行了研究。Foo 等[49]通过试验及仿真分析研究了铝蜂窝夹层板结构在低速冲击载荷作用下的响应，发现夹层板的响应受铝合金的应变强化效应和蜂窝芯层密度影响，并可用冲量-动量方程和能量守恒方程来确定冲击载荷和变形的时间历程。Buitrago 等[196]运用 ABAQUS 分析了高速冲击下由复合材料面板和铝蜂窝芯组成的夹层板结构的侵彻行为，详细评价了各组成部分对夹层板冲击响应及能量吸收的影响。Hou 等[197]研究了上下面板厚度、夹芯层高度及芯层密度一定时，在局部冲击和平板冲击两种载荷作用下，胞元形状对夹层板轴向压缩性能的影响。

综上所述，国内外学者对蜂窝夹层板动态力学行为的研究主要集中在其受冲击载荷作用下的失效形式和机理、抗冲击性能等方面，而关于纯蜂窝结构与蜂窝夹层板结构动态力学行为的比较及可能存在的面板与夹芯层耦合作用效应的研究较少。本书第 4 章对比分析了纯蜂窝结构和蜂窝夹层板结构的耐撞性能，并且筛选出对蜂窝夹层板面外压缩的耐撞性能指标影响较大的几何参数。在第 5 章对加筋正六边形蜂窝夹层板进行了面外冲击性能研究。

1.4 吸能结构耐撞性及耐撞性优化

1.4.1 吸能结构耐撞性

如何衡量一个吸能结构的缓冲性能是结构耐撞性研究关心的重要问题，

结构耐撞性研究就是研究碰撞吸能的一门新兴学科。在发生碰撞后,如果缓冲吸能装置可以使被保护的设备或乘员损失最小,则该结构的耐撞性能就越好;反之,就越差[152]。

一个缓冲性能好的吸能结构必须首先满足吸能的要求,即充分吸收物体的冲击动能。与此同时,伴随着轻量化概念的提出,吸能结构的质量也是设计人员非常关心的重要指标,吸能结构质量或者体积越小,相关的成本也就越低,并且节省了吸能装置的安装空间。因此,吸能结构单位质量比吸能SEA_m(Special Energy Absorption Per Mass)、单位体积比吸能量SEA_v(Special Energy Absorption Per Volume)[152]是衡量吸能结构耐撞性的重要指标,其大小为:

$$SEA_m = \frac{E_{\text{total}}}{M} \quad (1.4.1)$$

$$SEA_v = \frac{E_{\text{total}}}{V} \quad (1.4.2)$$

其中,M为吸能结构的质量;V为吸能结构的体积;E_{total}为吸能结构所吸收的能量总和,其大小可以由下式计算:

$$E_{\text{total}} = \int_0^\delta F(\delta) \mathrm{d}\delta \quad (1.4.3)$$

其中,δ为碰撞吸能过程中的压缩距离;$F(\delta)$为碰撞过程中的轴向压缩力。

蜂窝铝结构受面外冲击载荷作用时,在碰撞的初始时刻会出现一个压缩反力峰值PCF(Peak Crushing Force)[197],随后压缩力逐渐稳定并趋于一个稳定的值,最后由于蜂窝铝结构被压实,压缩反力急剧增大。初始应力峰值对于保护缓冲物、被保护装置或乘员的安全都有着重要的意义,在吸能装置的设计过程中,常常要求其碰撞过程中的初始应力峰值不超过一定的范围。因此σ_{peak}也常被用作一个耐撞性指标,其表达式为:

$$\sigma_{\text{peak}} = \frac{\text{PCF}}{A_0} \quad (1.4.4)$$

式中,A_0为吸能结构的碰撞表面积。

1.4.2 吸能结构耐撞性优化

吸能结构的耐撞性优化是指在满足一定条件下,使得吸能结构的缓冲吸能最优。其可以写为如下的数学模型形式：

$$\begin{cases} \min f_i(x), \ i=1,2,\cdots,k \\ \max l_j(x), \ j=k+1,\ k+2,\cdots,r \\ \text{s. t.} \quad \pmb{X}^L \leqslant \pmb{X} \leqslant \pmb{X}^U \ (\pmb{X} \in \pmb{R}^n) \\ \qquad g_u(\pmb{X}) \geqslant 0,\ u=1,2,\cdots,p \\ \qquad h_v(\pmb{X}) = 0,\ v=1,2,\cdots,q \end{cases} \quad (1.4.5)$$

其中，$f_i(x)$ 和 $l_j(x)$ 分别为吸能结构优化设计过程中需要最小化和最大化的目标函数。若需要优化的目标函数个数 $r=1$，则该优化问题为单目标优化问题；若 $r>1$，则为多目标优化问题。$\pmb{X}=[x^1,x^2,\cdots,x^n]^T$，表示 n 个设计变量组成的列向量；$\pmb{X}^L=[x_1^L,x_2^L,\cdots,x_n^L]^T$，表示 n 个设计变量下限组成的列向量；$\pmb{X}^U=[x_1^U,x_2^U,\cdots,x_n^U]^T$，表示 n 个设计变量上限组成的列向量；$g_u(\pmb{X}) \geqslant 0$ 为不等式约束函数，p 为不等式个数；$h_v(\pmb{X})=0$ 为等式约束函数，q 为等式个数，且 $q<n$。在吸能结构的耐撞性优化设计过程中，一般选取单位质量比吸能 SEA_m、单位体积比吸能 SEA_v、初始峰值应力 σ_{peak} 和结构尺寸参数中的一个或多个作为优化目标或约束指标。

1.4.3　吸能结构耐撞性优化设计研究现状

结构在冲击载荷下的能量吸收过程是一个复杂的物理过程，涉及几何大变形、材料非线性及接触等高度非线性问题。这使得传统的基于敏感度的优化方法在敏感度求解上遇到了很大的问题，并且每一次分析都需要耗费大量的计算时间，尤其是对于复杂的大规模工程设计问题。而优化设计需要反复进行分析，因此其计算量是一个必须考虑的问题，这些都迫使设计者采用不需要结构敏感度分析的代理优化方法。随着显示有限元技术的快速发展，大量商业非线性有限元软件，如 LS – DYNA、ABAQUS、RADIOSS 等被广泛应用到了结构的能量吸收及耐撞性研究领域。这些商业有限元软件能够充分考虑和模拟结构碰撞过程中的各种非线性现象。人们通常采用数值模拟和代理模型相结合的方法来处理这类问题。

Zheng 等[198]运用多岛遗传算法对受轴向压缩载荷作用的泡沫填充圆形管进行了多目标优化设计。Qi 等[199]运用多目标粒子群算法对受倾斜撞击载荷作用下的锥形方管进行了耐撞性优化设计。基于泡沫填充双筒管优良的能量吸收特性,张雄等[153]提出了一种新型双筒六边形多胞管,并采用基于Chebyshev 正交多项式的序列响应面优化方法对其能量吸收进行了最大化研究。Zhang 等[200]分别运用遗传算法(GA)和带有精英策略的非支配排序遗传算法(NSGA-Ⅱ)对双层泡沫填充管进行了单目标和多目标耐撞性优化设计。Yin 等[201,202]基于近似模型和多目标粒子群算法分别对其提出的具有功能梯度特性的泡沫填充管及多胞管进行了耐撞性优化设计。Yin 等[203]将动态集成元模型和多目标粒子群算法结合在一起,提出了一种新的多目标优化方法,并基于该方法对具有功能梯度特性的泡沫填充方锥管进行了耐撞性优化设计。Sun 等[204]运用单目标和多目标粒子群算法对具有功能梯度特性的泡沫填充方管进行了耐撞性优化设计,研究表明,填充泡沫的梯度特性使其具有更优异的耐撞性能。Yang 等[205]基于 Kringing 模型和多目标粒子群算法对受到轴向和倾斜方向冲击载荷作用的空方管及泡沫填充方管进行了耐撞性多目标优化设计,并将结果进行了对比,发现轴向冲击载荷作用下蜂窝填充方管具有较优的耐撞性能,而倾斜载荷作用下空方管耐撞性能提升空间更大。Sun 等[206]运用非支配排序遗传算法(NSGA-Ⅱ)对功能梯度壁厚多胞管进行了耐撞性优化,在优化过程中构建了目标函数和约束函数的多项式函数近似模型,结果表明,多胞管壁厚的梯度特性大大提升了其耐撞击性能。Fang 等[207]基于 Kringing 模型和其提出的多目标稳健优化设计方法对泡沫填充双层管进行了优化设计,研究表明,该方法在规定的最低可靠性要求下能够大幅提高 Pareto 解的鲁棒性。

Yin 等[208]构建了蜂窝填充正九边形单层管和双层管比吸能和峰值压缩力的多项式函数近似模型,基于多项式函数近似模型和多目标粒子群算法对蜂窝填充正九边形单层管和双层管进行了耐撞性优化设计,分别得到了比吸能和峰值压缩力的 Pareto 最优解集,此外,还发现了在相同的压缩力峰值约束条件下,最优蜂窝填充正九边形单层管的单位质量比吸能高于最优蜂窝填充正九边形双层管。Li 等[209]将响应面近似模型与多目标粒子群算法相结合,对减震支腿用六边形蜂窝及正方形蜂窝进行了耐撞性优化,根据最优结果,在保证吸收能量一定的情况下,选择正方形蜂窝结构能够节省 10% 的体积。Hou 等[210]以比吸能为目标函数、最大撞击载荷为约束指标,采用响应面方法对正六边形蜂窝及正四边形蜂窝结构进行了耐撞性优化设计,并且对两种不同形式的夹层板结构进行了对比研究。Hou 等[211]以总的吸能量为目标函数,采用响应面方法得出梯形胞元及三角形胞元的最优形状,然后对低速局部冲击和平面冲击两种工况下的波纹夹层板进行了耐撞性优化设计。尹汉锋[156]将预压缩蜂窝的比吸能和峰值压缩应力作为优化目标,把蜂窝材料的胞元胞壁长和胞壁厚度选为优化变量,采用多目标粒子群算法对三种预压缩常用蜂窝进行了优化设计,根据该多目标优化结果,得到了不同峰值压缩应力限制下的一系列最优蜂窝结构。

从以上研究可以发现,针对高非线性的耐撞性优化设计问题,响应面方法是一种应用较为广泛的近似方法。以上介绍的主要是将这种近似模型的优化方法应用在薄壁结构及车辆的耐撞性优化领域,关于纯蜂窝结构,尤其是蜂窝夹层板结构耐撞性优化设计方面的相关研究文献还较少。本书在第 4 章运用无重复饱和析因设计方法筛选出对蜂窝舷侧夹层板面外压缩的耐撞性能指标影响较大的几何参数,并在第 5 章和第 6 章对单筋加强蜂窝夹层板、双筋加强蜂窝及三种新型蜂窝结构的面外压缩进行了耐撞性优化设计。

1.5 显示有限元理论简介

结构受冲击载荷作用下的能量吸收性能研究,在数值模拟方面通常采用有限元方法进行求解。结构动力学中的非线性问题常常包括三个方面:几何非线性、材料非线性和边界非线性(或称为状态非线性)。非线性问题与线性问题的求解方法是不一样的,在线性问题中,通过施加全部载荷即可求解得到问题的结果,但是对于非线性问题来说,一般不能一次施加所有的载荷,而要以增量方式施加给定的载荷求解,逐步获得计算结果。结构动力学问题的数值求解方法可以分为振型叠加法和直接积分法两大类。因为振型叠加法只能用来求解线性问题,所以非线性动力学问题采用直接积分法进行求解[212]。直接积分法又分为显式积分法(如中心差分法和精细积分法[213])和隐式积分法(如 Newmark 法、Houbolt 法和 Wilson 法等)。因为显式积分方法能够很好地捕捉动态冲击过程中应力波的传播,并且对计算规模不敏感,所以针对结构瞬时非线性响应问题,尤其是较大规模结构动态分析问题的求解，经常采用显式积分方法。LS-DYNA 是一款世界著名的通用显式有限元分析程序，是现在很多显式有限元分析程序的基础代码。LS-DYNA 能够模拟各种复杂问题，例如高速碰撞、爆炸、金属冲压成型等，其数值分析结果的可靠性已经通过无数的试验得到了验证。本书有关蜂窝结构面内、面外冲击及耐撞性设计都是基于 LS-DYNA 进行的，下面将对其基本理论进行简要介绍。

1.5.1 弹塑性动力学基本方程

LS-DYNA 程序主要运用拉格朗日的增量格式来描述物质的运动过程，其动力学基本控制表达式如下[212]：

平衡方程：

$$\boldsymbol{\sigma}_{ij,j} + \rho f_i = \rho \ddot{u}_i \tag{1.5.1}$$

在边界 ∂b_1 上满足力边界条件：

$$\boldsymbol{\sigma}_{ij} \boldsymbol{n}_j = \bar{t}_i(t) \tag{1.5.2}$$

在边界 ∂b_2 上满足位移边界条件：

$$u_i = \bar{u}_i(t) \tag{1.5.3}$$

在接触截面 ∂b_3 上满足边界条件：

$$(\boldsymbol{\sigma}_{ij}^+ - \boldsymbol{\sigma}_{ij}^-) n_{i_j} = 0 \tag{1.5.4}$$

式中，$\boldsymbol{\sigma}_{ij}$ 是柯西应力；ρ 是材料的密度；f_i 是单位体积力；$\ddot{u}_i$ 为加速度；$n i_j$ 是边界上的单位外法向矢量。

以上平衡方程及边界条件也可以写成如下的积分等效形式：

$$\int_\Omega (\rho \ddot{u}_i - \boldsymbol{\sigma}_{ij,j} - \rho f_i) \delta u_i \mathrm{d}\Omega + \int_{\partial b_1} (\boldsymbol{\sigma}_{ij} \boldsymbol{n}_j - \bar{t}_i) \delta u_i \mathrm{d}S + \int_{\partial b_3} (\boldsymbol{\sigma}_{ij}^+ - \boldsymbol{\sigma}_{ij}^-) \boldsymbol{n}_j \delta u_i \mathrm{d}S = 0 \tag{1.5.5}$$

其中，δu_i 在边界 ∂b_2 上满足位移的边界条件。对式（1.5.5）在整个区域内进行积分，根据散度定理，可得：

$$\int_\Omega (\boldsymbol{\sigma}_{ij} \delta u_i)_{,j} \mathrm{d}\Omega = \int_{\partial b_1} \boldsymbol{\sigma}_{ij} \boldsymbol{n}_j \delta u_i \mathrm{d}S + \int_{\partial b_3} (\boldsymbol{\sigma}_{ij}^+ - \boldsymbol{\sigma}_{ij}^-) \boldsymbol{n}_j \delta u_i \mathrm{d}S = 0 \tag{1.5.6}$$

考虑到：

$$(\boldsymbol{\sigma}_{ij} \delta u_i)_{,j} - \boldsymbol{\sigma}_{ij,j} \delta u_i = \boldsymbol{\sigma}_{ij} \delta u_{i,j} \tag{1.5.7}$$

将式（1.5.6）和式（1.5.7）代入式（1.5.5），可以得到上述微分方程的边界条件等价的变分列式：

$$\delta \pi = \int_{\Omega} \rho \ddot{u}_i \delta u_i \mathrm{d}\Omega + \int_{\Omega} \sigma_{ij} \delta u_{i,j} \mathrm{d}\Omega - \int_{\Omega} \rho f_i \delta u_i \mathrm{d}\Omega - \int_{\partial b_1} \overline{t}_i \delta u_i \mathrm{d}S = 0$$

(1.5.8)

对上式进行有限元离散，同时引入材料的本构模型，即可获得动力学方程的矩阵形式：

$$M\ddot{u}(t) = P(t) - F(t) - C\dot{u}(t) \quad (1.5.9)$$

其中，M 是质量矩阵；C 是阻尼矩阵；P 是外载荷向量；F 是节点力向量；$\dot{u}$ 是节点速度向量；$\ddot{u}$ 是节点加速度向量。

1.5.2 显示积分算法

采用显式积分法求解碰撞问题的动力学方程时，计算是在单元一级上进行的，并不需要组装总体刚度矩阵和求解整体平衡方程组，所以大部分计算机处理时间被用来计算单元的节点力。采用单点高斯积分既可以大大减少计算量并节省数据存储量，又能避免全积分单元大变形分析过于刚硬的问题。然而单点积分极易引起物理上无法实现但在数学上存在的零能模式，也可以称为沙漏模式（hourglass modes）。沙漏现象主要是由于单元刚度矩阵计算中积分点的不足而导致的单元刚度阵秩不足。对于动力学分析过程中沙漏模式的判断，直观上是观察结构变形是否呈现出锯齿形网格，数值上则一般运用沙漏能与结构总内能的比值。因为沙漏会导致计算结果失真甚至发散，所以有必要对沙漏模式进行抑制。只有沙漏能与结构能量的比值在很小的范围内，计算结果才是有效的。一般这个比值应该在 10% 以内。沙漏变形能够通过附加很小的刚度或者黏性阻尼来抑制，对于高速冲击问题，则一般选用增加人工黏度的方法，而低速冲击问题中一般选用附加刚度法。引入了抑制沙漏的附加力 H 后，运动方程可改写为：

$$M\ddot{u}(t) = P(t) - F(t) + H(t) - C\dot{u}(t) \quad (1.5.10)$$

在计算力学中，中心差分法是最常用的显式积分算法[213-215]。时间增量可定义为：

$$t_{n-\frac{1}{2}} = \frac{1}{2}(t_n - t_{n-1}), \quad t_{n+\frac{1}{2}} = \frac{1}{2}(t_{n+1} - t_n), \quad (1.5.11)$$

$$\Delta t_{n-1} = t_n - t_{n-1}, \quad \Delta t_n = t_{n+1} - t_n$$

中心差分法不需要对刚度矩阵进行分解，在用其求解有限元系统动力学方程时，也不需要组装系统的总体刚度矩阵，所以极大地减少了存储量。

中心差分法最大的问题在于它是条件稳定的，临界积分时间步长一般都很小，所以一般只适合用来求解短时间瞬态响应问题。对于率无关材料且采用常应变单元离散的结构，无阻尼系统的稳定积分时间步长为[214]：

$$\Delta t = \alpha \Delta t_{cr}, \quad \alpha \Delta t_{cr} = \frac{2}{\omega_{\max}} \quad (1.5.12)$$

其中，$\omega_{\max}$ 是系统最大固有频率；α 是 Courant 数，显然，对于稳定的积分时间步长，有 $0 < \alpha < 1$。在 LS-DYNA 中，低速冲击下 α 的默认值为 0.9，而高速冲击下 α 的默认值为 0.67[211]。

在有限差分法中，式（1.5.12）被称为 Courant 条件，由 Courant、Friedrichs 和 Lewy 于 1928 年首先发现。由式（1.5.12）可知，临界时间步长取决于最小单元尺寸，所以采用中心差分法进行有限元动力分析求解时，单元划分应尽可能尺寸一致，避免存在很小尺寸的单元，否则将会大大减少临界时间步长，大幅度增加计算量。对于有阻尼系统，中心差分法的临界时间步长为：

$$\Delta t_{cr} = \max_l \frac{2}{\omega_{\max}} \left(\sqrt{1 + \xi_l^2} - \xi_l \right) \quad (1.5.13)$$

其中，ξ_l 是阻尼比。当 $\xi_l = 0$ 时，对应于无阻尼的情况，式（1.5.13）右端圆括号中的项等于 1；当 $\xi_l > 0$ 时，对应于有阻尼情况，式（1.5.13）右端圆括号中的项小于 1。因此，有阻尼系统的临界时间步长低于同等无阻尼系统，阻尼作用会降低临界时间步长。

1.5.3 接触-碰撞界面算法

整个碰撞压缩过程中的接触状态很复杂，接触状态的改变也非常剧烈，这样的接触问题属于一种典型的状态非线性问题。接触算法的性能好坏是衡量一个非线性有限元分析软件的重要指标。LS-DYNA[216] 提供多达数十种接触类型来处理不同界面之间的接触情况，丰富且高效率的接触类型正是该软件的重要功能和特色。运用这些接触类型可以充分处理各物体之间、可变形体自身各部分之间的接触及多胞结构内部的自接触等。LS – DYNA 程序的接触类型主要采用了节点约束法、对称罚函数法及分配参数法这 3 种不同的算法来处理这些接触 – 碰撞界面[215]。其中，对称罚函数法是目前最主要的一种算法，另外两种算法仅适用于某些特殊类型的接触。

对称罚函数法自 1982 年被引入 LS – DYNA 程序后慢慢成为该程序处理接触 – 碰撞界面的主要算法。对称罚函数法通过惩罚接触界面之间的穿透深度而得名。一旦程序检测到接触对中一个界面上有节点穿透到另一个界面后，便会在该节点和被穿透界面之间引入一个足够大的力，从而将节点拉回到被穿透的界面上。接触对的两个接触面的地位是对等的，因此叫对称罚函数法。因为对称罚函数法不需要进行烦琐的碰撞和释放条件检测及判断，所以程序实现起来简单，并具有对称性、动量守恒准确性、无噪声、很少引起沙漏等优点。

碰撞界面间的摩擦是一个重要的研究问题，摩擦使得接触问题变得更复杂。在 LS – DYNA 中采用库仑（Coulomb）摩擦力公式来计算接触界面间的摩擦力。动摩擦系数（FD）应该不大于静摩擦系数（FS），如果两个系数取值不相等，则需要同时指定非零指数衰减系数 DC 来平滑过渡，此时摩擦系数的计算如下式所示：

$$\mu_c = \text{FD} + (\text{FS} - \text{FD}) e^{-\text{DC} \cdot |v_r|} \tag{1.5.14}$$

其中，μ_c 是摩擦系数；v_r 是接触截面的相对运动速度。根据库伦摩擦力公式计算得到的摩擦力有可能带来很高的剪应力，以至于超出接触面材料的剪切强度极限值。因此，需要引入黏性摩擦系数来限制最大摩擦力。通过这种方法限制后的最大摩擦力为 $F_{\text{lim}} = \text{VC} \times A_{\text{cont}}$，$A_{\text{cont}}$ 是接触对真实接触面积；VC 一般取一对接触面中强度较低的材料的剪切屈服应力，$\text{VC} = \sigma_0 / \sqrt{3}$，其中 σ_0 是材料单轴拉伸屈服应力。

1.6　本书的主要内容

本书以国家自然科学基金青年项目为背景，为了提高舰船抗冲击性能，拟设计新型的蜂窝舷侧防护结构，一方面有效降低传递到船舱内部的应力水平，另一方面，通过其耗能尽可能多地吸收冲击能量。考虑到蜂窝结构面内与面外压缩吸能各有利弊，其面内方向压缩吸能虽有可能降低传入到被保护结构的应力水平，但是其吸能量却不及其面外方向压缩吸能。作为前期理论研究，本书主要围绕控制进入被保护结构应力值及提高蜂窝材料的能量吸收能力展开，在理论分析、试验研究和数值仿真的基础上，对铝蜂窝舷侧防护结构受面内及面外冲击载荷作用下的力学性能进行了研究，并对受面外冲击载荷作用下的蜂窝结构进行了耐撞性优化设计。本书的具体研究内容如下：

（1）第2章研究了具有屈服强度梯度特性的蜂窝材料面内冲击性能。首先，基于功能梯度材料的概念，建立了具有递变屈服强度梯度的圆形蜂窝材料模型，讨论了冲击速度和递变屈服强度梯度值对圆形蜂窝材料变形模式的影响，给出了变形模式转变临界速度的经验公式。其次，对梯度特性蜂窝结构与规则蜂窝结构冲击端及固定端动态应力进行比较，讨论梯度特性对蜂窝结构力学性能的影响。然后，讨论了递变屈服强度梯度对能量吸收性能的影响。最后，考虑到屈服强度梯度的排布方式，建立了具有分层屈服强度梯度的圆形蜂窝模型，具体讨论了冲击速度和分层屈服强度梯度排布方式对圆形蜂窝结构面内冲击性能的影响。

（2）第3章研究了含固体填充孔缺陷的蜂窝材料面内冲击性能。首先，对含随机固体填充孔圆形蜂窝结构面内冲击下的动态变形过程进行有限元模拟，获得了圆形蜂窝结构在不同冲击速度下的变形模式。然后，通过计算不同冲击速度下含随机固体填充孔圆形蜂窝的冲击端平台应力，研究了其平台应力的速度效应。最后，讨论了随机缺陷对能量吸收性能的影响。与此同时，基于理想蜂窝材料在不同冲击速度下的变形特性，分别讨论了填充孔缺陷集中分布区域的不均匀性对圆形、正六边形蜂窝材料面内冲击下变形模式、动态冲击平台应力及能量吸收性能的影响。

（3）第4章研究了正六边形蜂窝夹层板面外压缩力学特性。首先，进行了正六边形蜂窝结构的准静态压缩试验，并采用有限元技术对面外载荷作用下纯蜂窝结构的变形过程进行了模拟，通过准静态压缩试验结果及已有理论公式验证了模型的可靠性。其次，借助有限元模拟技术对比分析了纯蜂窝结构和蜂窝夹层板结构的耐撞性能，研究发现，由于面板与蜂窝夹芯层之间的耦合作用，蜂窝夹层板总体吸收能量明显大于纯蜂窝结构，所以蜂窝夹层板具有较好的吸能特性。最后，运用无重复饱和析因设计方法筛选出对蜂窝夹层板面外压缩的耐撞性能指标影响较大的几何参数。

（4）第5章对加筋正六边形蜂窝夹层板进行了面外冲击性能研究与耐撞性优化设计。首先，对单筋加强、双筋加强及标准正六边形蜂窝夹层板的吸能特性进行了直观比较，发现对标准正六边形蜂窝夹层板的加筋处理能提高其吸能能力，且筋板壁厚是影响加筋蜂窝夹层板力学特性的一个关键因素，其与基础蜂窝芯层存在着筋胞壁厚匹配效应的问题，并且具有明显的加筋板厚"分离点"。其次，通过等效表观密度的处理方法获得了单筋及双筋加强正六边形蜂窝夹层板的"分离点"。再次，基于筋胞壁厚匹配效应的研究，采用响应面近似模型及单目标粒子群算法对两种蜂窝夹层板进行了单目标优化设计。最后，研究了部分参数对双筋加强正六边形蜂窝力学性能的影响，并采用响应面近似模型及多目标粒子群算法对双筋加强及标准正六边形蜂窝进行了多目标优化设计。

（5）第6章对3种新型蜂窝即双筋加强正六边形蜂窝、四边手性胞元蜂窝和弯曲胞元蜂窝受面外冲击载荷作用下的能量吸收性能进行了研究。首先，采用显示有限元技术对3种新型蜂窝结构在面外冲击载荷作用下的变形过程进行了数值模拟，观察了其变形机理。其次，以蜂窝结构的典型胞元为研究对象，运用简化超折叠单元理论推导了其平均压缩应力理论计算公式。再次，通过与数值仿真结果的对比，验证了所得公式的正确性。最后，为了得到最优的蜂窝结构，采用响应面近似模型及多目标粒子群算法对3种新型蜂窝进行了耐撞性优化设计。

1.7 本书的结构安排

本书以国家自然科学基金青年项目为背景，为了提高舰船抗冲击性能，拟设计新型的蜂窝舷侧防护结构，一方面有效降低传递到船舱内部的应力水平，另一方面通过其耗能尽可能多地吸收冲击能量。第2章和第3章从降低传入到被保护结构的应力水平入手，研究蜂窝结构面内冲击性能：第2章在规则蜂窝的基础上引入梯度特性，却忽略了实际生产过程中可能出现的填充孔缺陷；第 3 章中研究了含填充孔缺陷蜂窝结构的面内冲击性能。通过第 2 章和第 3 章对蜂窝结构面内冲击性能的研究发现，利用其面内方向压缩吸能有可能降低传入到被保护结构的应力值。但是蜂窝材料承受面内压缩载荷时，其塑性坍塌应力低于其承受面外压缩载荷时的塑性坍塌应力，相应地，其吸能能力也远小于面外压缩时的吸能能力。作为基础理论研究，为通过其耗能尽可能多地吸收冲击能量，有必要进一步考虑利用蜂窝结构的面外方向压缩进行吸能。紧接着，第 4 章对常规正六边形蜂窝进行了面外准静态压缩试验，并得到了可靠的数值仿真模型，为第 5 章和第 6 章中其他构型蜂窝面外方向压缩的有限元仿真奠定基础。与此同时，为吸收尽可能多的冲击能量，本书第 5 章对加筋形式蜂窝面外压缩性能进行了研究，第 6 章更是选取 3 种新型蜂窝为研究对象。各章内容的具体安排如下：

第 1 章为绪论。概述了本书的研究背景与研究意义，介绍了蜂窝结构面内力学性能、面外力学性能、吸能结构耐撞性及耐撞性优化的国内外研究现状，阐述了显示有限元理论，最后介绍了本书的主要研究内容及对各章节研究内容的安排。

第 2 章开展功能梯度蜂窝结构的面内冲击性能研究。从蜂窝材料变形模式、动态冲击平台应力和能量吸收性能 3 个方面讨论递变屈服强度梯度及分层屈服强度梯度对蜂窝材料面内冲击性能的影响。

第 3 章开展含填充孔缺陷蜂窝结构的面内冲击性能研究。数值讨论了随机缺陷对结构变形模式的影响；分析了蜂窝材料冲击端平台应力的速度效应；分析了随机缺陷对平台应力及能量吸收性能的影响；研究了填充孔缺陷集中分布区域的不均匀性对圆形、正六边形蜂窝材料面内冲击下变形模式、动态冲击平台应力及能量吸收性能的影响。

第 4 章开展正六边形蜂窝夹层板面外压缩力学特性研究。进行了正六边形蜂窝的准静态压缩试验；采用有限元技术模拟面外准静态压缩载荷作用下蜂窝结构的变形过程；验证数值仿真模型的可靠性；对比分析了纯蜂窝结构和蜂窝夹层板结构的耐撞性能；筛选出对蜂窝夹层板耐撞性能指标影响显著的因子。

第 5 章开展加筋正六边形蜂窝夹层板面外压缩性能研究及优化设计。基于第 4 章已验证的有限元方法建立加筋蜂窝夹层板有限元模型；直观比较 3

者吸能特性；研究筋胞壁厚匹配效应问题；对单筋加强蜂窝夹层板进行单目标耐撞性优化设计；对双筋加强蜂窝结构进行参数化研究；对双筋加强蜂窝及标准正六边形蜂窝进行多目标耐撞性优化。

第 6 章开展新型蜂窝结构面外压缩应力计算及耐撞性优化设计。阐述了超折叠单元及简化超折叠单元理论；基于简化超折叠单元法计算出 3 种新型蜂窝的面外压缩应力；建立新型蜂窝受面外压缩作用的有限元模型；验证面外压缩应力理论计算公式的可靠性；对 3 种新型蜂窝进行多目标耐撞性优化。

第 7 章为全书总结和工作展望。总结了本书的研究工作与研究成果，并对本书存在的不足之处进行了阐述。

2　功能梯度蜂窝舷侧防护结构的面内冲击性能研究

近年来，对蜂窝结构的动力学特性研究已经从传统的均匀蜂窝材料转向功能梯度蜂窝材料的研究。Karagiozova[75,76]、Hu 等[77]对圆环蜂窝材料的变形特征进行了大量的研究，结果表明，圆环的几何尺寸（壁厚和半径）对其响应具有决定性的作用；Ali 等[78]研究了密度梯度六边形蜂窝材料在低速冲击下的动力学特性；刘颖和张新春等[80-82]基于功能梯度的概念，建立了密度梯度蜂窝模型，通过改变单胞的几何尺寸来控制材料的密度梯度排布，建立了一定密度梯度下梯度排布与冲击速度之间的关系；吴鹤翔等[83]在相同密度排布的基础上，研究了密度梯度的大小对材料动力学的影响；Ajdari 等[84]研究了密度梯度泰森多边形蜂窝材料的单轴和双轴压缩性能，但这些研究主要集中在讨论胞元尺寸（壁长或者壁厚）及排列方式的改变对能量吸收能力的影响。

铝加工材的屈服强度与材料牌号、坯料热处理方式及加工率有关，随着制造工艺技术的提高，可以通过特定的工艺方法改变其屈服强度[87]。目前，仅 C. J. Shen[88,89]研究确定了铝制六边形屈服强度梯度胞元杆在冲击载荷作用下的冲击变形模式。作为一种简单的能量吸收结构，圆形蜂窝材料面内冲击吸能被广泛地应用在各种能量吸收装置中[79]。本章在理论分析的基础上提出了屈服强度梯度的概念，以具有固定相对密度的屈服强度梯度圆形蜂窝材料为研究对象，数值讨论了在不同面内冲击速度下屈服强度梯度圆形蜂窝材料的变形模式、动态冲击平台应力及能量吸收性能，从而为后期缓冲吸能装置的设计提供理论依据，并进一步完善功能梯度蜂窝材料的设计理论。

2.1 理论分析

首先基于一维冲击波理论[3]建立了均匀多孔材料动态冲击平台应力 σ_d 与冲击速度 V 之间的关系，即

$$\sigma_d = \sigma_0 + \frac{\rho_0}{\varepsilon_d} V^2 \qquad (2.1.1)$$

式中，σ_0 是材料的准静态塑性坍塌应力；ρ_0 为蜂窝结构的密度；ε_d 为致密化应变；V 是冲击端刚性板的冲击速度。可以将此公式推广到圆形蜂窝材料[65]。从式（2.1.1）中能看出蜂窝结构中能引入两种梯度特性，即准静态塑性坍塌应力梯度和密度梯度。

应用大变形屈曲理论推导出圆形蜂窝材料的准静态塑性坍塌应力 σ_0、圆形蜂窝结构的密度 ρ_0 及致密化应变 ε_d，即[12]

$$\sigma_0 = A_1 \left(\frac{t}{R}\right)^2 \sigma_{ys} \qquad (2.1.2)$$

$$\rho_0 = \frac{\pi}{2} \frac{t}{R} \rho_s \qquad (2.1.3)$$

$$\varepsilon_d = 1 - 1.4 \frac{\rho_0}{\rho_s} \qquad (2.1.4)$$

式中，t 和 R 为胞元的壁厚与半径；ρ_s 为基体材料密度；σ_{ys} 为材料的屈服强度值；A_1 为特定参数，依据本研究所建蜂窝模型，这里 A_1 取 0.453[65]。

将式（2.1.2）~式（2.1.4）代入式（2.1.1）中去，得到：

$$\sigma_0 = 0.453 \left(\frac{t}{R}\right)^2 \sigma_{ys} + \frac{\rho_0}{1 - 0.7\pi \frac{t}{R}} V^2 \qquad (2.1.5)$$

尽管上面的公式是针对均匀蜂窝材料分析得到的，但是其有利于对功能梯度蜂窝材料的深入理解。式（2.1.5）表明改变基体材料的屈服强度值和密度都能引入梯度特性。改变厚径比是给蜂窝材料引入梯度特性的最简单的方法，但是改变厚径比会使准静态塑性坍塌应力和蜂窝结构密度同时产生梯度变化，这样就很难观察到某单一因素的梯度变化给蜂窝结构面内冲击性能带来的影响。

2.2 递变屈服强度梯度圆形蜂窝面内冲击性能研究

本研究假设蜂窝结构逐层材料的屈服强度值呈梯度变化，梯度圆形蜂窝材料的屈服强度梯度可由下式给出，即

$$g = \frac{\Delta \sigma_{ys}}{\sigma_{ave} l_{layer}} \tag{2.2.1}$$

式中，$\Delta \sigma_{ys}$ 为相邻层材料的屈服强度差值；σ_{ave} 为蜂窝结构各层材料屈服强度的平均值；l_{layer} 为单个胞元在 y 方向的长度。

为了方便揭示屈服强度梯度变化给蜂窝材料动力冲击特性带来的影响，需先定义相关量纲为 1 的参数，即

$$\theta = gL_1 = n\frac{\Delta \sigma_{ys}}{\sigma_{ave}} \tag{2.2.2}$$

式中，n 是蜂窝材料的层数，量纲为 1 的梯度值也可视为冲击端胞元层和固定端胞元层材料屈服强度差值与平均屈服强度值的比值。

梯度蜂窝材料的特征速度 C_p：

$$C_p \equiv \sqrt{\sigma_0/\rho_0} \tag{2.2.3}$$

将式（2.1.2）和式（2.1.3）代入式（2.2.3）得：

$$C_p \equiv \sqrt{\frac{0.906}{\pi}\left(\frac{t}{R}\right)\frac{\sigma_{ave}}{\rho_s}} \tag{2.2.4}$$

量纲为 1 的速度 v，即

$$v = V/C_p \equiv V/\sqrt{\frac{0.906}{\pi}\left(\frac{t}{R}\right)\frac{\sigma_{ave}}{\rho_s}} \tag{2.2.5}$$

2.2.1 有限元数值模型

面内冲击载荷作用下具有递变屈服强度梯度的圆形蜂窝材料计算模型如图 2.2.1 所示。为了消除尺寸效应，本研究采用多层规则方形排布圆形蜂窝模型。试件的尺寸为 $L_1 \times L_2 = 96 \text{ mm} \times 96 \text{ mm}$，由具有相同半径和壁厚的圆形蜂窝胞元方形堆列而成。其中单个胞元的半径 $R = 3 \text{ mm}$，壁厚 $t = 0.15 \text{ mm}$。基体材料为金属铝，采用理想弹塑性模型，泊松比 $\nu = 0.3$，杨氏模量 $E =$

69 GPa，密度为 2 700 kg/m³，则圆形蜂窝材料结构的密度 $\rho_0 = (\pi/2)(t/R)\rho_s =$ 212 kg/m³。采用大型有限元分析软件 LS-DYNA 对蜂窝材料进行动力学特性分析，计算中选用 Belytschko-Tsay 4 节点壳单元划分网格。为了收敛和计算精度的需要，沿壳厚度方向定义 5 个积分点。整个压缩过程中所有可能接触的表面均定义为自接触表面。当刚性板以恒定速度沿 y 方向运动时，底端刚性板固定，结构所有面外位移均被限制，以保证其处于平面应变状态。上下刚性板与蜂窝试件的外表面均视为光滑，两者接触无摩擦。模型的面外（沿 z 方向）厚度 $b = 10$ mm。

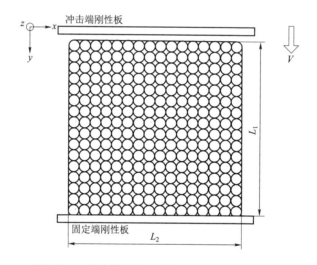

图 2.2.1　递变梯度圆形蜂窝材料计算模型示意图

根据选定的不同 θ 值分别进行分析计算，为蜂窝结构各层母体材料赋呈梯度变化的屈服强度值，本模型平均屈服强度 σ_{ave} 取 76 MPa，将其代入式（2.2.4），得到 $C_p = 20.1$ m/s。

2.2.2　有限元模型可靠性分析

为了验证有限元模型的可靠性，图 2.2.2 给出了均匀圆形蜂窝材料在低速冲击载荷作用下（$V = 3$ m/s）冲击端的名义应力-应变曲线。图中名义应力 σ 为刚性板作用在试件上的压缩反力 F 与初始横截面积 A（$L_2 \times b$）的比值，名义应变 ε 定义为试件在 y 方向的压缩量 δ 与初始长度 L_1 之比。图中虚线同样给出了由式（2.1.2）计算出的低速冲击载荷作用下各均匀屈服强度蜂窝材料的塑性坍塌应力。从图中可以发现，四种均匀蜂窝材料冲击端的平台应力与低速冲击载荷作用下蜂窝材料的塑性坍塌应力理论值吻合较好，从而证明了有限元模型的可靠性。随着屈服强度值的增大，应力平台也有着显著提高，可见屈服强度值对蜂窝材料冲击端的平台应力有着一定的影响。于是本研究通过改变屈服强度的取值，系统地分析了递变屈服强度梯度对圆形蜂窝材料动态响应特性的影响。

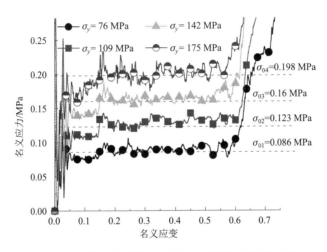

图 2.2.2　均匀圆形蜂窝材料冲击端的动态响应曲线

2.2.3　变形模式

2.2.3.1　正梯度变形模式

对上端刚性板施加恒定的速度撞击蜂窝材料，获得蜂窝结构的撞击变形轮廓图，从而研究递变屈服强度梯度圆形蜂窝结构在面内冲击载荷作用下的变形模式。

当功能梯度值为正的时候，从冲击端到固定端，各层蜂窝材料的屈服强度值逐渐变大。图 2.2.3 给出了 $\theta=1.5$，不同冲击速度下蜂窝材料的变形模式。低速（$V=3$ m/s）冲击时，其变形主要受各层蜂窝材料准静态平台应力的分布影响。因为最弱层位于冲击端，初始坍塌变形发生在冲击端。随着相对压缩量的增加，蜂窝材料中部距离冲击端较远层的胞元将发生变形，使得整个变形模式呈正置"V"形。当冲击速度进一步增加时，惯性效应明显增强，只会产生一个呈"I"形的局部变形带，对应着从冲击端到固定端的逐层压溃变形模式，这与均匀蜂窝材料动态冲击变形模式类似。

(1) $V=3$ m/s

(2) $V=50$ m/s

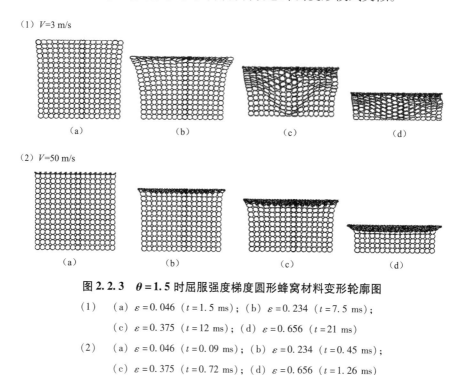

图 2.2.3 $\theta = 1.5$ 时屈服强度梯度圆形蜂窝材料变形轮廓图

(1) (a) $\varepsilon = 0.046$ ($t = 1.5$ ms); (b) $\varepsilon = 0.234$ ($t = 7.5$ ms);
(c) $\varepsilon = 0.375$ ($t = 12$ ms); (d) $\varepsilon = 0.656$ ($t = 21$ ms)

(2) (a) $\varepsilon = 0.046$ ($t = 0.09$ ms); (b) $\varepsilon = 0.234$ ($t = 0.45$ ms);
(c) $\varepsilon = 0.375$ ($t = 0.72$ ms); (d) $\varepsilon = 0.656$ ($t = 1.26$ ms)

2.2.3.2 负梯度变形模式

当功能梯度值为负的时候，屈服强度最大的蜂窝材料层位于冲击端，此时蜂窝材料的变形模式比正屈服强度梯度蜂窝材料复杂。图 2.2.4 给出了 $\theta = -1.5$ 时，不同冲击速度下蜂窝材料的变形模式。低速（$V=3$ m/s）冲击时，塑性坍塌首先发生在固定端，冲击端的胞元层则未发生变形。随着相对压缩量的增加，出现一个倒置的"V"形变形带，当冲击端刚性板继续下压至变形带的顶部时，胞元将从固定端到冲击端不断坍塌，直至整个蜂窝材料被压实。冲击速度为 30 m/s 时，尽管冲击端蜂窝材料具有最大的屈服强度，但是初始塑性坍塌仍先发生在冲击端，固定端胞元则未发生变形。紧接着，固定端胞元也发生塑性坍塌，变形模式中出现了两个局部变形带，并且蜂窝材料的整体变形呈现出一个正置的"V"形，"V"形变形带不断下移，当其最底部接触到固定端刚性板后，从固定端到冲击端，蜂窝材料被逐层压实。当速度增大至 150 m/s 时，与正屈服强度梯度蜂窝材料的变形模式类似，只产生一个呈"I"形的局部变形带，对应着从冲击端到固定端的逐层压溃变形模式，但此时仍发现靠近固定端的胞元发生微小的变形。

（1）V=3 m/s

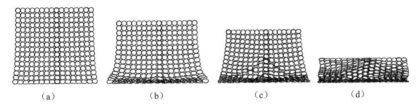

（2）V=30 m/s

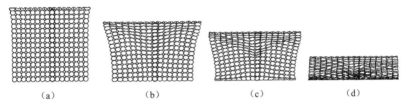

（3）V=150 m/s

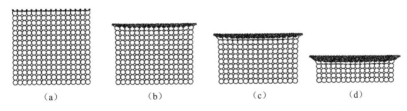

图 2.2.4 $\theta=-1.5$ 时屈服强度梯度圆形蜂窝材料变形轮廓图

（1）　(a) $\varepsilon=0.046$（$t=1.5$ ms）； (b) $\varepsilon=0.234$（$t=7.5$ ms）；
　　　(c) $\varepsilon=0.375$（$t=12$ ms）； (d) $\varepsilon=0.656$（$t=21$ ms）

（2）　(a) $\varepsilon=0.046$（$t=0.15$ ms）； (b) $\varepsilon=0.234$（$t=0.75$ ms）；
　　　(c) $\varepsilon=0.375$（$t=1.2$ ms）； (d) $\varepsilon=0.656$（$t=2.1$ ms）

（3）　(a) $\varepsilon=0.046$（$t=0.03$ ms）； (b) $\varepsilon=0.234$（$t=0.15$ ms）；
　　　(c) $\varepsilon=0.375$（$t=0.24$ ms）； (d) $\varepsilon=0.656$（$t=0.42$ ms）

2.2.3.3 变形模式分类图

研究不同 θ 值的递变屈服强度梯度蜂窝材料在不同速度冲击下的变形模式，计算结果表明，正屈服强度梯度蜂窝材料的变形模式分为两种，而负屈服强度梯度蜂窝材料的变形模式有 3 种。图 2.2.3 和图 2.2.4 则是这几种典型变形模式的变形轮廓图。图 2.2.5 则给出了不同量纲为 1 的梯度值下，蜂窝材料变形模式转变时的量纲为 1 的临界速度值。根据量纲为 1 的梯度、厚径比、平均屈服强度及基体材料密度，得到变形模式转变时临界速度的经验公式：

$$V_{cr1} = (-0.346\theta + 0.621)\sqrt{\frac{0.906}{\pi}\left(\frac{t}{R}\right)\frac{\sigma_{ave}}{\rho_s}} \qquad (2.2.6)$$

$$V_{cr2} = (-0.525\theta + 1.732)\sqrt{\frac{0.906}{\pi}\left(\frac{t}{R}\right)\frac{\sigma_{ave}}{\rho_s}} \qquad (2.2.7)$$

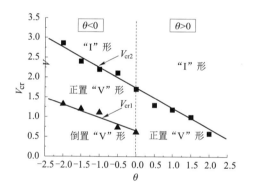

图 2.2.5 量纲为 1 的临界速度与梯度值关系图

2.2.4 递变梯度蜂窝材料冲击端动态应力

图 2.2.6 给出了递变屈服强度梯度蜂窝材料冲击端的动态响应曲线，在低速（$V=3$ m/s）冲击载荷作用下，$\theta=1.5$（正置"V"形）与 $\theta=-1.5$（倒置"V"形）两种工况下的变形模式不同，但此时惯性影响相对微弱，试件均表现为从最弱层到最强层逐层压缩变形，因此量纲为 1 的梯度 θ 几乎无影响，两种工况下名义应力-应变图基本相同。受梯度蜂窝材料各层胞元

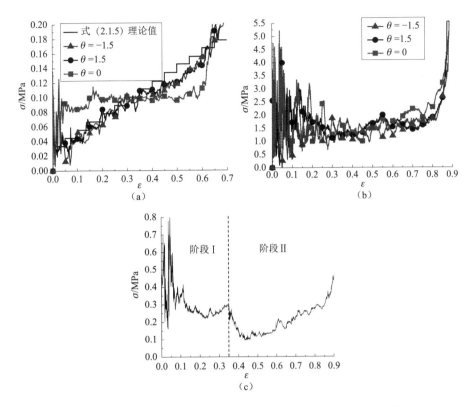

图 2.2.6 递变屈服强度梯度圆形蜂窝材料冲击端动态响应曲线
(a) $V=3$ m/s；(b) $V=80$ m/s；(c) $\theta=-1.5$，$V=30$ m/s

屈服强度值变化影响，各层准静态塑性坍塌应力的变化决定了冲击端名义应力随着相对压缩量的增加而呈梯度增大趋势。在冲击压缩的最后阶段，冲击端应力值比理论分析值小，其主要原因是 $\theta=1.5$ 时梯度蜂窝材料变形带下方一些靠近固定端的胞元及 $\theta=-1.5$ 时梯度蜂窝材料变形带上方一些靠近冲击端的胞元也发生了变形。由公式（2.1.5）得出的理论分析值与有限元分析结果吻合较好，说明此时一维冲击波理论对屈服强度梯度蜂窝材料同样适用。随着冲击速度的继续增加（$V=80$ m/s），$\theta=1.5$ 与 $\theta=-1.5$ 两种工况下的变形模式均为"I"形，此时主要受惯性效应影响，试件表现为从冲击端到固定端的逐层压缩变形模式，冲击端名义应力-应变曲线变化趋势均与 $\theta=0$ 时的相似。根据方程（2.1.5）得出高速冲击下（保证蜂窝结构变形模式为"I"形)梯度蜂窝材料动态冲击平台应力的理论值如图2.2.7中实线所示,对比发现方程(2.1.5)给出的平台应力值稍大于仿真结果,但可以近似预测梯度蜂窝材料在高速冲击下的平台应力,说明经典一维冲击波理论在屈服强度梯度蜂窝材料处于"I"形变形模式时同样也适用。

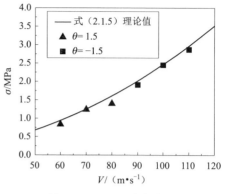

图 2.2.7　不同冲击速度下动态冲击平台应力

当 $\theta = -1.5$, $V = 30$ m/s 时,屈服强度梯度蜂窝材料变形模式为过渡的正置"V"形。图2.2.6(c)给出了此时冲击端的名义应力-应变曲线,其相应的变形轮廓图如图2.2.4(2)所示。整个压缩变形过程可以分为两个阶段。起初,变形发生在冲击端(较强层),冲击端应力值较大。随着压缩变量的增大,冲击端的变形几乎停止,固定端的胞元(较弱层)开始发生压缩变形,形成了一个新的变形带。因此,在进入阶段Ⅱ时,冲击端应力值突然减小,其值与新变形带(紧靠固定端)的准静态平台应力值接近。变形过程中出现两个变形带,此时运用基于一维冲击波理论的公式(2.1.5)得出的动态冲击平台应力理论分析值很难与有限元分析值吻合。

2.2.5　递变梯度蜂窝材料固定端动态应力

图2.2.8给出了动态冲击作用下固定端的名义应力-应变曲线。从图中可以看出,由于应力波反射的作用出现了小的应力波峰,固定端的响应较冲击端滞后,且冲击速度越高,这种滞后效应就越明显。在低速($V=3$ m/s)冲击载荷的作用下,屈服强度的梯度排布对其固定端动态响应的影响很小。当冲击速度逐渐增大($V=30$ m/s),负屈服强度梯度蜂窝结构固定端刚性板的压缩反力要低于正屈服强度蜂窝结构。尤其是在高速冲击时,这种现象更加明显,这说明了通过递变屈服强度的梯度设计,将屈服强度值较低层放置在固定端,能够有效地控制传入被保护结构内的应力水平,从而达到有效保护结构的目的。

2 功能梯度蜂窝舷侧防护结构的面内冲击性能研究

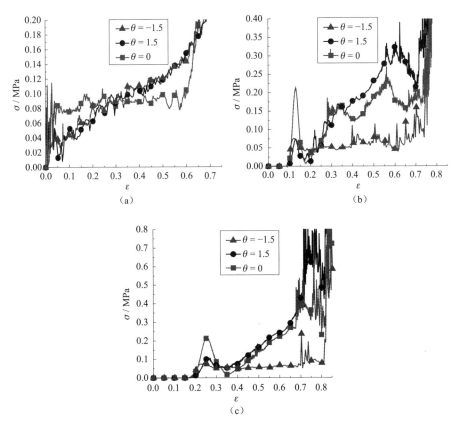

图 2.2.8　屈服强度梯度圆形蜂窝材料固定端动态响应曲线
(a) $V=3$ m/s; (b) $V=30$ m/s; (c) $V=100$ m/s

2.2.6　递变梯度蜂窝材料能量吸收特性

作为一种高效的阻尼材料，多孔胞元材料已被广泛地应用于各种能量吸收结构中。评价多胞材料与结构能量吸收能力大小的一个重要指标就是单位质量吸收的能量大小[78]，即

$$W_m = \frac{W_V}{\nabla \rho \rho_s} \quad (2.2.8)$$

式中，$W_V = \int_0^{\varepsilon_d} \sigma \mathrm{d}\varepsilon$ 为蜂窝材料单位体积吸收的能量（可用名义应力－应变曲线以下所围成的面积来表征）。

图 2.2.9 给出了不同递变屈服强度梯度圆形蜂窝材料单位质量吸收的能

量与名义应变的关系。如图 2.2.9（a）所示，低速（$V=3$ m/s）冲击时，惯性效应的影响几乎可以忽略，梯度蜂窝材料均表现为由最弱层到最强层的逐层压缩变形模式。在初始压缩变形阶段，均匀蜂窝材料的能量吸收要强于递变屈服强度梯度蜂窝材料。

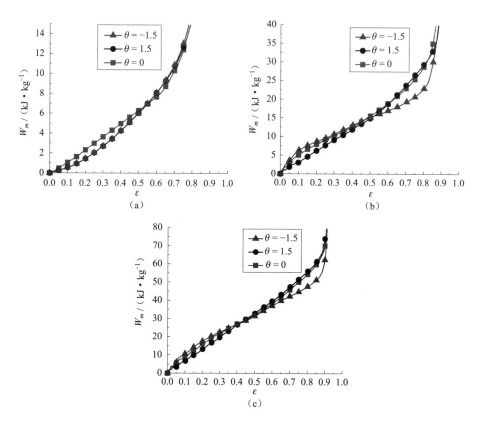

图 2.2.9　不同冲击速度下屈服强度梯度圆形蜂窝材料吸收的能量

（a）$V=3$ m/s；（b）$V=50$ m/s；（c）$V=100$ m/s

随着冲击速度的增大，惯性效应开始影响蜂窝结构变形模式。负屈服强度梯度蜂窝材料的变形首先发生在冲击端（最强层），导致初始压缩变形阶段其能量吸收能力要强于均匀蜂窝材料；正屈服强度梯度蜂窝材料的变形也首先发生在冲击端（最弱层），初始压缩变形阶段，其能量吸收能力较均匀蜂窝材料要弱。图 2.2.9 中同样能观察出，由于各梯度蜂窝材料的相对密度保持不变，不同冲击速度作用下，单位质量蜂窝材料所吸收总的能量基本相同。

2.3 分层屈服强度梯度圆形蜂窝面内冲击性能研究

2.3.1 有限元数值模型

面内冲击载荷作用下分层屈服强度梯度圆形蜂窝材料计算模型如图 2.3.1 所示。试件由具有相同半径和壁厚的圆形蜂窝胞元方形堆列而成,并且分为四层。基体材料为金属铝,不同层蜂窝材料的屈服强度值由表 2.3.1 给出,其余材料参数与 2.2.1 节的相同。针对某一特定排列的蜂窝结构(如试件 L1234 和试件 L4321),试件 L1234 表示冲击从屈服强度值最小的胞元层开始,而试件 L4321 则表示冲击从屈服强度值最大的胞元层开始。

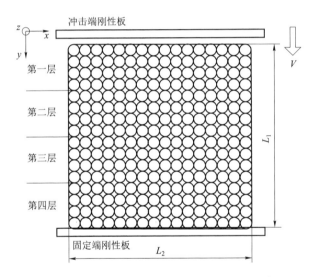

图 2.3.1　分层梯度圆形蜂窝材料计算模型示意图

表 2.3.1　不同屈服强度梯度圆形蜂窝材料性能参数

样本	σ_{y1}/MPa	σ_{y2}/MPa	σ_{y3}/MPa	σ_{y4}/MPa
L1234	76	109	142	175
L4321	175	142	109	76
L2431	109	175	142	76
L4213	175	109	76	142

2.3.2 变形模式

限于篇幅，图 2.3.2 仅给出了不同冲击速度下试件在名义应变 ε 为 0.4 时的变形轮廓图，并将其与均匀圆形蜂窝材料的变形模式进行比较[65]。低速（$V=3$ m/s）冲击时，均匀蜂窝的变形整体是均匀的，各个胞元均具有横向扩张，并且随着相对压缩量的增大，部分胞元会交替平行地发生坍塌，而分层梯度蜂窝材料则未表现出这种整体均匀的压缩变形，其局部变形带从试件屈服强度值最低层的底端启动，随着相对压缩量的增加，表现为从最弱层到最强层的逐层顺序压缩。

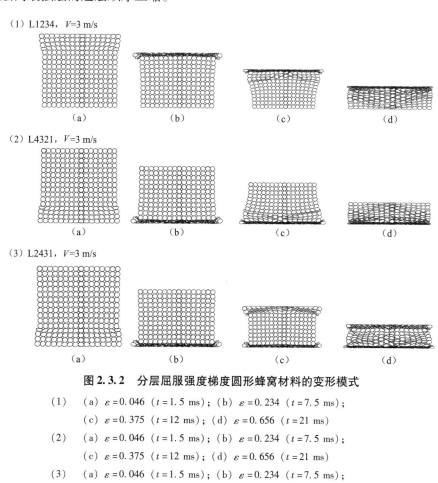

图 2.3.2　分层屈服强度梯度圆形蜂窝材料的变形模式

(1) (a) $\varepsilon=0.046$（$t=1.5$ ms）；(b) $\varepsilon=0.234$（$t=7.5$ ms）；
(c) $\varepsilon=0.375$（$t=12$ ms）；(d) $\varepsilon=0.656$（$t=21$ ms）

(2) (a) $\varepsilon=0.046$（$t=1.5$ ms）；(b) $\varepsilon=0.234$（$t=7.5$ ms）；
(c) $\varepsilon=0.375$（$t=12$ ms）；(d) $\varepsilon=0.656$（$t=21$ ms）

(3) (a) $\varepsilon=0.046$（$t=1.5$ ms）；(b) $\varepsilon=0.234$（$t=7.5$ ms）；
(c) $\varepsilon=0.375$（$t=12$ ms）；(d) $\varepsilon=0.656$（$t=21$ ms）

（4）L4213，$V=3$ m/s

（5）L1234，$V=20$ m/s

（6）L4321，$V=20$ m/s

（7）L2431，$V=20$ m/s

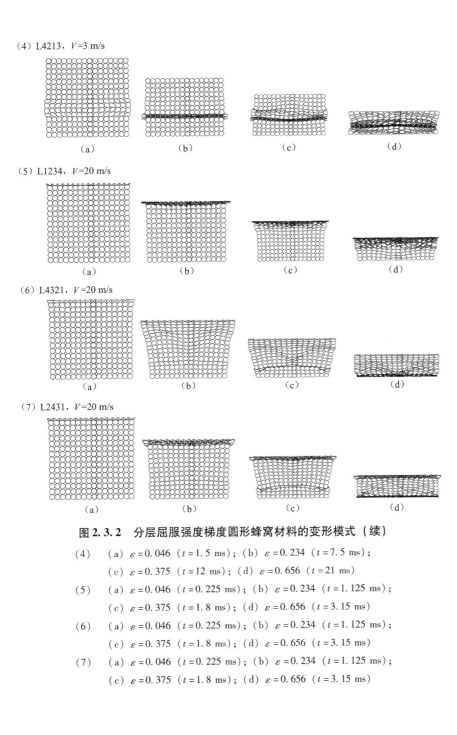

图 2.3.2　分层屈服强度梯度圆形蜂窝材料的变形模式（续）

（4）　（a）$\varepsilon=0.046$（$t=1.5$ ms）；（b）$\varepsilon=0.234$（$t=7.5$ ms）；
　　　（c）$\varepsilon=0.375$（$t=12$ ms）；（d）$\varepsilon=0.656$（$t=21$ ms）

（5）　（a）$\varepsilon=0.046$（$t=0.225$ ms）；（b）$\varepsilon=0.234$（$t=1.125$ ms）；
　　　（c）$\varepsilon=0.375$（$t=1.8$ ms）；（d）$\varepsilon=0.656$（$t=3.15$ ms）

（6）　（a）$\varepsilon=0.046$（$t=0.225$ ms）；（b）$\varepsilon=0.234$（$t=1.125$ ms）；
　　　（c）$\varepsilon=0.375$（$t=1.8$ ms）；（d）$\varepsilon=0.656$（$t=3.15$ ms）

（7）　（a）$\varepsilon=0.046$（$t=0.225$ ms）；（b）$\varepsilon=0.234$（$t=1.125$ ms）；
　　　（c）$\varepsilon=0.375$（$t=1.8$ ms）；（d）$\varepsilon=0.656$（$t=3.15$ ms）

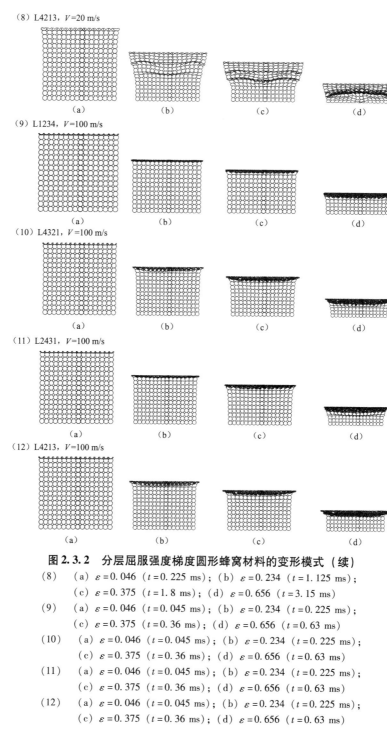

图 2.3.2 分层屈服强度梯度圆形蜂窝材料的变形模式（续）

(8) (a) $\varepsilon=0.046$ ($t=0.225$ ms); (b) $\varepsilon=0.234$ ($t=1.125$ ms);
    (c) $\varepsilon=0.375$ ($t=1.8$ ms); (d) $\varepsilon=0.656$ ($t=3.15$ ms)

(9) (a) $\varepsilon=0.046$ ($t=0.045$ ms); (b) $\varepsilon=0.234$ ($t=0.225$ ms);
    (c) $\varepsilon=0.375$ ($t=0.36$ ms); (d) $\varepsilon=0.656$ ($t=0.63$ ms)

(10) (a) $\varepsilon=0.046$ ($t=0.045$ ms); (b) $\varepsilon=0.234$ ($t=0.225$ ms);
    (c) $\varepsilon=0.375$ ($t=0.36$ ms); (d) $\varepsilon=0.656$ ($t=0.63$ ms)

(11) (a) $\varepsilon=0.046$ ($t=0.045$ ms); (b) $\varepsilon=0.234$ ($t=0.225$ ms);
    (c) $\varepsilon=0.375$ ($t=0.36$ ms); (d) $\varepsilon=0.656$ ($t=0.63$ ms)

(12) (a) $\varepsilon=0.046$ ($t=0.045$ ms); (b) $\varepsilon=0.234$ ($t=0.225$ ms);
    (c) $\varepsilon=0.375$ ($t=0.36$ ms); (d) $\varepsilon=0.656$ ($t=0.63$ ms)

随着冲击速度的提高（$V=20$ m/s），均匀蜂窝材料的变形进入过渡模式，变形不再均匀，且结构中部胞元的变形早于两侧的胞元，使整体变形呈现出"V"形。而分层梯度试件的局部变形带在冲击端及较弱胞元层同时产生，随着刚性板的下压，较弱胞元层逐渐向前扩展，且以较弱层变形为主，整个过程中未出现"V"形变形带。在中高速冲击作用下，各梯度蜂窝材料局部变形带在不同层交界面处的启动也将更加明显。当冲击速度进一步增强（$V=100$ m/s），此时主要受惯性效应影响，各分层梯度蜂窝材料的变形模式均为"I"形，试件表现为从冲击端到固定端的逐层压缩变形模式，这与均匀蜂窝材料类似。

2.3.3 分层梯度蜂窝材料冲击端动态应力

图 2.3.3 给出了分层屈服强度梯度蜂窝材料冲击端的动态响应曲线。在

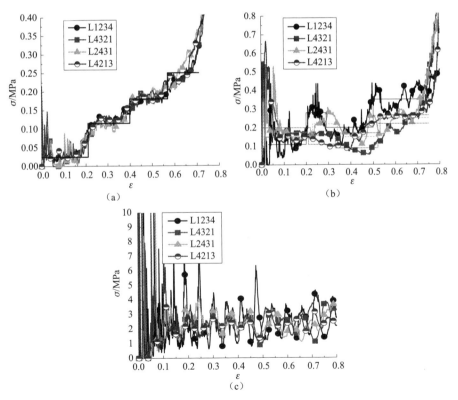

图 2.3.3 分层屈服强度梯度圆形蜂窝材料冲击端动态响应曲线

(a) $V=3$ m/s；(b) $V=20$ m/s；(c) $V=100$ m/s

低速（$V=3$ m/s）冲击载荷作用下，各梯度蜂窝材料的变形模式相同，此时惯性影响相对微弱，试件均表现为从最弱层（$\sigma_y=76$ MPa）到最强层（$\sigma_y=175$ MPa）的逐层压缩变形，不同屈服强度梯度蜂窝材料的名义应力-应变曲线基本相同。受蜂窝材料不同层胞元屈服强度值变化的影响，各层胞元准静态塑性坍塌应力的变化决定了冲击端名义应力随着相对压缩量的增加而呈梯度增大趋势，表现为逐渐递增的4个分段平台，且4个平台的长度几乎相等。

随着冲击速度的增大（$V=20$ m/s），屈服强度梯度对分层梯度蜂窝材料的变形有所影响。各梯度蜂窝材料冲击端应力-应变曲线仍明显表现出4个平台阶段，但与低速冲击时不一样，虽然变形仍主要集中在较弱胞元层，此时应力-应变曲线各个平台的长度之间存在着一定的差异且平台阶段的变化趋势不再是单调递增。分析其变形过程，这主要是因为在整个压缩过程中，速度增大带来的惯性效应影响导致了冲击端的部分胞元也相应地发生了变形。

当冲击速度进一步增大（$V=100$ m/s）时，惯性效应在压缩变形中起到了主要的作用，各梯度蜂窝均表现为从冲击端到固定端的逐层压缩变形模式，应力-应变曲线的4个平台阶段消失，并且各梯度蜂窝材料冲击端的动态响应几乎一致。说明在高速冲击时，与惯性效应相比，不同屈服强度胞元层的塑性坍塌应力对蜂窝结构冲击端平台应力的影响是微不足道的。另外，将屈服强度较低层（L1234和L2431）放置在冲击端时，初始应力峰值明显降低。

2.3.4　分层梯度蜂窝材料固定端动态应力

图2.3.4给出了不同冲击速度下各梯度蜂窝材料固定端的名义应力-应变曲线。从图中可以看出，应力波的反射作用导致了小的应力波峰的出现，固定端的响应较冲击端滞后，且冲击速度越高，这种滞后效应就越明显。在低速（$V=3$ m/s）冲击载荷的作用下，固定端的动态响应与冲击端的一致，屈服强度的梯度排布对其固定端动态响应的影响很小。当冲击速度逐渐增大（$V=20$ m/s），将屈服强度值较低层（L4321和L2431）放置在固定端时，其固定端刚性板的压缩反力要低于将屈服强度值较大层（L1234和L4213）放置在固定端的情况。尤其是在高速冲击时，这种现象更加明显。这说明了

通过屈服强度的梯度设计，将屈服强度值较低层放置在固定端，能够有效地控制传入被保护结构内的应力水平，从而达到有效保护结构的目的。

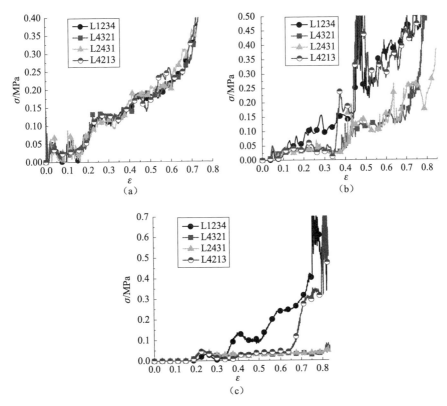

图 2.3.4　分层屈服强度梯度圆形蜂窝材料固定端动态响应曲线
(a) $V=3$ m/s；(b) $V=20$ m/s；(c) $V=100$ m/s

2.3.5　分层梯度蜂窝材料能量吸收特性

图 2.3.5 给出了不同分层屈服强度梯度的蜂窝材料单位质量吸收能量与名义应变之间的关系。在低速（$V=3$ m/s）冲击载荷作用下，屈服强度梯度对圆形蜂窝材料冲击端的能量吸收能力没有影响。随着冲击速度的增大，梯度蜂窝变形处于过渡模式时，惯性效应增强，不同屈服强度层的排列使单位质量能量吸收能力发生了变化。此时，将屈服强度值较大的胞元层（L4213 和 L4321）放置在冲击端能够适当地提高蜂窝结构初始压缩阶段的能量吸收能力，对于试件 L4321，在低速（$V=3$ m/s）载荷冲击下，当名义

应变 $\varepsilon=0.4$ 时，试件仅吸收了整体能量的 15%，当冲击速度达到 $V=20$ m/s 时，试件却吸收了整体能量的 50%。当速度进一步增大至 $V=100$ m/s 时，屈服强度梯度对各梯度蜂窝材料的能量吸收能力几乎没有影响，且由于各梯度蜂窝材料的相对密度保持不变，单位质量蜂窝材料所吸收总的能量基本相同。计算结果表明，蜂窝材料初始压缩阶段的单位质量能量吸收能力随冲击速度的增加有所提高，当梯度蜂窝材料的变形处于过渡模式时，通过屈服强度梯度的调整，能够有效地控制材料的能量吸收能力。

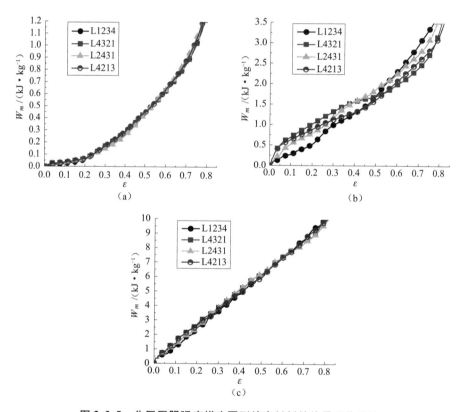

图 2.3.5　分层屈服强度梯度圆形蜂窝材料的能量吸收特性

（a）$V=3$ m/s；（b）$V=20$ m/s；（c）$V=100$ m/s

2.4　小结

本章首先从变形模式、动态冲击平台应力及能量吸收能力 3 个方面讨论了递变屈服强度梯度对圆形蜂窝材料面内冲击性能的影响。计算结果表明：

（1）冲击载荷作用下，正屈服强度梯度蜂窝材料的变形模式可归纳为正置"V"形和"I"形，而负屈服强度梯度蜂窝材料的变形模式可归纳为倒置"V"形、正置"V"形和"I"形3种。同时，通过分析大量仿真结果得到变形模式转变临界速度的经验公式。

（2）低速冲击时，梯度蜂窝结构冲击端名义应力-应变曲线呈梯度变化，且平台应力值与理论值吻合较好；高速冲击时，主要受惯性影响，其平台应力值也能与理论值很好地吻合；当负梯度蜂窝材料处于正置"V"形变形模式时，其应力曲线分为两个阶段，此时理论分析值无法预测其平台应力。

（3）高速冲击载荷作用下，当梯度蜂窝材料变形模式中只具有一个局部变形带时，一维冲击波理论同样适用。

（4）屈服强度梯度值为负时，能够降低传入到被保护结构的应力水平。通过调整屈服强度梯度值，可有效控制能量吸收过程，当 $\theta<0$ 时，屈服强度梯度蜂窝材料以前程吸能为主；当 $\theta>0$ 时，以后程吸能为主。

然后讨论了不同冲击载荷作用下分层屈服强度梯度对圆形蜂窝材料的面内冲击性能的影响，计算结果表明：

（1）分层屈服强度梯度的变化使圆形蜂窝材料的局部变形模式发生了变化：低速冲击时，其表现为从最弱层到最强层的逐层顺序压缩；随着冲击速度的增大，各分层梯度试件的局部变形带集中在冲击端及较弱胞元层，较弱胞元层逐渐向前扩展且以较弱层变形为主；高速冲击时，则均表现为从冲击端到固定端的逐层压缩变形模式。

（2）在中低速冲击载荷作用下，分层梯度蜂窝材料的动力响应表现出分段平台特性；将较弱胞元层放置在冲击端能够有效地降低初始压缩应力峰值，避免结构的过载破坏；将较弱胞元层放置在固定端能够有效地降低传递到被保护结构中的应力，从而更好地保护结构。

（3）低速冲击时，屈服强度梯度变化对能量吸收没有影响；随着冲击速度的增大，调节屈服强度梯度的变化可以有效地控制材料的单位质量能量吸收能力；当冲击速度进一步增加至惯性效应起到主要作用时，分层屈服强度梯度变化对能量吸收能力的影响消失。

3 含填充孔缺陷蜂窝舷侧防护结构的面内冲击吸能特性研究

第 2 章在规则蜂窝结构的基础上引入了屈服强度梯度特性,通过合理地调节屈服强度梯度的变化可以减小初始峰值应力,并能够有效地控制传入被保护结构的应力值,同时实现蜂窝材料单位质量能量吸收能力的控制。但是在蜂窝及多孔材料的实际生产过程中,由于孔壁的坍塌或发泡不完全导致材料中存在实体堆积的现象并不少见,开孔泡沫金属制备中也存在颗粒堆积不理想或未完全除去导致材料密实的情况[115,116],而目前关于这方面缺陷对多孔材料力学性能影响的研究还很有限。Chen 等[94]用有限元方法研究了二维蜂窝结构准静态单向和平面静水压加载下实体填充孔对结构弹性模量和屈服应力的影响,发现实体填充孔使蜂窝结构弹性模量略有提高,但对单向屈服强度和平面静水屈服强度影响不大。Jeon[115]则通过试验研究发现因泡沫垮塌而出现实体堆积的闭孔泡沫铝弹性模量低于相同密度的无垮塌缺陷泡沫铝,材料的塑性垮塌应力则基本不受影响。Prakash 等[117]对蜂窝材料的试验研究表明,部分孔的实体填充导致蜂窝局部强化,其弹性模量和应变强化也因此提高,同时结构的密实化应变减小。寇东鹏[118]等研究了随机固体填充孔对蜂窝结构变形模式的影响,讨论了细观结构影响蜂窝结构动态力学性能的机理。Nakamoto 等[119,120]研究了具有线性排列填充孔的六边形蜂窝结构的面内冲击性能,并将其得出的结论与试验数据进行了对比。

以上关于含固体填充孔蜂窝结构的研究主要集中在其静态及准静态力学性能方面,关于填充孔缺陷对多孔材料动态冲击吸能特性的研究并未深入展开。本章利用有限元分析软件 LS-DYNA 对冲击载荷下含随机固体填充孔的圆形蜂窝结构、集中填充孔缺陷分布在不同区域的圆形蜂窝结构及集中填充孔缺陷分布在不同区域的六边形蜂窝结构的变形过程进行数值模拟,并从蜂窝结构的变形模式、动态冲击平台应力及能量吸收能力3个方面研究了固体填充孔缺陷对蜂窝结构动态力学性能的影响。

3.1 含随机填充孔缺陷圆形蜂窝材料面内冲击吸能特性研究

3.1.1 有限元数值模型

面内冲击载荷作用下规则圆形蜂窝材料计算模型如图3.1.1所示。

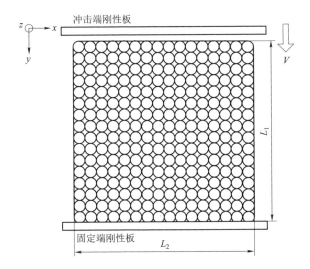

图3.1.1 规则圆形蜂窝材料计算模型示意图

为了消除尺寸效应,本研究采用多层规则方形排布圆形蜂窝模型。试件的尺寸为 $L_1 \times L_2 = 96 \text{ mm} \times 96 \text{ mm}$,由具有相同半径和壁厚的圆形蜂窝胞元方形堆列而成。其中单个胞元的半径 $R = 3 \text{ mm}$,壁厚 $t = 0.15 \text{ mm}$。基体材料为金属铝,采用理想弹塑性模型,泊松比 $\nu = 0.3$,弹性模量 $E = 69 \text{ GPa}$,屈服应力 $\sigma_{ys} = 76 \text{ MPa}$,密度为 $2\,700 \text{ kg/m}^3$,则圆形蜂窝材料结构的密度 $\rho_0 = (\pi/2)(t/R)\rho_s = 212 \text{ kg/m}^3$。

在规则蜂窝中引入随机固体填充孔,假定结构的相对密度保持不变,定义孔洞填充比为:

$$\alpha = m/N \tag{3.1.1}$$

式中，m 为蜂窝结构中的随机固体填充数；N 为蜂窝结构中的胞元总数。容易得到孔洞填充比为 α 时未填充胞孔的壁厚 $\bar{t}$ 满足下面的方程，即

$$\nabla \rho L_1 L_2 - m S_0 = (N-m)[S_0 - \pi(R-\bar{t})^2] \tag{3.1.2}$$

式中，$S_0 = \pi R^2$，为单个胞孔的面积；$\nabla \rho$ 为蜂窝结构相对密度，即

$$\nabla \rho = \rho_0/\rho_s = (\pi/2)(\bar{t}/R) \tag{3.1.3}$$

式中，ρ_0 为蜂窝结构的密度。

为简化模型，固体填充孔的细观结构与未填充胞孔相同，将固体填充孔质量均匀分布于胞壁上，可以算得相应的固体填充孔胞元胞壁材料密度为：

$$\rho_e = \rho_s S_0/S \tag{3.1.4}$$

式中，$S = \pi R^2 - \pi(R-\bar{t})^2$，为胞壁的面积。不同孔洞填充比 α 的蜂窝结构未填充胞孔壁厚 $\bar{t}$ 及胞壁材料密度 ρ_e 见表 3.1.1。

表 3.1.1 含随机固体填充孔蜂窝结构参数

α	$\bar{t}$/mm	ρ_e/(kg·m^{-3})
0.02	0.125	33 106
0.04	0.096	42 650
0.06	0.066	61 490
0.08	0.036	114 130

本研究的二维蜂窝结构相对密度为 0.1，其刚度和强度远低于固体填充孔。因此，固体填充孔可通过改变胞壁材料的杨氏模量和屈服强度为规则蜂窝结构胞壁材料相应值的 1 000 倍引入[94]。本研究对同一孔洞填充比计算了 3 组不同随机样本的含随机固体填充孔圆形蜂窝结构。

3.1.2 变形模式

限于篇幅，图 3.1.2 仅给出了 $\alpha = 0$ 与 $\alpha = 0.04$ 时，不同冲击速度下圆形蜂窝结构的变形模式图。当冲击速度为 3 m/s 时，蜂窝结构冲击端和固定端的应力基本相同，变形模式均为准静态模式，在初始压缩变形阶段，整个

3 含填充孔缺陷蜂窝舷侧防护结构的面内冲击吸能特性研究

蜂窝试件的变形是均匀的,各个胞元均具有横向扩张。紧接着,变形不再是均匀的,部分胞元开始交替平行地发生坍塌,很多胞元被四个椭圆坍塌胞元围住,结构总体变形呈现"分布崩塌带"模式。结构中的填充孔对崩塌带的分布有微弱影响,所有固体填充孔必然会被坍塌的椭圆形胞元包围。随着相对压缩量的增大,胞元逐层压缩直至蜂窝材料密实化。

随着冲击速度的提高(V = 40 m/s),规则蜂窝结构变形由准静态模式转变为过渡模式。变形初始阶段,惯性效应使得蜂窝结构在靠近冲击端处出现变形局部化,结构冲击端应力处于应力-应变曲线的压实应变侧,因此应力值高于准静态模式下的压缩应力值。随着相对压缩量的增大,规则圆形蜂窝结构中部的胞元变形要早于蜂窝结构两边的胞元,使得蜂窝结构整体变形出现"V"形变形带,而固体填充孔在变形过程中具有一定的牵制效应[117],使含填充孔蜂窝结构靠近冲击端的变形局部化现象更加明显,且变形带向结构两侧扩展,呈现出倒置"W"形。

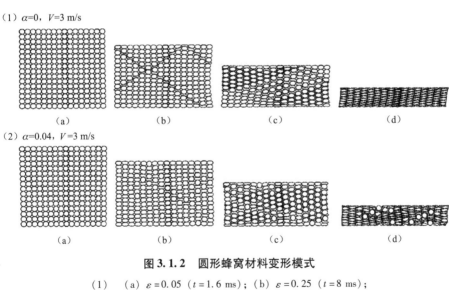

图 3.1.2　圆形蜂窝材料变形模式

(1)　(a) ε = 0.05 (t = 1.6 ms);(b) ε = 0.25 (t = 8 ms);
　　(c) ε = 0.5 (t = 16 ms);(d) ε = 0.75 (t = 24 ms)

(2)　(a) ε = 0.05 (t = 1.6 ms);(b) ε = 0.25 (t = 8 ms);
　　(c) ε = 0.5 (t = 16 ms);(d) ε = 0.75 (t = 24 ms)

(3) $\alpha=0$, $V=40$ m/s

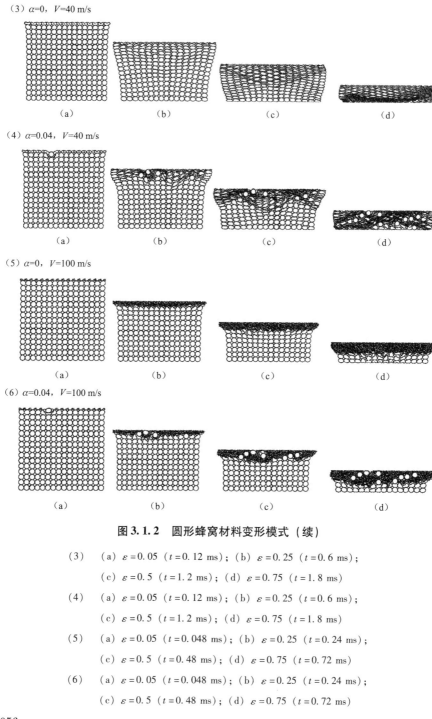

(4) $\alpha=0.04$, $V=40$ m/s

(5) $\alpha=0$, $V=100$ m/s

(6) $\alpha=0.04$, $V=100$ m/s

图 3.1.2 圆形蜂窝材料变形模式（续）

(3) (a) $\varepsilon=0.05$ ($t=0.12$ ms); (b) $\varepsilon=0.25$ ($t=0.6$ ms);
    (c) $\varepsilon=0.5$ ($t=1.2$ ms); (d) $\varepsilon=0.75$ ($t=1.8$ ms)

(4) (a) $\varepsilon=0.05$ ($t=0.12$ ms); (b) $\varepsilon=0.25$ ($t=0.6$ ms);
    (c) $\varepsilon=0.5$ ($t=1.2$ ms); (d) $\varepsilon=0.75$ ($t=1.8$ ms)

(5) (a) $\varepsilon=0.05$ ($t=0.048$ ms); (b) $\varepsilon=0.25$ ($t=0.24$ ms);
    (c) $\varepsilon=0.5$ ($t=0.48$ ms); (d) $\varepsilon=0.75$ ($t=0.72$ ms)

(6) (a) $\varepsilon=0.05$ ($t=0.048$ ms); (b) $\varepsilon=0.25$ ($t=0.24$ ms);
    (c) $\varepsilon=0.5$ ($t=0.48$ ms); (d) $\varepsilon=0.75$ ($t=0.72$ ms)

3 含填充孔缺陷蜂窝舷侧防护结构的面内冲击吸能特性研究

冲击速度进一步增加为 100 m/s 时，含填充孔的圆形蜂窝结构的变形过程与规则蜂窝材料的变形模式类似，只产生一个呈"I"形的局部变形带，对应着从冲击端到固定端的逐层压溃变形模式。与含随机固体填充孔六边形蜂窝结构的动态压缩变形模式不同[119]，圆形蜂窝结构密实化时，所有的胞元（除填充孔外）均被压实，并没有出现渗漏效应（当蜂窝结构压缩至密实化应变时，部分被固体填充孔包围的未完全坍塌的胞元将不再发生变形）。

研究不同填充比的蜂窝结构在不同冲击速度下的变形模式，计算结果表明，随机填充孔圆形蜂窝材料的变形模式包括准静态模式、过渡模式及动态模式，即固体填充孔的存在并没有改变圆形蜂窝结构 y 方向动态冲击时的变形模式。

图 3.1.3 给出了不同填充比下蜂窝结构变形模式转变时的冲击速度。填充孔的引入对临界速度有一定的影响，根据图 3.1.3 中的数据，得到含填充孔蜂窝结构由准静态变形模式向过渡模式转变的临界速度及由过渡模式向动态模式转变的临界速度的近似公式：

$$V_{cr1} = -350\alpha + 38 \tag{3.1.5}$$

$$V_{cr2} = -450\alpha + 77 \tag{3.1.6}$$

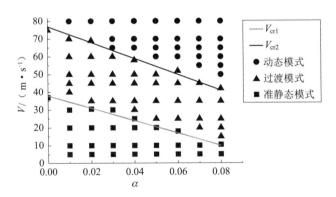

图 3.1.3 圆形蜂窝变形模式转变时的冲击速度

3.1.3 冲击端平台应力的速度效应

作为表征多胞材料能量吸收能力大小的一个重要参数，平台应力 σ_p 定

义为冲击端刚性板压缩应力从第一个应力峰值到试件密实化前最大应变所对应的压缩反力的平均名义应力,即定义平台应力为:

$$\sigma_p = \frac{1}{\varepsilon_d - \varepsilon_y} \int_{\varepsilon_y}^{\varepsilon_d} \sigma \mathrm{d}\varepsilon \qquad (3.1.7)$$

式中,名义应力 σ 为刚性板作用在试件上的压缩反力 F 与初始横截面积 A($L_2 \times b$)的比值;名义应变 ε 定义为试件在 y 方向的压缩量与初始长度 L_1 之比;ε_d 为蜂窝结构的密实化应变值,本书取 $\varepsilon_d = 0.75$;ε_y 为屈服应变值,本研究取 $\varepsilon_y = 0.02$[65]。

分析可得,当冲击速度大于由准静态变形模式向过渡模式转变的临界速度 V_{cr1} 时,平台应力 σ_p 与 V^2 呈线性关系,并且可以由以下公式拟合:

$$\sigma_p = \alpha_1 + \alpha_2 V^2 \qquad (3.1.8)$$

式中,α_1 和 α_2 为拟合系数。

图3.1.4给出了含填充孔圆形蜂窝结构冲击端平台应力与速度参量 V^2 之间的关系。从局部放大图中也能够看出,当冲击速度小于临界速度 V_{cr1},即蜂窝结构的变形仍然处于准静态模式时,冲击端平台应力曲线表现出明显的非线性。S. R. Reid[3]基于一维冲击波理论建立了均匀多孔材料动态冲击平台应力 σ_p 与冲击速度之间的关系,并指出当冲击速度大于一定值时,规则蜂窝结构的平台应力存在速度效应,平台应力值与速度的平方呈线性关系。

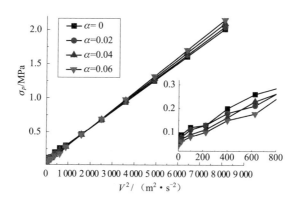

图3.1.4 冲击速度对平台应力的影响

各蜂窝结构的拟合参数值见表3.1.2,本书的拟合结果表明,当蜂窝结构中含有随机固体填充孔时,这样的速度效应同样存在,但此时拟合参数与填充比的大小有关。从表中可知，随着填充比的增大，拟合参数 α_2 也有所增大，这说明填充比的增加使圆形蜂窝结构冲击端平台应力的速度效应更加明显。

表 3.1.2 平台应力拟合关系式（3.1.8）中的系数

α	α_1/MPa	α_2/（Pa·s²·m⁻²）
0	0.086	0.238
0.02	0.071	0.244
0.04	0.055	0.252
0.06	0.043	0.26

3.1.4 随机填充孔对蜂窝结构平台应力的影响

图 3.1.5 给出了低速（$V=3$ m/s）冲击时四种蜂窝结构冲击端的名义应力-应变曲线。

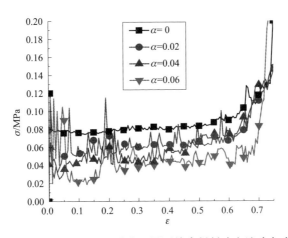

图 3.1.5 低速（$V=3$ m/s）冲击下圆形蜂窝材料冲击端动态响应曲线

本研究中的蜂窝结构模型相对密度保持不变，随着孔洞填充比的增大，变形胞元孔的壁厚明显变薄，圆形蜂窝结构冲击端的应力平台降低。此时蜂窝结构均处于准静态变形模式，规则蜂窝冲击端压缩应力曲线较为平缓，因为填充孔附近的崩塌变形及变形局部化区域的宏观密度突然提高，含固体填充孔的圆形蜂窝结构的应力明显变大，冲击端应力－应变曲线上出现了应力尖峰值，当固体填充孔与冲击面的速度一致时，应力幅值回落。另外，随着孔洞填充比的增大，蜂窝结构的密实化应变值变小，由于未出现渗漏现象，其密实化应变值减小的幅度小于含随机固体填充孔的六边形蜂窝结构。

定义相对平台应力为含固体填充孔圆形蜂窝结构冲击端平台应力 σ_p^* 与规则圆形蜂窝结构冲击端平台应力 σ_p^0 之比。图3.1.6给出了蜂窝结构在 y 方向上受冲击时冲击端相对平台应力随冲击速度的变化关系。低速冲击下，随着孔洞填充比的增大，变形胞孔壁厚的减小使得蜂窝结构冲击端的承载能力显著下降，如图中所

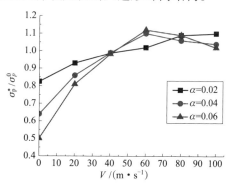

图3.1.6　固体填充孔对 y 方向相对平台应力的影响

示，冲击速度为 3 m/s 时，$\alpha = 0.06$ 的蜂窝结构平台应力仅为相同相对密度的规则蜂窝结构平台应力的 50% 左右。随着冲击速度的增大，蜂窝结构变形向冲击端附近移动，惯性效应引起的变形局部化使结构平台应力增加。对于 $\alpha = 0.04$ 和 $\alpha = 0.06$ 的蜂窝结构，填充比的增大使胞元壁厚变薄，一定程度上会导致结构压缩应力的下降，但是固体填充孔的牵制效应使动态冲击的惯性效应影响增强，导致蜂窝结构冲击端应力－应变曲线中出现应力尖峰，提高了蜂窝结构的吸能能力，这一增强效应很明显，因而在冲击速度小于 40 m/s 时，随着冲击速度的提高，相对平台应力会显著增强。当冲击速度达到 40 m/s 时，含固体填充孔蜂窝结构的平台应力与规则蜂窝结构平台应力基本相同。继续加大蜂窝结构的冲击加载速度（$V > 80$ m/s），惯性效应的影响起主要作用，胞元的主要变形由低速时的交替平行胞元坍塌变为由接触点处开始向内凹陷崩塌的逐层压缩变形，且蜂窝结构的变形开始慢慢地集中在冲击端附近，这就使规则蜂窝结构的平台应力也明显增强，从而削弱了相对平台应力的增长，当速度达到 100 m/s 时，相对平台应力甚至有下降的趋势。

3.1.5 含随机填充孔圆形蜂窝能量吸收特性

图 3.1.7 给出了不同填充比的蜂窝材料单位质量吸收的能量与相对压缩量之间的关系。从图中可见，低速（$V = 3$ m/s）冲击下因为各蜂窝结构均处于准静态压缩模式，单位质量能量吸收曲线较为平滑，固体填充孔并没有提高蜂窝结构的能量吸收能力，相反，胞元孔壁厚度的减小降低了冲击端的应力值，导致含填充孔蜂窝结构的吸能能力下降。当 $\varepsilon = 0.8$ 时，$\alpha = 0.6$ 的蜂窝结构单位质量吸收能量大小仅为规则圆形蜂窝结构的 37.5%。当冲击速度为 40 m/s 时，蜂窝结构的单位质量吸收能量与低速冲击时相比均有所提高，固体填充孔的存在提高了蜂窝结构的吸能能力，减小了与规则蜂窝结构单位质量吸收能量大小之间的差距，当 $\varepsilon = 0.8$ 时，$\alpha = 0.06$ 的蜂窝结构

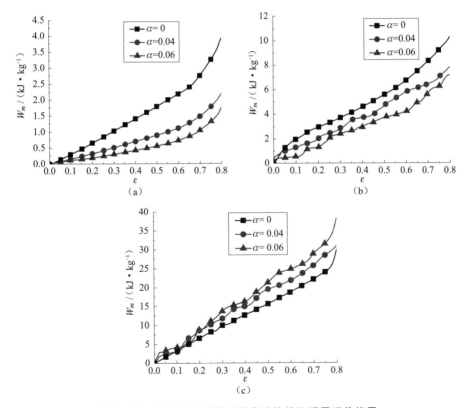

图 3.1.7　不同冲击速度下蜂窝结构单位质量吸收能量

（a）$V = 3$ m/s；（b）$V = 40$ m/s；（c）$V = 80$ m/s

单位质量吸收能量大小为规则圆形蜂窝结构的72%。当冲击速度为80 m/s时，蜂窝结构均处于动态冲击模式，惯性效应起到了主要的作用，固体填充孔的牵制效应使蜂窝结构的变形局部化更加明显，尽管含随机固体填充孔的蜂窝结构胞壁较薄，但是其冲击端应力值仍大于规则圆形蜂窝结构，单位质量吸能能力大大提升。从图3.1.7（b）和图3.1.7（c）中也能观察出，含随机固体填充孔蜂窝结构冲击端应力-应变曲线中出现的应力峰值使单位质量吸收能量曲线体现了局部的凹凸性。

3.2 含集中填充孔缺陷圆形蜂窝材料面内冲击吸能特性研究

3.2.1 有限元数值模型

根据Deqiang Sun等[65]研究得到的理想圆形蜂窝材料面内冲击变形特征，随着冲击速度的增加，其变形模式分为3种：准静态模式、过渡模式（"V"形）、动态模式（"I"形），填充孔缺陷集中区域分别为区域1（靠近冲击端）、区域2（试件中部）、区域3（靠近固定端），如图3.2.1所示。在规则蜂窝中引入集中填充孔，为了消除集中填充孔缺陷模式随机性的影

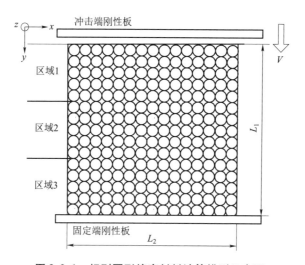

图3.2.1 规则圆形蜂窝材料计算模型示意图

响,计算中不同子区域采用相同的缺陷模式,根据不同的孔洞填充比,采用 MATLAB 6.5 软件生成随机数,从而确定需要填充的胞元位置。图 3.2.2 给出了不同局部孔洞填充比下的缺陷模式。

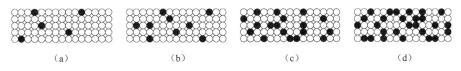

图 3.2.2　圆形蜂窝随机填充孔缺陷模式示意图

(a) $\alpha=0.06$；(b) $\alpha=0.12$；(c) $\alpha=0.24$；(d) $\alpha=0.36$

基体材料及材料属性、加载条件、边界条件及填充孔引入方法均与 3.1 节中的相同。

3.2.2　变形模式

限于篇幅,图 3.2.3～图 3.2.5 仅给出了部分集中填充孔缺陷圆形蜂窝结构的变形模式。在低速($V=3$ m/s)冲击载荷作用下,集中填充孔分布区域及孔洞填充比的大小对圆形蜂窝结构的变形模式几乎没有影响(图 3.2.3)。与规则圆形蜂窝结构类似,蜂窝结构冲击端和固定端的应力基本相同,变形模式均为准静态模式,在初始压缩变形阶段,除填充孔外,其他胞元的变形皆是均匀的,各胞元均具有横向扩张。随后变形不再均匀,部分胞元开始交替平行地发生坍塌,很多胞元被四个椭圆坍塌胞元围住。固体填充孔对崩塌带的分布影响主要表现为所有固体填充孔必然会被坍塌的椭圆形胞元包围。随着冲击端刚性板继续下压,胞元逐层压缩,直至蜂窝材料密实化。

当冲击速度为 25 m/s,集中填充孔缺陷位于区域 1(靠近冲击端)时,圆形蜂窝材料会呈现出"V"形局部变形带,这样的局部变形带在孔洞填充比较小时,会随着冲击端的进一步下压而减弱甚至消失。但当集中填充孔缺

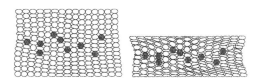

图 3.2.3　准静态模式变形模式(区域 2,$\alpha=0.12$,$V=3$ m/s)

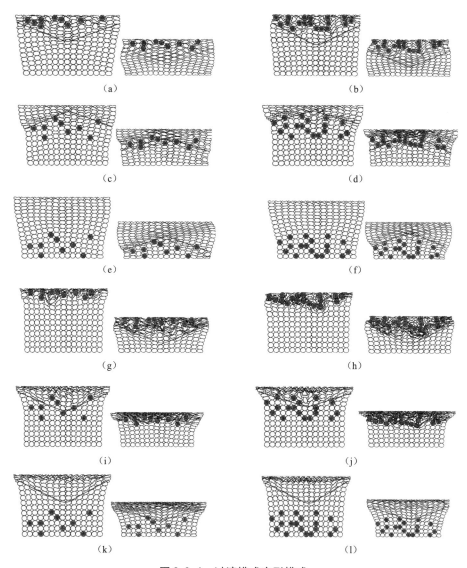

图 3.2.4 过渡模式变形模式

(a) 区域1，$\alpha=0.12$，$V=25$ m/s；(b) 区域1，$\alpha=0.24$，$V=25$ m/s
(c) 区域2，$\alpha=0.12$，$V=25$ m/s；(d) 区域2，$\alpha=0.24$，$V=25$ m/s
(e) 区域3，$\alpha=0.12$，$V=25$ m/s；(f) 区域3，$\alpha=0.24$，$V=25$ m/s
(g) 区域1，$\alpha=0.12$，$V=50$ m/s；(h) 区域1，$\alpha=0.24$，$V=50$ m/s
(i) 区域2，$\alpha=0.12$，$V=50$ m/s；(j) 区域2，$\alpha=0.24$，$V=50$ m/s
(k) 区域3，$\alpha=0.12$，$V=50$ m/s；(l) 区域3，$\alpha=0.24$，$V=50$ m/s

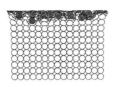

图 3.2.5　动态模式变形模式（区域 1, $\alpha = 0.12$, $V = 100$ m/s）

陷位于区域 2、3 时,在压缩的初始阶段会出现倒置的"V"形变形带。比较图 3.2.4（c）、(d)、(e)、(f) 可知,缺陷位于区域 3 时,其倒置"V"形变形带的出现要晚于缺陷位于区域 2 时的蜂窝结构。冲击速度进一步增加至 50 m/s 时,随着冲击端的不断下压,圆形蜂窝材料都将产生局部的"V"形变形带。当填充孔缺陷位于区域 2（理想蜂窝材料"V"形变形带）时,局部的"V"形变形带不是很明显,且会随着相对压缩量的增加慢慢消失。

随着冲击速度进一步提高（$V = 100$ m/s）,惯性效应起到了主要的作用,此时集中填充孔的分布及填充比的大小对变形模式的影响减弱,含集中填充孔缺陷的圆形蜂窝材料的变形过程与规则蜂窝的变形模式类似,只产生一个"I"形局部变形带（图 3.2.5）,对应着从冲击端到固定端的逐层压溃变形模式。与含固体填充孔六边形蜂窝材料动态压缩变形模式不同[119],含集中填充孔缺陷的圆形蜂窝材料的所有胞元（除填充孔外）均被压实,并没有出现渗漏现象（当蜂窝结构压缩至密实化应变时,部分被固体填充孔包围的未完全坍塌的胞元将不再发生变形）。

研究集中填充孔缺陷分布在不同区域的圆形蜂窝材料在不同速度、不同孔洞填充比下冲击的变形模式图,将计算结果与理想圆形蜂窝材料的冲击变形特征[65]对比可知,含集中填充孔缺陷的圆形蜂窝结构的变形模式也可分为 3 类,即准静态模式、过渡模式及动态模式,孔洞填充比大小及缺陷分布区域的不同对过渡模式的局部变形带有所影响。

3.2.3　含集中填充孔缺陷圆形蜂窝冲击端动态响应特性

图 3.2.6 给出了孔洞填充比 $\alpha = 0.12$ 时圆形蜂窝材料在不同冲击载荷作用下冲击端的动态响应曲线,图中名义应力 σ 为刚性板作用在试件上的压缩反力 F 与初始横截面积 A（$L_2 \times b$）的比值,名义应变 ε 定义为试件在 y

方向的压缩量与初始长度 L_1 之比。由图可知,在低速($V=3$ m/s)冲击下,填充孔缺陷对平台应力的影响不大(图3.2.6(a))。但随着冲击速度的增加,集中填充孔缺陷对冲击端动态响应产生了较大的影响。当冲击端刚性板下压至集中填充孔缺陷分布区域时,填充孔引起的密实应变区宏观密度的大幅度提高及胞孔附近的崩塌变形,均使圆形蜂窝结构的应力明显变大,冲击端应力-应变曲线上会出现应力尖峰值。冲击端动态响应对集中填充孔缺陷分布区域的敏感性体现在,集中缺陷位于区域1、2、3的圆形蜂窝材料分别在冲击端应力-应变曲线的前程、中程、后程表现出一定的强化。

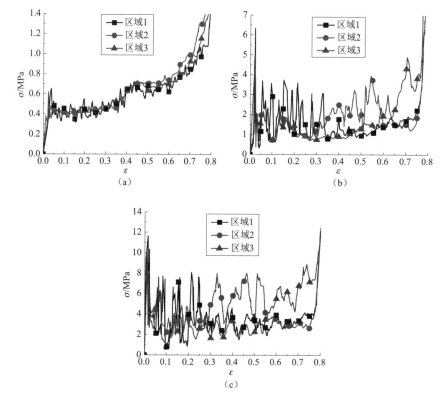

图3.2.6　圆形蜂窝材料冲击端动态响应曲线

(a)$V=3$ m/s;(b)$V=50$ m/s;(c)$V=100$ m/s

以上仅从冲击端动态响应曲线的表观体现进行分析,为了进一步了解集中填充孔缺陷圆形蜂窝材料冲击端的力学特性,有必要深入研究集中填充孔缺陷分布位置及冲击速度对其平台应力的影响。

3.2.3.1 集中填充孔缺陷分布区域的影响

图 3.2.7 给出了不同冲击速度下，集中填充孔缺陷位于不同区域时冲击端平台应力随孔洞填充比的变化。计算结果表明，低速冲击时，圆形蜂窝材料均处于准静态变形模式，缺陷位置对平台应力没有影响。填充孔对蜂窝结构吸能几乎没有贡献，随着孔洞填充比的增大，变形胞元壁厚的减小使蜂窝结构冲击端的承载能力显著下降，冲击端平台应力均呈下降趋势。随着刚性板冲击速度的增大（$V=25$ m/s），平台应力随填充比的增大呈先减小后增大的趋势，平台应力一开始呈减小趋势，主要也是因为变形胞元壁厚的减小使蜂窝结构冲击端的承载能力显著下降，随着孔洞填充比的增大，足够多的固体

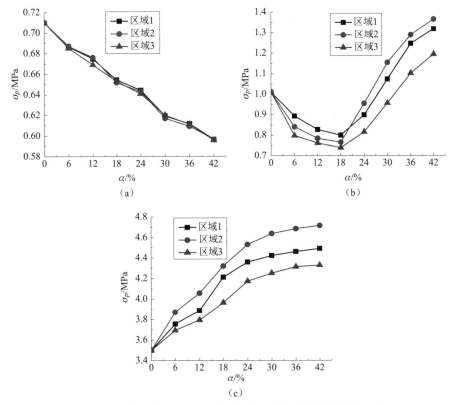

图 3.2.7 缺陷位于不同区域时平台应力随孔洞填充比的变化

(a) $V=3$ m/s；(b) $V=25$ m/s；(c) $V=100$ m/s

填充孔阻碍了交替平行坍塌变形在其附近的传播，填充孔附近胞孔变形主要模式为崩塌变形，需要耗散更多的变形能，从而提高了蜂窝结构的吸能能力。由于区域3不在理想规则圆形蜂窝的"V"形变形带内且靠近固定端，平台应力对孔洞填充比的敏感性相对较低，集中填充孔缺陷位于区域2时，平台应力对孔洞填充比的变化最为敏感。高速（$V=100$ m/s）冲击时，惯性效应的影响起到了主要的作用，胞元的变形变为由接触点处开始向内凹陷崩塌的逐层压缩，蜂窝结构的变形集中在冲击端附近，并逐渐向固定端传播，圆形蜂窝结构的平台应力呈增长趋势，且当填充比较大时，平台应力值增长趋势减缓。

3.2.3.2 冲击速度的影响

图3.2.8给出了集中填充孔缺陷位于不同区域时相对平台应力σ_p/σ_{pe}随冲击速度的变化情况，其中σ_{pe}为规则圆形蜂窝结构冲击端平台应力。图3.2.8

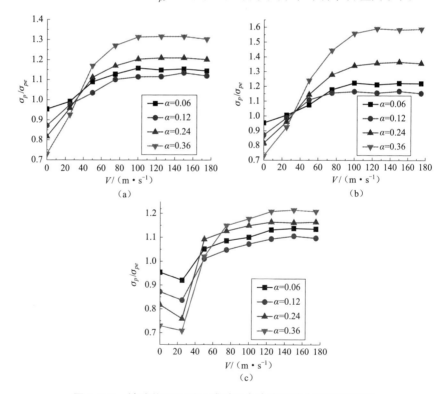

图3.2.8　缺陷位于不同区域时平台应力随冲击速度的变化

(a) 区域1；(b) 区域2；(c) 区域3

表明集中填充孔缺陷位于不同区域时,在中低速冲击载荷下,相对平台应力值的变化趋势有所差异,缺陷集中在区域3(靠近固定端)时,相对平台应力将随着冲击速度的增加先减小后升高。随着冲击速度的进一步增大,其相对平台应力基本保持稳定不变,这主要是因为高速冲击下,惯性效应起到主要的作用,圆形蜂窝结构的变形模式对集中填充孔缺陷分布位置的敏感性降低。此外,集中填充孔缺陷位于区域1和2时,中低速冲击下,$\alpha=0.24$ 和 $\alpha=0.36$ 的蜂窝结构的相对平台应力随冲击速度增大的趋势强于 $\alpha=0.06$ 和 $\alpha=0.12$ 的蜂窝结构,当 $V=50$ m/s 时,$\alpha=0.24$ 及 $\alpha=0.36$ 的蜂窝结构的相对平台应力超过了 $\alpha=0.06$ 及 $\alpha=0.12$ 的蜂窝结构。集中填充孔缺陷位于区域2时,蜂窝材料的平台应力对填充比的敏感性最强,对填充比敏感性最弱的是区域3。

3.2.4 含集中填充孔圆形蜂窝能量吸收特性

图3.2.9给出了孔洞填充比 $\alpha=0.12$ 时,缺陷分布在不同区域的圆形蜂

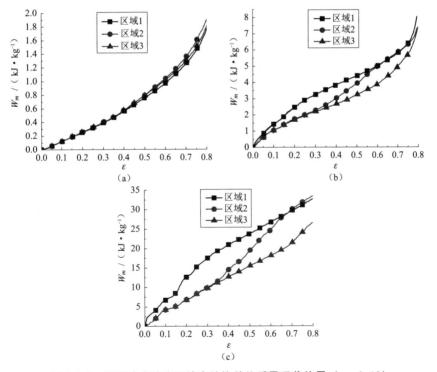

图3.2.9 不同冲击速度下蜂窝结构单位质量吸收能量($\alpha=0.12$)

(a) $V=3$ m/s; (b) $V=50$ m/s; (c) $V=100$ m/s

窝材料单位质量吸收能量与名义应变的关系。如图 3.2.9（a）所示，低速（$V=3$ m/s）冲击时，含集中填充孔缺陷的圆形蜂窝材料表现为准静态变形模式，缺陷集中区域分布的不同并没有影响蜂窝材料的能量吸收能力，蜂窝材料密实化时，吸收的能量几乎相同。当冲击速度为 50 m/s 时，实体填充孔导致蜂窝局部强化，冲击端刚性板下压至填充孔分布区域时，应力产生剧烈变化，因此能量曲线所表现出的趋势有所差异。集中填充孔位于区域 1（靠近冲击端）时，表现为前程吸能，集中填充孔位于区域 3（靠近固定端）时，表现为后程吸能。随着冲击速度的进一步增大（$V=100$ m/s），这种吸能特性的差异更加明显，填充孔集中区域靠近固定端时，蜂窝材料吸收的能量最少。

3.3 含集中填充孔缺陷六边形蜂窝材料面内冲击吸能特性研究

3.3.1 有限元数值模型

根据 Ruan 等[61]研究得到的理想六边形蜂窝材料的面内冲击变形特征，随着冲击速度的增加，其变形模式分为 3 种：准静态模式、过渡模式、动态模式。可能出现的 3 种局部变形带为"双 X"形、"V"形和"I"形（理想局部变形带）。基于这一现象，理想六边形蜂窝材料被分为 9 个子区域。计算中，填充孔缺陷分别集中分布在不同的子区域中，即填充孔缺陷集中分布在理想局部变形带可能形成的区域内或外。考虑到试件变形的对称性，只讨论了缺陷集中分布在子区域 1~6 时的情况，子区域划分示意图如图 3.3.1 所示。

六边形蜂窝试件尺寸为 $L_1 \times$

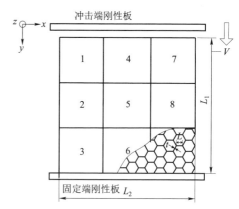

图 3.3.1 六边形蜂窝材料计算模型及子区域划分示意图

$L_2 = 78.3 \text{ mm} \times 84.2 \text{ mm}$。胞元边长 $L = 2.7 \text{ mm}$，胞壁厚度 $t = 0.2 \text{ mm}$。基体材料及属性、加载条件和边界条件均与 3.1 节的相同。

在规则蜂窝中引入集中填充孔缺陷，为了消除集中填充孔缺陷模式随机性的影响，计算中不同子区域采用相同的缺陷模式。根据不同的孔洞填充比，采用 MATLAB 6.5 软件生成随机数，确定需要填充的胞元位置。图 3.3.2 给出了不同局部孔洞填充比下的缺陷模式。

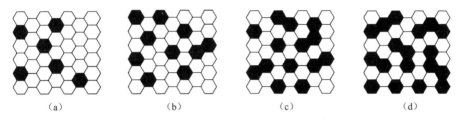

图 3.3.2　六边形蜂窝随机填充孔缺陷模式示意图
(a) $\alpha = 0.15$；(b) $\alpha = 0.25$；(c) $\alpha = 0.35$；(d) $\alpha = 0.45$

六边形蜂窝材料结构的密度为：

$$\rho_0 = \frac{2}{\sqrt{3}} \frac{t}{L} \left(1 - \frac{1}{2\sqrt{3}} \frac{t}{L}\right) \rho_s = 226 \text{ kg/m}^3 \tag{3.3.1}$$

假定结构的相对密度保持不变，定义局部孔洞填充比为：

$$\alpha = m/(N/n) \tag{3.3.2}$$

式中，m 为蜂窝结构中的固体填充数；N 为蜂窝结构中的胞元总数；n 为子区域的个数。本章中含集中填充孔缺陷的蜂窝结构相对密度保持不变，因此，容易得到孔洞填充比为 α 时未填充胞孔的壁厚 $\bar{t}$ 满足下面的方程，即

$$\nabla \rho L_1 L_2 - m S_0 = (N - m) \left[S_0 - \frac{\sqrt{3}}{2} (\sqrt{3} L - 2\bar{t})^2 \right] \tag{3.3.3}$$

式中，S_0 为单个胞孔的面积，即

$$S_0 = \frac{3\sqrt{3}}{2} L^2 \tag{3.3.4}$$

$\nabla \rho$ 为蜂窝结构相对密度，即

$$\nabla \rho = \rho_0/\rho_s = \frac{2}{\sqrt{3}} \frac{\bar{t}}{L} \left(1 - \frac{1}{2\sqrt{3}} \frac{\bar{t}}{L}\right) \tag{3.3.5}$$

为简化模型，固体填充孔的细观结构与未填充胞孔的相同，将固体填充孔的质量均匀分布于胞壁上，则相应的固体填充孔胞元的胞壁材料密度为：

$$\rho_e = \rho_s S_0 / S \tag{3.3.6}$$

式中，S 为胞壁的面积，即

$$S = \frac{3\sqrt{3}}{2}L^2 - \frac{\sqrt{3}}{2}(\sqrt{3}L - 2\bar{t})^2 = 6L\bar{t} - 2\sqrt{3}\bar{t}^2 \tag{3.3.7}$$

将式（3.3.4）和式（3.3.7）代入式（3.3.6），并化简得：

$$\rho_e = \frac{3\sqrt{3}L^2}{4(3L\bar{t} - \sqrt{3}\bar{t}^2)}\rho_s \tag{3.3.8}$$

本章所研究的二维蜂窝结构的相对密度保持不变，其刚度和强度远低于固体填充孔。因此，填充孔胞元可通过改变胞壁材料的杨氏模量和屈服强度为规则蜂窝结构胞壁材料相应值的 1 000 倍引入，与 Chen 等[94]的有限元模型相同。

3.3.2　变形模式

图 3.3.3～图 3.3.5 给出了部分集中填充孔缺陷六边形蜂窝结构的变形模式图。计算结果表明，在低速（$V = 3$ m/s）冲击载荷作用下，与规则六边形蜂窝结构类似，蜂窝结构冲击端和固定端应力基本相同，但集中填充孔缺陷分布区域对蜂窝结构的局部变形模式影响较大。集中填充孔缺陷的存在使蜂窝材料局部区域刚度增大，改变了局部剪切变形带启动源的位置。填充孔缺陷集中在区域 1 时，试件中并没有形成 "X" 形剪切变形带。$\varepsilon < 0.6$ 时，区域 1 的胞元没有发生坍塌变形，蜂窝材料的上下部分形成了较对称的变形带，呈现出 "＜" 形，随着刚性板的不断下压，区域 3 的胞元率先密实化。当集中填充孔缺陷位于区域 3 时，在刚性板下压过程的后半程，由填充孔缺陷带来的局部刚度增大使区域 3 的胞元较晚发生坍塌变形，区域 1 的胞元率先密实化。缺陷位于区域 4 时，仅靠近固定端的胞元成为局部剪切变形带的启动源，并将在靠近固定端形成正置的 "V" 形变形带。填充孔集中于区域 2 及区域 5 时，缺陷对材料的局部变形模式影响则较小。

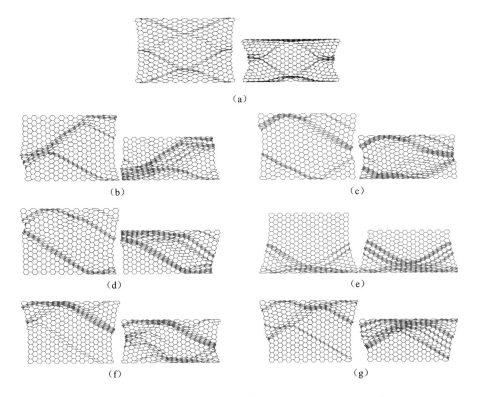

图 3.3.3 准静态模式变形轮廓图（$\alpha = 0.25$，$V = 3$ m/s）

(a) 无缺陷；(b) 区域 1；(c) 区域 2；(d) 区域 3；(e) 区域 4；(f) 区域 5；(g) 区域 6

图 3.3.4 给出了冲击速度 $V = 25$ m/s 时，集中填充孔缺陷分布不均匀性对六边形蜂窝材料变形模式的影响。对于理想蜂窝结构，靠近冲击端刚性板的胞元首先发生变形，随着刚性板的下压，冲击端附近的变形胞元形成了倒置的"V"形变形带，并逐层下压至密实化。集中填充孔位于区域 1 时，其"V"形变形带的出现要晚于理想蜂窝结构，且"V"形变形带表现出一定的不对称性。填充孔胞元使区域 1 局部刚度增大，因此刚性板继续下压，区域 2 和区域 3 的胞元也逐层发生了变形，直至密实化。集中填充孔位于区域 2 时，"V"形变形带的出现较理想蜂窝结构及缺陷位于区域 1 时滞后，并且变形带特征不太明显。填充孔缺陷集中于区域 4 时，变形首先发生在靠近冲击端及填充孔附近的胞元，并且在 $\varepsilon = 0.3$ 时就能看到明显的正置"V"形变形带，随着刚性板继续下压，区域 2 和区域 8 的部分胞元发生逐层交替

坍塌变形,与正置"V"形变形带的底部组合在一起,呈倒置"W"状。相比正置"V"形变形带,"W"形变形带不是很明显,且会随着相对压缩量的增加慢慢消失。集中填充孔位于区域3、区域5及区域6时,填充孔缺陷则对变形模式几乎没有影响。

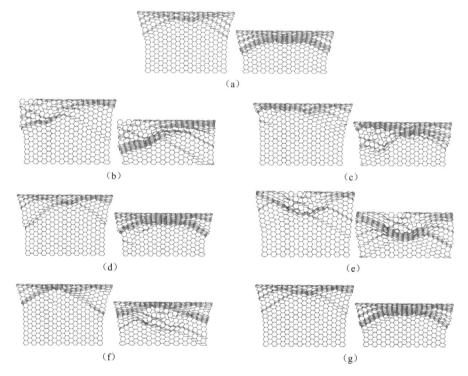

图 3.3.4 过渡模式变形轮廓图 ($\alpha=0.25$,$V=25$ m/s)
(a) 无缺陷;(b) 区域1;(c) 区域2;(d) 区域3;(e) 区域4;(f) 区域5;(g) 区域6

如图 3.3.5 所示,冲击速度为 75 m/s 时,惯性效应起主要的作用,含集中填充孔缺陷的六边形蜂窝材料变形过程与规则蜂窝的变形模式类似,只产生一个"I"形变形带,对应着从冲击端到固定端的逐层压缩变形模式。刚性板下压至填充孔集中区域时,填充孔附近的胞元发生塑性坍塌。缺陷分布区域内胞元局部密实化后,随着刚性板继续下压,缺陷区域下部的胞元逐层坍塌,所有的固体填充孔被密实的坍塌胞元包围住,此时并没有出现渗漏现象[119](当蜂窝结构压缩至密实化应变时,部分被固体填充孔包围的未完全坍塌的胞元将不再发生变形)。

3 含填充孔缺陷蜂窝舷侧防护结构的面内冲击吸能特性研究

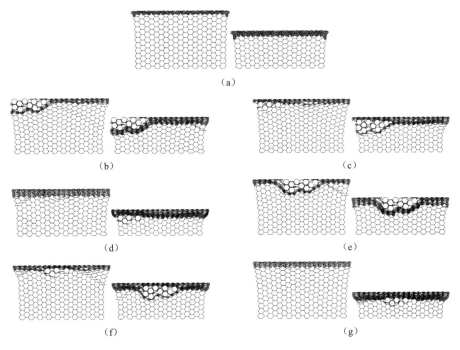

图 3.3.5 动态模式变形轮廓图（$\alpha=0.25$，$V=75$ m/s）
(a) 无缺陷；(b) 区域1；(c) 区域2；(d) 区域3；(e) 区域4；(f) 区域5；(g) 区域6

图 3.3.6 给出了冲击速度 $V=25$ m/s 时，六边形蜂窝材料变形模式随孔洞填充比的变化。图 3.3.6（a）、(b)、(c)、(d) 分别对应于孔洞填充比为 15%、25%、35%、45% 时的情况。计算结果表明，蜂窝材料的变形模式依赖于孔洞填充比大小的变化。集中填充孔缺陷位于不同区域内时，变形模式对孔洞填充比的敏感性不同。当填充孔缺陷集中在区域 3、6 时，随着孔洞填充比的增加，缺陷对变形模式的影响较小。但是当填充孔缺陷集中在子区域 1、2、4、5 时，变形模式对孔洞填充比的变化较敏感。如图 3.3.6（Ⅰ）（区域1）所示，随着孔洞填充比的增大，局部倒置"V"形变形带逐渐向倾斜的"I"形转变。当集中填充孔位于区域2时，孔洞填充比的增大使蜂窝材料左侧出现了类似于"＞"形的变形带，整个蜂窝材料右侧变形带没有太大的变化。当缺陷分布于区域4时，孔洞填充比增加，使倒置"V"形变形带转变为明显的正置"V"形变形带。区域5中填充孔缺陷的增加使蜂窝材料中间部位刚度增大，倒置"V"形变形带的特征更加明

显,当孔洞填充比足够大,在蜂窝结构压缩的后半程,会在材料下部出现与倒置"V"形变形带相对称的正置"V"形变形带。

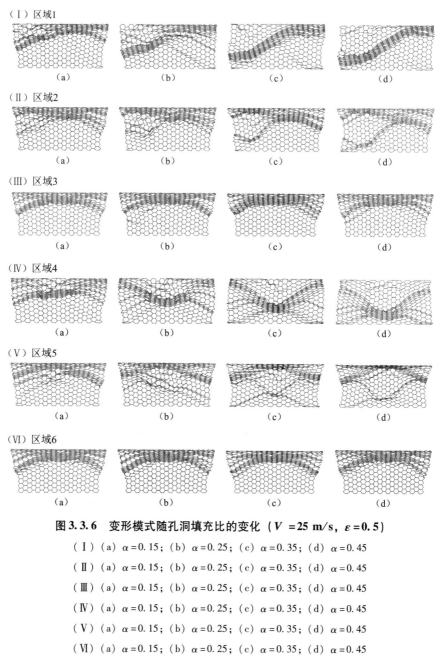

图 3.3.6 变形模式随孔洞填充比的变化($V = 25$ m/s, $\varepsilon = 0.5$)

(Ⅰ) (a) $\alpha = 0.15$; (b) $\alpha = 0.25$; (c) $\alpha = 0.35$; (d) $\alpha = 0.45$
(Ⅱ) (a) $\alpha = 0.15$; (b) $\alpha = 0.25$; (c) $\alpha = 0.35$; (d) $\alpha = 0.45$
(Ⅲ) (a) $\alpha = 0.15$; (b) $\alpha = 0.25$; (c) $\alpha = 0.35$; (d) $\alpha = 0.45$
(Ⅳ) (a) $\alpha = 0.15$; (b) $\alpha = 0.25$; (c) $\alpha = 0.35$; (d) $\alpha = 0.45$
(Ⅴ) (a) $\alpha = 0.15$; (b) $\alpha = 0.25$; (c) $\alpha = 0.35$; (d) $\alpha = 0.45$
(Ⅵ) (a) $\alpha = 0.15$; (b) $\alpha = 0.25$; (c) $\alpha = 0.35$; (d) $\alpha = 0.45$

3.3.3 含集中填充孔缺陷六边形蜂窝冲击端动态响应特性

图 3.3.7 给出了填充比为 0.3 时，不同冲击载荷作用下具有集中填充孔缺陷的六边形蜂窝材料冲击端名义应力 - 应变曲线。从图中可以看出，在低速（$V=3$ m/s）冲击载荷作用下，填充孔缺陷集中区域的位置对冲击端动态响应影响不大。但随着冲击速度的增加，集中填充孔缺陷对冲击端动态响应产生了较大影响，主要体现在集中填充孔缺陷位于区域 1 和 4（靠近冲击端）、区域 2 和 5（中部）、区域 3 和 6（靠近固定端）时，蜂窝材料分别在冲击端应力 - 应变曲线的前程、中程、后程表现出一定的强化。高速冲击时，冲击端应力 - 应变曲线的这种局部强化更加明显，且所有含集中填充孔缺陷的蜂窝在 $\varepsilon<0.2$ 时，冲击端应力变化也比较剧烈。

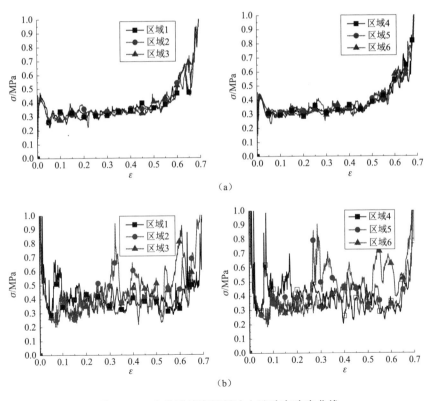

图 3.3.7 六边形蜂窝材料冲击端动态响应曲线

(a) $V=3$ m/s；(b) $V=25$ m/s

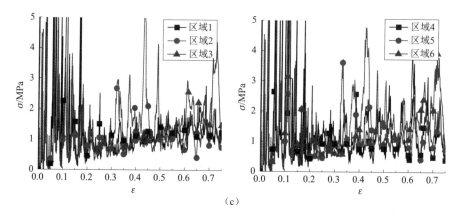

图 3.3.7 六边形蜂窝材料冲击端动态响应曲线（续）

(c) $V = 75$ m/s

以上仅从冲击端动态响应曲线的表观体现进行分析，为了进一步了解集中填充孔缺陷六边形蜂窝材料冲击端的力学特性，有必要深入研究集中填充孔缺陷孔洞填充比及胞壁厚度（相对密度）对其平台应力的影响。

3.3.3.1 孔洞填充比的影响

图 3.3.8 给出了不同冲击速度下六边形蜂窝材料平台应力 σ_p 与孔洞填充比之间的关系。计算结果表明，低速冲击下，平台应力随着孔洞填充比的增加几乎线性减小。主要是因为低速冲击下，含缺陷蜂窝材料均处于准静态变形模式，随着孔洞填充比的增大，胞元壁厚的减小使六边形蜂窝的承载能力降低。随着冲击速度的增大，惯性效应的影响逐渐变大，由孔洞填充比增大而带来的胞元壁厚减小对冲击端平台应力影响降低，平台应力随着孔洞填充比的增加几乎线性增加。

在任意冲击载荷作用下，集中填充孔分布区域的不同对蜂窝材料的动态响应都有着较大的影响。但随着冲击速度的增大，惯性效应增强并且起到了主要的作用，集中填充孔缺陷分布不均匀性的影响相对减弱。为了反映填充孔缺陷分布不均匀性的影响，引入了缺陷分布不均匀性影响因子 $\eta = \sigma_{\text{scope}} / \sigma_{p(\text{average})}$，其中，$\sigma_{\text{scope}}$ 为具有固定孔洞填充比值的蜂窝材料在一定冲击速度下，固体填充孔缺陷集中于不同子区域时材料平台应力的变化范围，$\sigma_{p(\text{average})}$ 为平台应力的平均值。

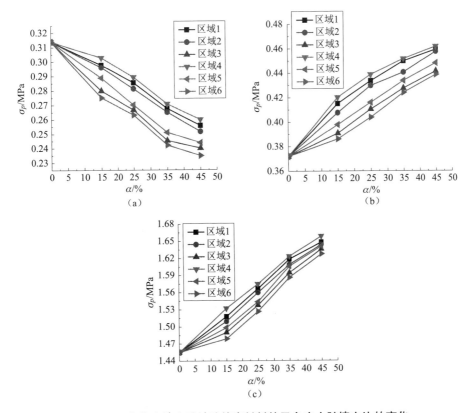

图 3.3.8 含集中填充孔缺陷蜂窝材料的平台应力随填充比的变化

(a) $V=3$ m/s; (b) $V=25$ m/s; (c) $V=75$ m/s

图 3.3.9 给出了不同孔洞填充比下 η 随冲击速度的变化曲线。对仿真计算结果进行拟合,得到不同孔洞填充比下 η 与冲击速度 V 间满足:

$$\eta = \begin{cases} -0.000\,63V + 0.075\,9, & \alpha = 0.15 \quad (3.3.9) \\ -0.000\,76V + 0.086\,6, & \alpha = 0.25 \quad (3.3.10) \\ -0.000\,89V + 0.102\,1, & \alpha = 0.35 \quad (3.3.11) \\ -0.001\,03V + 0.110\,8, & \alpha = 0.45 \quad (3.3.12) \end{cases}$$

由上式可知,对于任一孔洞填充比,随着冲击速度的增加,填充孔集中区域分布位置对平台应力的影响减弱。同时,存在一个临界速度,当冲击速度大于这个临界速度时,缺陷位置的影响可以忽略。孔洞填充比的值越大,这个临界速度的值就越大。

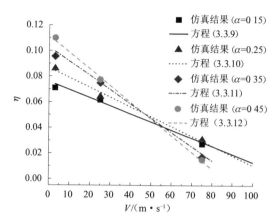

图 3.3.9 缺陷不均匀性影响因子 η 随冲击速度的变化

3.3.3.2 胞壁厚度（相对密度）的影响

为了进一步研究含集中填充孔缺陷蜂窝结构的动态力学行为，对不同胞壁厚度（相对密度）的蜂窝结构动态力学性能进行了有限元模拟。图 3.3.10 给出了孔洞填充比为 0.3 时，不同冲击速度下蜂窝材料的相对平台应力随胞元壁厚（相对密度）的变化。图中 σ_p 为含有集中填充孔缺陷的蜂窝材料平台应力，σ_p^* 为理想六边形蜂窝材料塑性坍塌应力：

$$\sigma_p^* = \frac{2}{3}\left(\frac{t}{L}\right)^2 \sigma_{ys} \qquad (3.3.13)$$

计算结果表明，由于含填充孔缺陷的六边形蜂窝材料的胞壁厚度小于规则六边形蜂窝材料，在低速冲击载荷作用下，$t < 0.2$ mm 时，其冲击端平台应力低于其静态塑性坍塌应力。随着胞壁厚度的增加，平台应力有上升趋势，但是总体增长幅度不大，当 $t = 0.5$ mm 时，含缺陷蜂窝材料平台应力最大值仅为 $1.12\sigma_p^*$。刚性板冲击速度越大，相对平台应力 σ_p/σ_p^* 值越大。另外，相对平台应力 σ_p/σ_p^* 随着胞壁厚度（相对密度）的增加而逐渐增大。在低、中、高速冲击载荷作用下，当胞壁厚度大于某一临界值（$t = 0.3$ mm）时，相对平台应力的增长趋势均会有所下降，这说明蜂窝材料相对密度的增加会减小填充孔缺陷对六边形蜂窝材料动态响应的影响。

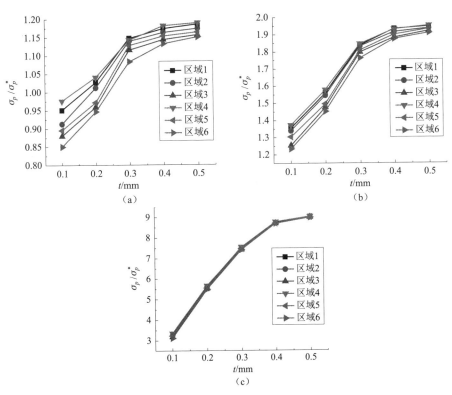

图 3.3.10 不同冲击速度下平台应力随胞壁厚度的变化

(a) $V=3$ m/s; (b) $V=25$ m/s; (c) $V=75$ m/s

图 3.3.11 则给出了不同冲击速度下集中填充孔缺陷分布不均匀性引起的相对平台应力变化范围值随着胞壁厚度（相对密度）的变化。从图中能够看出，任一冲击速度下，随着胞壁厚度（相对密度）的增加，相对平台应力值的变化范围值减小，这就说明胞壁厚度（相对密度）的增加会减小集中填充孔缺陷分布不均匀性对材料动态响应特性的影响。

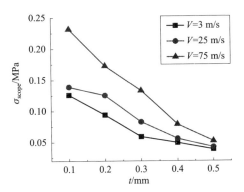

图 3.3.11 相对平台应力变化范围随冲击速度的变化

3.3.4　含集中填充孔缺陷六边形蜂窝能量吸收特性

如图 3.3.12（a）所示，低速（$V=3$ m/s）冲击时，缺陷分布区域的不同并没有影响六边形蜂窝材料的能量吸收能力，蜂窝材料密实化时，吸收的能量几乎相同。随着刚性板冲击速度的增大（$V=25$ m/s），惯性效应增强，实体填充孔导致蜂窝局部强化，冲击端刚性板下压至填充孔分布区域时，应力产生局部剧烈变化，因此能量曲线所表现出的趋势有所差异。集中填充孔位于区域 1、4（靠近冲击端）时，表现为前程吸能；集中填充孔位于区域 3、6（靠近固定端）时，表现为后程吸能。随着冲击速度的进一步增大（$V=75$ m/s），这种吸能特性的差异更加明显。在中、高速冲击载荷作用下，填充孔缺陷位于靠近冲击端时，蜂窝材料表现出更强的能量吸收能力。

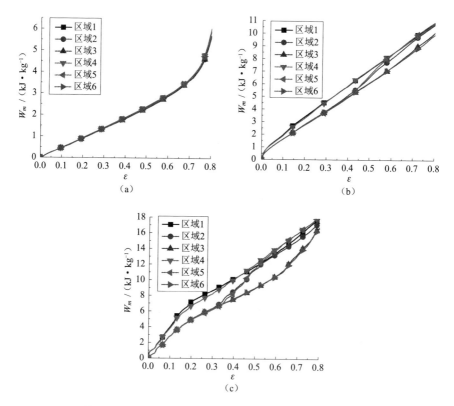

图 3.3.12　不同冲击速度下蜂窝结构单位质量吸收能量

（a）$V=3$ m/s；（b）$V=25$ m/s；（c）$V=75$ m/s

3.4 小结

本章首先讨论了随机固体填充孔对圆形蜂窝材料面内冲击吸能特性的影响。计算结果表明：

（1）含固体填充孔的圆形蜂窝结构与相同相对密度的规则圆形蜂窝结构具有相同的变形模式，即准静态模式、过渡模式及动态模式，但填充比对变形模式的临界速度有影响。

（2）当含随机固体填充孔的圆形蜂窝结构变形处于准静态模式时，冲击端平台应力曲线表现出明显的非线性，冲击速度大于由准静态变形模式向过渡模式转变的临界速度 V_{cr1} 时，平台应力 σ_p 与 V^2 呈线性关系，存在明显的速度效应。

（3）低速冲击下，含固体填充孔的蜂窝结构平台应力随孔洞填充比的增大而显著降低，导致含填充孔蜂窝结构的吸能能力下降。冲击速度为 3 m/s 时，$\alpha = 0.06$ 的蜂窝结构平台应力仅为相同相对密度的规则蜂窝结构平台应力的 50% 左右，单位质量吸收能量大小仅为规则圆形蜂窝结构的 37.5%。随着冲击速度的提高，固体填充孔的牵制效应使动态冲击的惯性效应影响增强，冲击端应力 - 应变曲线出现明显的应力尖峰，提高了蜂窝结构的单位质量吸能能力。

然后讨论了集中填充孔缺陷孔对圆形蜂窝材料面内冲击吸能特性的影响。计算结果表明：

（1）与规则圆形蜂窝结构相似，含集中填充孔缺陷的圆形蜂窝结构的变形模式也可以分为 3 类，即准静态模式、过渡模式及动态模式，孔洞填充比的大小及缺陷分布区域的不同对过渡模式的局部变形带有所影响。

（2）集中缺陷位于区域 1、2、3 的圆形蜂窝材料分别在冲击端应力应变曲线的前程、中程、后程表现出一定的强化。蜂窝材料的平台应力将随着孔洞填充比大小的增加而增加，当缺陷位于区域 2 时，平台应力对孔洞填充比的变化最敏感；当缺陷位于区域 3 时，平台应力相对不敏感于孔洞填充比的变化。随着冲击速度的增加，集中填充孔缺陷的分布对蜂窝材料冲击端平台应力的影响将减弱。

（3）集中填充孔缺陷分布区域的不同，能够有效地控制冲击过程中蜂窝材料单位质量能量吸收能力，高速冲击下，填充孔集中区域靠近固定端时，蜂窝材料吸收的能量最少。

最后讨论了集中填充孔缺陷对六边形蜂窝材料的面内冲击吸能特性的影响。计算结果表明：

（1）对于六边形蜂窝材料，在中低速冲击载荷作用下，孔洞填充比的大小及缺陷分布区域的不同对蜂窝材料的局部变形模式有着较大的影响。

（2）集中缺陷位于区域1和4、区域2和5、区域3和6的六边形蜂窝材料分别在冲击端应力-应变曲线的前程、中程、后程表现出一定的强化。集中填充孔缺陷分布区域的不同对蜂窝材料的动态响应都有着较大影响。随着冲击速度的增大，惯性效应增强，集中填充孔缺陷分布不均匀性的影响相对减弱。通过引入缺陷分布不均匀性影响因子 η 发现存在一个临界速度，当冲击速度大于这个临界速度时，缺陷位置的影响可以忽略。孔洞填充比的值越大，这个临界速度的值就越大。在冲击速度相同的条件下，胞壁厚度的增加会减小缺陷及其分布区域对冲击端平台应力的影响。

（3）集中填充孔缺陷分布区域的不同，能够有效地控制冲击过程中蜂窝材料单位质量能量吸收能力。在中高速冲击载荷作用下，填充孔缺陷位于靠近冲击端时，蜂窝材料表现出更强的能量吸收能力。

4 正六边形蜂窝舷侧防护结构面外压缩力学特性分析

本研究拟设计一种功能构件，既希望通过其控制进入被保护结构应力值，又希望其能够吸收足够多的冲击能量。第2章和第3章分别对具有屈服强度梯度特性及含随机填充孔缺陷的蜂窝结构进行了面内冲击性能研究，结果发现，利用蜂窝结构的面内方向压缩吸能有利于降低传入到被保护结构的应力值。但是蜂窝材料承受面内压缩载荷时，其塑性坍塌应力低于其承受面外压缩载荷时的塑性坍塌应力，相应地，其吸能能力也远小于面外压缩时的吸能能力。作为前期理论研究，为通过其耗能尽可能多地吸收冲击能量，有必要进一步考虑利用蜂窝结构的面外方向压缩进行吸能。

国内外的学者通过理论分析、仿真研究及试验验证等方法，对纯蜂窝结构及整个蜂窝夹层板宏观结构的面外压缩力学性能进行了大量的研究。然而，关于该类结构的动态力学行为，以前的研究大多局限于分别研究纯蜂窝结构或蜂窝夹层板结构的耐撞性能，关于纯蜂窝结构与蜂窝夹层板结构动态力学行为的比较及可能存在的面板与夹芯层耦合作用效应的研究却较少。与此同时，考虑到蜂窝夹层板结构参数较多，运用合适的试验设计方法挑选出对夹层板结构耐撞性影响比较显著的因子对结构的设计和优化具有重要的理论和现实意义。

相比于圆形蜂窝材料在面内冲击吸能领域被广泛应用，六边形蜂窝产品在面外压缩吸能领域的应用更为成熟。本章以六边形蜂窝为研究对象，首先进行了蜂窝结构的准静态压缩试验研究，并且通过与试验结果及已有理论公式的验证，得到准确可靠的有限元仿真模型；其次对比分析蜂窝夹层板与纯蜂窝结构的耐撞性能；最后，运用无重复饱和析因设计方法筛选出影响蜂窝夹层板面外压缩耐撞性能的主要因子。本章研究内容为后面其他构型蜂窝有限元模型的建立及蜂窝结构的耐撞性优化设计提供了理论参考。

4.1　准静态压缩试验研究

本研究采用 MTS 万能材料试验机对纯蜂窝结构进行准静态压缩试验，试验装置如图 4.1.1 所示，试验压缩速度取为 0.1 mm/s。试验试件采用标准正六边形铝蜂窝，该类型的铝蜂窝采用了拉伸法的加工工艺，蜂窝材料的基体材料均为铝合金 AA6060 T4，考虑到实际生产过程中蜂窝材料面积较大，需采用线切割的形式进行加工，试件的尺寸为 100 mm × 100 mm × 50 mm。加工后的蜂窝结构其表面毛刺较少且平整度好，可以满足试验要求。试验试件如图 4.1.2 所示。

图 4.1.1　试验装置

为了方便后续试验数据的处理和统计工作，将对每组纯蜂窝结构试件进行编号。试件编号由三部分组成（如 H0406），字母"H"表示纯铝蜂窝结构；第二、三位数字"××"表示正六边形铝蜂窝单边厚度为 0.××（mm）；

图 4.1.2　蜂窝试件

第四、五位数字代表铝蜂窝的边长（mm）。H0406 代表厚度为 0.04 mm、边长为 6 mm 的铝蜂窝试件。考虑到蜂窝结构准静态压缩试验具有耗时长、成本高等缺点，不适宜大量进行，本书对 8 种不同规格的正六边形铝蜂窝进行了准静态压缩试验研究。为了保证试验所测数据结果具有足够的准确性和可靠性，对每种规格的试件进行了 5 次重复试验，相应的结果取平均值。试验装置测得的曲线为载荷-位移曲线，为了获得与尺寸无关的数据，需要将载荷-位移曲线转换为应力-应变曲线，并进一步获取准静态压缩平均应力试验值。

4.2 有限元模型的建立和验证

4.2.1 有限元模型的建立

如图 4.2.1 所示，采用非线性显式有限元软件 ANSYS/LS-DYNA 对面外压缩下蜂窝结构的变形过程进行数值分析。在建立仿真计算模型时，利用 ANSYS 参数化设计语言（APDL）生成蜂窝结构的有限元模型，并运用 LS-DYNA 970 进行求

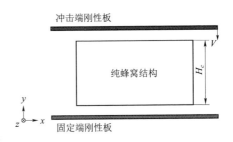

图 4.2.1 蜂窝夹层板轴向压缩示意图

解。作为压缩过程中的支撑平台，下端刚性板（RIGID-WALL-GEOMETRIC-FLAT）完全固定。准静态压缩过程中，上端的刚性板（RIGID-WALL-GEOMETRIC-FLAT-MOTION）以 0.1 mm/s 的速度向下压蜂窝结构。H_c 代表蜂窝层的厚度，t 是六边形胞元的壁厚，L 是胞元的边长，a 和 b 分别是试件的整体长度和宽度。

计算中所有薄壁均用 Belytschko-Tsay 4 节点四边形壳单元进行离散，沿厚度方向采用 5 个积分点，面内采用 1 个积分点，且假定面板与蜂窝夹芯层元之间的黏结不存在失效。仿真分析时，定义了蜂窝结构变形过程中自身结构的自动单面接触算法（Automatic single-surface contact algorithm）及刚性板与夹层板之间的自动点面接触（Automatic node-to-surface contact），摩

擦因子为0.2。

蜂窝结构采用铝合金 AA6060 T4，材料的力学性能参数为：弹性模量 $E=68.2$ GPa，屈服应力 $\sigma_y = 80$ MPa，极限应力 $\sigma_u = 173$ MPa，密度 $\rho = 2\,700$ kg/m^3，泊松比 $\nu = 0.3$，幂指强化系数 $n = 0.23$。材料应力-应变曲线如图4.2.2所示。采用 LS-DYNA 里的#123号材料模型（Modified piece-wised material model）对铝合金 AA6060 T4 材料进行分析。

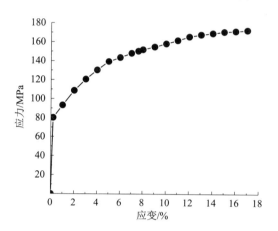

图 4.2.2　AA6060 T4 拉伸应力-应变曲线

4.2.2　有限元模型的验证

4.2.2.1　与准静态压缩试验结果的对比验证

对试验试件规格尺寸的纯蜂窝结构准静态压缩进行有限元数值仿真。图 4.2.3（a）～（c）给出了准静态压缩试验得到的标准六边形蜂窝变形图，图 4.2.3（d）～（f）同样给出了本书数值仿真所得相应的变形图。仔细观察能够发现本书数值仿真所得的蜂窝变形机理与试验结果相一致。塑性变形首先出现在靠近冲击端处，随着刚性板的继续下压，蜂窝胞壁逐层坍塌。大部分处于边缘位置的胞元变形呈现出一定的剪切形状，而处于中间部位的蜂窝胞元由于四周胞壁的边界约束作用，基本呈现出轴向渐进屈曲变形模式。

4 正六边形蜂窝舷侧防护结构面外压缩力学特性分析

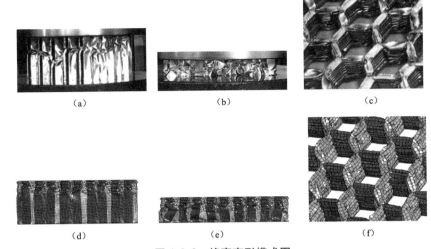

图4.2.3 蜂窝变形模式图

（a）试验变形图（$\varepsilon=30\%$）；（b）试验变形图（$\varepsilon=60\%$）；（c）试验最终变形图；
（d）有限元仿真图（$\varepsilon=30\%$）；（e）有限元仿真图（$\varepsilon=60\%$）；（f）有限元仿真最终变形图

表4.2.1为8种尺寸规格铝蜂窝准静态压缩平均应力试验值与仿真值的对比分析表。表中η为数值仿真值与试验值的相对误差，定义该误差为：

$$\eta=\frac{(\sigma_m)^t-(\sigma_m)^s}{(\sigma_m)^t}\times100\% \tag{4.2.1}$$

式中，$(\sigma_m)^t$为准静态压缩平均应力试验值；$(\sigma_m)^s$为准静态压缩平均应力仿真值。由表中数据可知，与8种规格铝蜂窝准静态压缩平均应力试验值相比，相对误差的范围在3.57%~7.92%，属于可以接受的范围。

表4.2.1 准静态压缩平均应力值的比较

序号	规格	$(\sigma_m)^t$/MPa	$(\sigma_m)^s$/MPa	η/%
1	H0406	0.1821	0.1716	5.76
2	H0408	0.0996	0.0956	4.02
3	H0410	0.0619	0.057	7.92
4	H0606	0.3136	0.3024	3.57
5	H0608	0.2348	0.2225	5.24
6	H0610	0.1714	0.1597	6.83
7	H0806	0.5441	0.5106	6.16
8	H0810	0.2562	0.2453	4.25

4.2.2.2 与理论公式的对比验证

对于标准的正六边形纯蜂窝结构，Wierzbicki 等[123]做了大量的试验来研究其受轴向压缩载荷作用时的抗压强度，并且推导出了其轴向准静态压缩应力的理论公式：

$$\sigma_m = 16.65 \sigma_0 \left(\frac{t}{S}\right)^{5/3} \qquad (4.2.2)$$

式中，$S = \sqrt{3}L$，是单个胞元中两平行胞壁的最小距离；σ_0 为基体材料的塑性流动应力：

$$\sigma_0 = \sqrt{\sigma_y \sigma_u / (1+n)} \qquad (4.2.3)$$

为了进一步验证本书所建有限元模型的准确性，将胞元壁厚在 0.04~0.1 mm 均匀地取 4 个，胞元边长在 4~10 mm 均匀地取 4 个，有限元仿真组数扩大至 16 组具有不同结构参数的纯蜂窝结构，对蜂窝结构受轴向压缩过程进行有限元分析。

图 4.2.4 为准静态平台压缩应力理论值与仿真值的对比图。由图可知，准静态平台应力的理论值和仿真值能够较好地吻合。综合纯蜂窝结构仿真结果和试验的对比及轴向准静态平均压缩应力仿真值和理论值的对比结果可知，本书所建立的有限元模型能够较为准确地模拟蜂窝结构受轴向压缩力作用下的变形，可以在此模型的基础上进一步建立蜂窝夹层板结构，并对其动态力学性能进行研究。

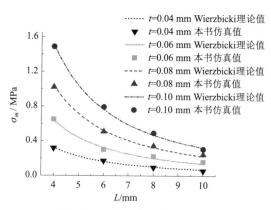

图 4.2.4　准静态平台压缩应力

4.3 蜂窝夹层板和纯蜂窝结构的面外压缩性能比较

为了研究和对比蜂窝夹层板结构和纯蜂窝结构的面外压缩性能，基于4.2节所述方法进一步建立了蜂窝夹层板及纯蜂窝结构受轴向冲击载荷作用的有限元模型，几何参数为 $L=4$ mm，$t=0.06$ mm，$H_c=30$ mm，$H_{f1}=H_{f2}=1$ mm（H_{f1} 和 H_{f2} 分别代表下层面板和上层面板的厚度），$a=44$ mm，$b=34.64$ mm。冲击端刚性板以 $V=10$ m/s 的速度撞击试件。

图4.3.1给出的是面外冲击载荷作用下冲击端的名义应力-应变曲线。图中名义应力 σ 为上端刚性板作用在试件上的压缩反力 F 与初始横截面积 A（$a \times b$）的比值，名义应变 ε 定义为试件在 y 方向的压缩量 δ 与初始高度 H_c 之比。观察可发现蜂窝夹层板结构的初始峰值应力远大于纯蜂窝结构；在稳定压缩阶段，由于蜂窝夹层板上、下面板的加强作用，夹层板结构冲击端的名义应力较大，其吸能性能较好；纯蜂窝结构在 $\varepsilon=0.7$ 时发生密实化现象，而蜂窝夹层板结构则在 $\varepsilon=0.76$ 时才开始发生密实化，密实化现象的推迟也就代表着撞击过程中冲击端载荷开始急剧上升的时间延迟了，这在工程实际应用中具有较大的意义。

图4.3.2给出了蜂窝夹层板结构、蜂窝夹层板中的蜂窝芯及纯蜂窝结构受轴向冲击载荷压缩下的能量吸收与名义应变曲线。能够看出蜂窝夹层板的能量吸收-名义应变曲线与夹层板中蜂窝芯结构（不包括上、下面板）的能量吸收-名义应变曲线基本重合，这就说明了在受到轴向冲击载荷作用时，上、下面板在压缩过程中几乎没有吸收能量。但是在同一时刻，蜂窝夹

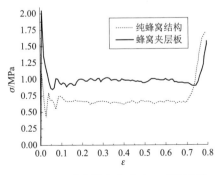

图4.3.1 冲击端名义应力-应变曲线

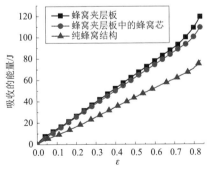

图4.3.2 能量吸收-名义应变曲线

层板结构的吸能量却大于纯蜂窝结构,随着刚性板的继续下压,蜂窝夹层板的吸能优势更加明显,说明蜂窝夹层板结构上、下面板与蜂窝芯层之间存在着一种耦合增强效应,从而使蜂窝夹层板结构具有较强的承载和吸能能力。

4.4　正六边形蜂窝舷侧防护结构耐撞性因子筛选

4.4.1　析因设计的理论基础

通常试验都需要分析两个或者多个影响因子之间的作用效应,析因设计(factorial design)则是最有效的一种方法。所谓的析因设计,指的是在该类试验的每一次完全试验或者每一次重复中,确保研究所有因子水平的全部组合[217],并通过对各组合所得响应值的分析,确定各影响因子对响应影响大小的一种设计方法。当试验中因子 A 和因子 B 各有 a 和 b 个水平时,每一次的重复都包含全部 $a \times b$ 个组合,当某一析因设计中同时包含这些因子时,称为是交叉影响的。因子效应则是指由于该因子水平的改变而引起响应发生变化,这个效应也被称为主效应,它是设计者在设计过程中感兴趣的基本因子。所谓的因子间交互作用,则是指在一些试验设计中,改变某一因子的水平会带来另一个影响因子各水平间响应差的变化。

图 4.4.1 给出了 A 因子对 B 因子各水平的响应数据图,图中直线 B^{-1} 和直线 B^1 几乎是平行的,这就表明两个因子间不存在交互效应;反之,图 4.4.2 中直线 B^{-1} 和直线 B^1 有交叉,说明了两个因子之间存在着交互效应,

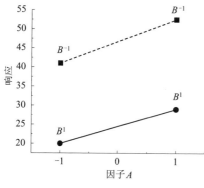

图 4.4.1　无交互作用的析因试验

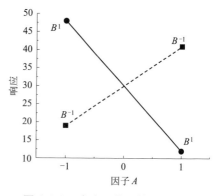

图 4.4.2　有交互作用的析因试验

并且这种交互效应一般被称为一阶交互效应。当分析因子的个数超过 2 时，能够得到二阶乃至多阶交互效应。在统计分析的过程中，如果各因子之间不存在交互作用，则只需要分析各因子的主效应，如果分析因子之间存在交互效应，则有必要分析各因子的单独效应[217]。

析因设计已经被广泛地应用在牵涉多因子的试验当中，因此有必要研究这些因子对响应的交互作用。析因设计是其他具有实践价值的设计的基础，在实际应用过程中，一般析因设计有几种比较重要的特殊情况，其中最重要的一种即有 k 个因子，每个影响因子均只有两个水平，且这些水平可以是定量的，比如两个胞元厚度、两个胞元边长和两个面板厚度等；也可以是定性的，比如两个人、一个因子的"高"水平和"低"水平、两台机器或者一个因子的出现或不出现，该类设计的一个完全重复需要 $2 \times 2 \times \cdots \times 2 = 2^k$ 个观测值，因此也被称为 2^k 析因设计[217]。2^k 析因设计中包含有 k 个主效应，$\binom{k}{2}$ 个二因子交互作用，$\binom{k}{3}$ 个三因子交互作用和一个 k 因子交互作用，也就意味着对于 2^k 析因设计，完全的统计模型含有 $2^k - 1$ 个效应。例如，一个试验中有三个因子 A、B、C，那么该 2^3 析因设计的效应有：A、B、C 3 个主效应，AB、AC、BC 3 个二因子交互作用，以及一个 ABC 三因子交互作用。

4.4.1.1 无重复饱和析因设计概述

在新产品开发及产品设计改进的过程中，设计者们经常需要进行筛选试验，即基于析因设计试验确定在所分析的影响因子中哪些因子对研究结果具有比较显著的影响，而 2^k 析因设计处理组合的总数往往比较大，例如，2^5 析因设计就有 32 个处理组合。由于实际设计过程中试验资源、成本及时间等都受到一定的限制，因此一般不考虑重复试验。往往只允许设计者们进行 2^k 析因设计的单次即无重复析因设计。事实上，当影响因子的个数 k 较多时，一些因子之间的高阶交互效应可以被合理忽略，因此主效应和低阶交互效应就可以通过完全析因分析设计的一部分求得，该类析因设计方法被称为分式析因设计（或部分析因设计），无重复饱和析因设计是分式析因设计的一种，指的是被考虑因子的个数多到使得需要估计的参数个数达到了可估计参数的上限。如果试验次数为 N，那么考虑因子的个数为 $k = N - 1$，该设计方法能够用尽可能少的试验次数考虑尽可能多的分析因子，因此被广泛应用于因子的筛选过程中。

4.4.1.2 无重复饱和析因设计统计模型

无重复饱和析因设计时，通常使用的统计模型[218]为：

$$y_i = \sum_{i=0}^{m} x_i \beta_i + \varepsilon_i \qquad (4.4.1)$$

式中，$y = (y_1, y_2, \cdots, y_n)^T$ 为观测向量，n 为试验次数；$\beta_1, \beta_2, \cdots, \beta_m$ 为待定参数，β_0 为观测值的平均值，而 $\beta_1, \beta_2, \cdots, \beta_m$ 在本书中是因子主效应，$m = n - 1$；列向量 $x_0, x_1, \cdots, x_m$ 已知，$x_0 = I_n$，为元素都是 1 的 n 维列向量，矩阵 $X = (x_1, \cdots, x_m)^T$ 称为设计矩阵，由试验设计确定；$\varepsilon = (\varepsilon_1, \cdots, \varepsilon_n)^T$，为误差向量，假设：

（1）ε_i（$i = 1, \cdots, n$）是相互独立的随机变量，它们的均值都为 0，且都具有相同的方差 σ^2；

（2）ε_i（$i = 1, \cdots, n$）服从正态分布，即 $\varepsilon \sim N(0, \sigma^2 I_n)$；

（3）在 m 个因子中，最多有 r（$1 \leq r \leq m$）个效应不为零的因子，即 $\beta_0, \beta_1, \cdots, \beta_m$ 中最多有 r 个不等于零。

当采用的试验设计为正交设计，并且其满足假设条件（1）时，能够得到：

$$\hat{\beta}_i = x_i^T y / (x_i^T x_i), \quad 1 \leq i < m \qquad (4.4.2)$$

$\hat{\beta}_i$ 是 β_i 的最优线性无偏估计（BLUE），如果此时其同时满足条件（2），那么 $\hat{\beta}_i$ 也是正态的，它的期望为 β_i，方差为 $\tau^2 = \sigma^2 / (x_i^T x_i)$。

当析因设计中考虑的因子是 2 水平时，$\tau^2 = \sigma^2 / n$，此外，$\hat{\beta}_0, \hat{\beta}_1, \cdots, \hat{\beta}_m$ 还是相互独立的随机变量，$\hat{\beta}_i$（$i \geq 1$）是一个因子或称为效应，如果 $\hat{\beta}_i$ 的期望不为零，现有的数值分析方法通常认为 β_i 因子是活动的。

设计者分析的目的就是利用 n 个观测值 $y_1, y_2, \cdots, y_n$，借助某个方法判断在 m 个效应中是否存在着显著效应，也就是对假设：

$$H_0: \beta_1 = \beta_2 = \cdots = \beta_m = 0 \qquad (4.4.3)$$

$$H_1: 各个 \beta_1 不全为零 \qquad (4.4.4)$$

进行检验,如果 H_0 被拒绝,则说明有显著因子存在,然后再确定哪些因子是显著的[219]。

4.4.1.3 无重复饱和析因设计的图形分析法

设计者们根据实际经验得知效应稀疏原理(sparsity of effect principle)在筛选试验阶段通常是正确的。这就意味着试验过程或系统的波动主要是由一小部分因子引起的,即一些主效应和低阶交互效应,非零效应的因子只占少部分,而大部分因子的效应(高阶交互效应)都为零。在效应稀疏原理的假设下,设计者们提出了一系列的无重复试验饱和析因设计的分析方法,图形分析法就是一种主要的分析方法。简单地说,图形分析法就是通过分析图来判断是否存在显著因子的。由 Daniel[220] 在 1959 年最早提出的正态概率图法是一个可以接受并且能达到一定实用程度的图形分析法,该方法是将效应的估计值画在一张正态概率纸上。在图中,对应于非显著效应的点应近似地排列成一直线,而对应于显著效应的点应远离这条直线。这是因为在误差为正态、独立、同方差的假设下,效应的估计量是相互独立的。效应为零的估计量服从相同的正态分布,其期望为零。这样在正态概率纸上,其观察值应位于一条通过原点的直线上。而效应非零的估计量,其期望为非零,其观察值可看成是来自其他母体的异常值,它应偏离这条过原点的直线。

4.4.2 分析因子和设计目标

单位质量比吸能 SEA_m 和初始应力峰值 σ_{peak} 是评判蜂窝结构耐撞性能的关键指标。本节针对蜂窝夹层板的轴向压缩力学性能,采用 2^{5-1} 分式析因设计(一共有 $2^{5-1}=16$ 种处理组合)来研究 5 个因子,从而筛选出对蜂窝夹层板结构耐撞性影响较大的因子。5 个因子是:$A=$ 蜂窝夹芯层胞元壁厚 t,$B=$ 胞元边长 L,$C=$ 上面板厚度 H_{f1},$D=$ 下面板厚度 H_{f2},$E=$ 夹芯层高度 H_c。5 个分析因子的名称及相应的两个水平值见表 4.4.1。

表 4.4.1 2^{5-1} 分式析因设计的 5 个因子

变量	因子名称	−1 水平	+1 水平
A	胞元壁厚 t	0.02	0.1
B	胞元边长 L	4	10
C	下面板厚度 H_{f1}	0.5	2
D	上面板厚度 H_{f2}	0.5	2
E	夹芯层高度 H_c	20	40

构造此设计的方法是先写出有 16 个试验的基本设计（A、B、C、D 的一个 2^4 设计），选取 $ABCDE$ 为生成元，然后设定第 5 个因子 $E = ABCD$ 的水平。建立标准正六边形蜂窝夹层板受轴向压缩有限元模型，并对每一组处理组合进行仿真，提取相应的性能指标作为统计模型中的观测值。16 个处理组合及相应的性能指标值见表 4.4.2，表中"+"和"−"分别表示各个因子的"高"和"低"水平。图 4.4.3 给出了这一设计的图形表示。

表 4.4.2 2^{5-1} 分式析因设计的组成

序号	基本设计				$E = ABCD$	处理组合	SEA_m	σ_{peak}
	A	B	C	D				
1	−	−	+	−	−	c	0.357 3	0.379 2
2	+	−	+	−	+	ace	3.618 7	3.948 2
3	−	+	+	+	−	bcd	0.052 6	0.183 1
4	+	+	−	−	+	abe	2.311 6	1.668 1
5	−	+	−	+	+	bde	0.202 8	0.329 3
6	+	−	−	+	+	ade	3.623 4	3.948 7
7	−	−	−	+	−	d	0.353 8	0.393 5
8	+	+	+	+	+	$abcde$	0.976 0	1.668 0
9	−	+	+	−	+	bce	0.200 2	0.329 3
10	+	+	−	+	−	abd	0.823 0	1.575 0
11	+	−	+	+	+	acd	2.016 0	4.234 9
12	−	−	+	+	+	cde	0.409 2	0.483 0
13	+	−	−	−	−	a	5.112 0	4.240 2

续表

序号	基本设计				$E=ABCD$	处理组合	SEA_m	σ_{peak}
	A	B	C	D				
14	+	+	+	−	−	abc	0.835 0	1.563 4
15	−	+	−	−		b	0.187 8	0.162 8
16	−	−	−	−	+	e	1.180 0	0.474 4

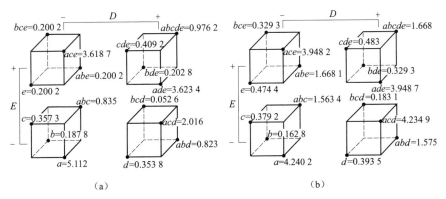

图 4.4.3　2^{5-1} 分式析因设计图形示意图

(a) 单位质量比吸能 SEA_m；(b) 初始应力峰值 σ_{peak}

该设计的定义关系是 $I=ABCDE$，因此，每一个主效应的别名是一个四因子交互作用（例如，$[A] \to A+BCDE$），每一个二因子交互作用的别名是一个三因子交互作用（例如，$[AB] \to AB+CDE$）。因此，该设计的分辨度为 V。正是希望这一 2^{5-1} 分式析因设计能够提供关于主效应和二因子交互作用的信息。

4.4.3　因子筛选

用表 4.4.2 中的 3 个性能指标值作为统计模型中的观测值 $y=(y_1,y_2,\cdots,y_n)^T$，由于 2^{5-1} 析因设计是正交设计并且各个分析因子均有 2 个水平值，因此各因子效应的最优线性无偏估计 $\hat{\beta}_i$（$0 \leq i \leq m$）服从正态分布，且正态分布的期望为 β_i（$0 \leq i \leq m$），方差为 $\tau^2=\sigma^2/n$，各因子对于 3 个性能指标的效应估计可以根据 $\hat{\beta}_i=x_i^T y/(x_i^T x_i)$，$1 \leq i < m$ 分布求出。表 4.4.3 给出了该试验设计的 15 个效应的估计量与平方和。

表 4.4.3 效应的估计量和平方和

变量	SEA$_m$			σ_{peak}		
	效应估计	平方和	百分比贡献率	效应估计	平方和	百分比贡献率
A	2.046 5	16.752 8	47.789 6	2.514	25.280 7	67.018 9
B	-1.385 1	7.674 5	21.892 6	-1.327 9	7.053 2	18.698 0
C	-0.666 1	1.774 9	5.063 1	-0.000 3	3.846 8×10^5	1.019 8×10^4
D	-0.668 2	1.786 0	5.094 8	-0.000 3	0.000 2	5.301 9×10^4
E	0.348 1	0.484 6	1.382 4	0.014 6	0.000 9	0.002 4
AB	-0.971	3.771	10.757 3	-1.146 5	5.258 1	13.939 2
AC	-0.439 9	0.773 5	2.207 7	-0.004	0.001 1	0.002 9
AD	-0.441 5	0.779 6	2.223 9	-0.004 6	0.001 8	0.004 8
AE	0.087 9	0.030 9	0.088 1	-0.109 7	0.048 2	0.127 8
BC	0.300 8	0.362	1.032 7	0.001 8	2.992 3×10^5	7.932 6×10^5
BD	0.298 2	0.355 7	1.014 1	0.001 7	3.846 8×10^5	1.019 8×10^4
BE	0.1	0.04	0.114 1	0.113	0.051 1	0.135 5
CD	0.278 9	0.311 2	0.887 7	0.081	0.026 2	0.069 5
CE	0.137 8	0.075 9	0.216 5	0.002 3	1.273 5×10^5	3.376 1×10^5
DE	0.143 5	0.082 3	0.234 8	0.002 2	0.000 1	2.650 9×10^4

4.4.3.1 筛选对单位质量比吸能影响较大的因子

图 4.4.4 所示为单位质量比吸能效应估计的正态概率图,如前所述,在效应估计的正态概率图上,可以忽略的效应会大致落在一条直线附近,而显著效应不会落在这一条直线上。因此能够看出主效应 A、B、C、D 及 AB 交互作用较大。因为别名关系,这些效应实际上是 A + BCDE、B + ACDE、C + ABDE、D + ABCE、AB +

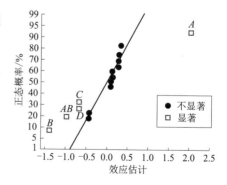

图 4.4.4 单位质量比吸能效应估计的正态概率图

CDE。不过三因子交互作用和更高的交互作用可被忽略,因此可以认为只有 A、B、C、D 及 AB 是重要的效应。根据效应的正态概率图可以得到下面的近似模型:

$$\hat{y}_{SEA_m} = 1.3913 + 2.0465t - 1.3851L - 0.6661H_{f1} - 0.6682H_{f2} - 0.971tL \tag{4.4.5}$$

表 4.4.4 为方差分析表,模型平方和 $SS_{model} = SS_A + SS_B + SS_C + SS_D + SS_{AB} = 31.7592$,它占了单位质量比吸能总变异性的 90.59%。图 4.4.5 是残差的正态概率图,呈直线状。图 4.4.6 是残差与预测值的关系图,可以看出该图没有显现出任何明显的模式,说明预测模型是正确的并且满足假定的条件。

表 4.4.4 关于 SEA_m 的方差分析

方差来源	平方和	自由度	均方	F_0	P 值
A(胞元壁厚 t)	16.7528	1	16.7528	4.1937	<0.0001
B(胞元边长 L)	7.6745	1	7.6745	1.3874	<0.0001
C(下面板厚 H_{f1})	1.7749	1	1.7749	0.5639	<0.0001
D(上面板厚 H_{f2})	1.7860	1	1.7860	0.7122	<0.0001
AB	3.771	1	3.771	1.0137	<0.0001
误差	1.5273	10	0.1897		
综合	33.2865	15			

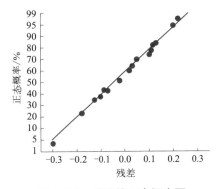

图 4.4.5 残差的正态概率图

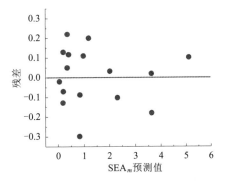

图 4.4.6 残差与比吸能预测值的关系图

4.4.3.2 筛选对初始应力峰值影响较大的因子

图 4.4.7 所示为初始应力峰值效应估计的正态概率图，如前所述，在效应估计的正态概率图上，可以忽略的效应会大致落在一条直线附近，而显著效应不会落在这一条直线上。因此能够看出主效应 A、B 及 AB 交互作用较大。因为别名关系，这些效应实际上是 $A+BCDE$、$B+ACDE$、$AB+CDE$。不过三因子交互作用和更高的交互作用可被忽略，因此可以认为只有 A、B 及 AB 是重要的效应。根据效应的正态概率图可以得到下面的近似模型：

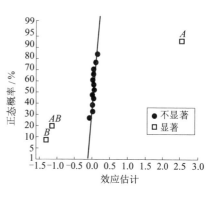

图 4.4.7 初始应力峰值效应估计的正态概率图

$$\hat{y}_{\sigma_{\text{peak}}} = 1.3913 + 2.0465t - 1.3851L - 0.971tL \quad (4.4.6)$$

表 4.4.5 为方差分析表，模型平方和 $SS_{\text{model}} = SS_A + SS_B + SS_{AB} = 37.592$，它占了初始应力峰值总变异性的 99.65%。图 4.4.8 是残差的正态概率图，呈直线状。图 4.4.9 是残差与预测值的关系图，可以看出该图没有显现出任何明显的模式，说明预测模型是正确的并且满足假定的条件。

表 4.4.5 关于 σ_{peak} 的方差分析

方差来源	平方和	自由度	均方	F_0	P 值
A（胞元壁厚 t）	25.2807	1	25.2807	6.1292	<0.0001
B（胞元边长 L）	7.0532	1	7.0532	1.9258	<0.0001
AB	5.2581	1	5.2581	0.9847	<0.0001
误差	1.8573	12	0.2971		
总和	39.4493	15			

综上所述，蜂窝胞元壁厚 t、胞元边长 L、下面板厚度 H_{f1} 和上面板厚度 H_{f2} 对蜂窝夹层板结构的耐撞性具有较为显著的影响。同时，由表 4.4.5 可知，

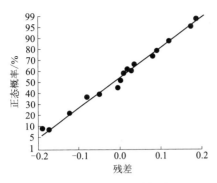

图 4.4.8 残差的正态概率图

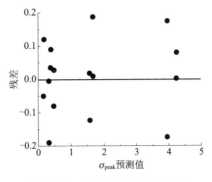

图 4.4.9 残差与初始应力峰值预测值的关系图

上、下面板的厚度对于单位质量比吸能 SEA_m 和初始应力峰值 σ_{peak} 的效应估计值相差很小,因此,在实际设计过程中可将其看作一个变量,即有 $H_{f1} = H_{f2} = H_f$。

4.5 小结

本章首先进行了正六边形蜂窝面外准静态压缩试验,并运用有限元分析软件 LS - DYNA 建立了纯蜂窝结构受面外准静态压缩作用的有限元模型,通过与试验结果及已有理论公式进行对比,验证了所建有限元模型的准确性和可行性。

其次,借助有限元模拟技术对比分析了纯蜂窝结构和蜂窝夹层板结构的耐撞性能,结果表明,尽管上、下面板在轴向压缩过程中吸收的能量很少,但是由于面板与蜂窝夹芯层之间的耦合作用,蜂窝夹层板总体吸收能量明显大于纯蜂窝结构,所以蜂窝夹层板具有较好的吸能特性。

最后运用 2^{5-1} 无重复饱和析因设计方法筛选出对蜂窝夹层板轴向压缩的耐撞性能指标(单位质量比吸能 SEA_m 和初始应力峰值 σ_{peak})影响显著的四个因子,它们分别是夹芯层胞元壁厚、胞元边长、下面板厚度和上面板厚度。该研究克服了优化设计过程中仅凭借经验选取有限个结构变量的局限性,以及对所有变量不加筛选直接进行优化设计的效率低下问题,为后面蜂窝夹层板耐撞性优化问题中设计变量的选取提供了理论依据。

5 加筋正六边形蜂窝舷侧防护结构面外压缩性能研究及优化设计

第 4 章进行了蜂窝试件的准静态压缩试验，研究了其面外压缩性能并筛选出对其面外压缩耐撞性能指标影响显著的因子。与现有研究相似，其主要集中在对标准六边形蜂窝结构耐撞击性能的研究。由于受到生产能力的限制，即使是国内最成熟的六边形蜂窝产品，其与满足航天返回舱、高速动车组等大吨位、高冲击水平的吸能需求还有一定程度的差距。本研究拟提出新型的蜂窝舷侧防护结构，如何提高标准六边形蜂窝的吸能能力将是该类功能构件设计者们努力的方向。

金属薄板可被制作成各种形状的蜂窝产品，例如正方形、六边形、三角形等。Qiu [66,67]将蜂窝拓宽至格栅形式来研究其在共面压缩时的力学特性；Erami 等[68]与 Ohno 等[69]运用数值仿真技术研究了正方形蜂窝材料的面内冲击力学性能；Liu 等[70]分析了不同拓扑结构的铝蜂窝材料在面内冲击作用下的变形模式及冲击端平台应力；Radford 等[167]揭示了不锈钢方形蜂窝材料动态压缩响应并确定了该拓扑结构蜂窝的动态增强因素；Li 等[168,169]研究了胞元厚度和边长对方形蜂窝结构撞击性能的影响；Hou 等[207]研究了胞元形状对梯形和三角形夹层板轴向压缩性能的影响，对两种胞元的形状进行了优化设计。

近年来，美国 Hexcel 公司等[171]国外蜂窝制造企业已推出了加筋形式的蜂窝产品。基于标准六边形蜂窝结构，不同厚度的铝板被黏结在波纹板之间，从而提高其性能。将加筋形式蜂窝夹层板运用在一些吸能需求较大的场合已经吸引了人们的注意，但是目前尚未有关于该类加筋形式蜂窝力学特性的报道，所加设的筋板对蜂窝力学性能的影响及筋板厚度对基础蜂窝的性能贡献还尚不明确。这些理论问题的有效解决是该类吸能构件成功应用的关键。

5 加筋正六边形蜂窝舷侧防护结构面外压缩性能研究及优化设计

本章首先基于第 4 章的数值仿真分析方法,建立加筋形式蜂窝夹层板的精细模型,研究加筋六边形蜂窝夹层板的面外压缩力学特性及加筋板厚与初始蜂窝厚度间的匹配关系;其次对单筋加强蜂窝夹层板进行了耐撞击性能的单目标优化设计;然后分析了不同的结构参数对双筋加强蜂窝力学性能的影响;最后对双筋加强蜂窝及标准正六边形蜂窝进行了多目标优化设计。

5.1 蜂窝夹层板有限元建模

5.1.1 有限元数值模型

采用非线性显式有限元软件 ANSYS/LS-DYNA 对轴向压缩下蜂窝结构的变形过程进行数值分析。在建立计算模型时,利用 ANSYS 参数化设计语言(APDL)生成蜂窝芯或蜂窝夹层板的有限元模型,并运用 LS-DYNA 970 进行求解。

图 5.1.1 给出了蜂窝夹层板受到面外压缩时的示意图。蜂窝夹层板置于两块刚性平面之间,作为压缩过程中的支撑平台,下端的刚性板(RIGID-WALL-GEOMETRIC-FLAT)完全固定,上端的刚性板(RIGID-WALL-GEOMETRIC-FLAT-MOTION)以

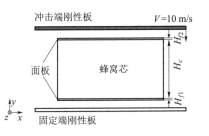

图 5.1.1 蜂窝夹层板轴向压缩示意图

10 m/s 的速度向下压蜂窝结构。H_{f1}、H_{f2} 和 H_c 分别代表下层面板、上层面板及蜂窝芯层的厚度。

计算中所有薄壁均用 Belytschko-Tsay 4 节点四边形壳单元进行离散,沿厚度方向采用 5 个积分点,面内采用 1 个积分点,且假定面板与蜂窝夹芯层元之间的黏结不存在失效。仿真分析时,定义了蜂窝结构变形过程中自身结构的自动单面接触算法(Automatic single-surface contact algorithm),以及刚性板与夹层板之间的自动点面接触(Automatic node-to-surface contact),摩擦因子为 0.2。

蜂窝夹层板面板和夹芯部分均采用铝合金 AA6060 T4，材料的力学性能参数参照 4.2.1 节。

5.1.2 蜂窝夹芯层胞元属性与密度表征

加筋型蜂窝芯层是在标准正六边形蜂窝（R0）的基础上，在胞壁间黏结不同厚度的铝板，从而改善其性能，其主要的构型有单筋加强蜂窝（R1）和双筋加强蜂窝（R2）。图 5.1.2 给出了 R0、R1 和 R2 三种构型的示意图。t_0 是六边形胞元的壁厚，L 是胞元的边长，t_1 则是筋板的厚度，a 和 b 分别是蜂窝夹芯的整体长度和宽度。在基础模型里，$L = 4$ mm，$t_0 = t_1 = 0.06$ mm，$H_c = 60$ mm，$H_{f1} = H_{f2} = 1$ mm，$a = 44$ mm，$b = 34.64$ mm。

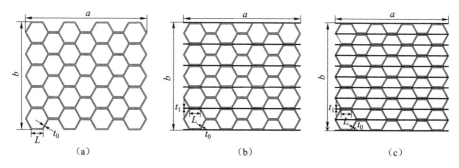

图 5.1.2　不同蜂窝几何构型

相对密度是蜂窝夹芯层最重要的物理参数，以图 5.1.2（c）的 R2 型蜂窝胞元计算为例，根据比面积法，细胞元面积与基材分布面积所含质量相等，所建立的方程为：

$$\rho^* A^* = \rho_0 A_0 \tag{5.1.1}$$

式中，ρ^* 和 ρ_0 分别代表蜂窝夹芯层的相对密度和基材密度；A^* 和 A_0 分别代表蜂窝夹芯层的面积和基材部分的面积。

对于 R2 型胞元结构，

$$A^* = 3\sqrt{3}/4 L^2 \tag{5.1.2}$$

$$A_0 = 3/2 L t_1 + 2 L t_0 \tag{5.1.3}$$

将式（5.1.2）和式（5.1.3）代入式（5.1.1），则能够得到

$$\rho^* = (6t_1 + 8t_0)\rho_0 / (3\sqrt{3} L) \tag{5.1.4}$$

运用相同的方法同样能够得到 R0 和 R1 型蜂窝夹芯层的相对密度。表 5.1.1 给出了三种不同胞元结构蜂窝夹芯层的相对密度,可以清楚地观察到,各加筋蜂窝的相对密度与基材密度、几何参数及加筋板厚度的关系密切,并且加筋板厚度 t_1 与基础蜂窝壁厚 t_0 成等幂次关系,说明了它们对其相对密度的影响是处于同一量级的,都是引起蜂窝夹芯层力学性能差异的关键因素。

表 5.1.1 蜂窝芯表观密度

类型	相对密度
R0	$8t_0\rho_0/(3\sqrt{3}L)$
R1	$(3t_1+8t_0)\rho_0/(3\sqrt{3}L)$
R2	$(6t_1+8t_0)\rho_0/(3\sqrt{3}L)$

5.2 数值仿真结果和分析

5.2.1 加筋蜂窝吸能特性直观比较

图 5.2.1 给出了 $t_1=t_0$ 时不同夹芯层结构的蜂窝夹层板(即标准正六边形蜂窝夹层板 R0 – HSP、单筋加强蜂窝夹层板 R1 – HSP 和双筋加强蜂窝夹

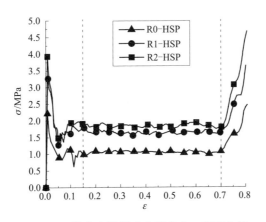

图 5.2.1 蜂窝夹层板冲击端应力 – 应变曲线

层板 R2-HSP）在面外冲击载荷作用下冲击端的名义应力-应变曲线。图中名义应力 σ 为刚性板作用在试件上的压缩反力 F 与初始横截面积 $A(a\times b)$ 的比值，名义应变 ε 定义为试件在 y 方向的压缩量 δ 与初始高度 H_c 之比。

从图中可以发现，加筋蜂窝夹层板与标准蜂窝夹层板类似，其面外压缩过程也主要由窄弹性、初始坍塌、稳定压缩、密实化四个阶段组成。初始阶段材料的坍塌变形能够引起较大的初始峰值应力，随着刚性板的继续下压，其轴向压缩变形进入稳定的阶段，并且在 $\varepsilon=0.7$ 附近开始密实。$0.15\leqslant\varepsilon\leqslant 0.7$ 区间内蜂窝夹层板平台应力比较稳定，因此该区域是实际工程应用中最重要的区段。当 $t_1=t_0$ 时，3 种蜂窝夹层板的面外压缩力学特性均较理想，平台区应力较稳定，密实化应变值也较相似。

图 5.2.2 给出了 3 种夹层板结构不同壁厚时（$t_1=t_0$）的力学特性直观

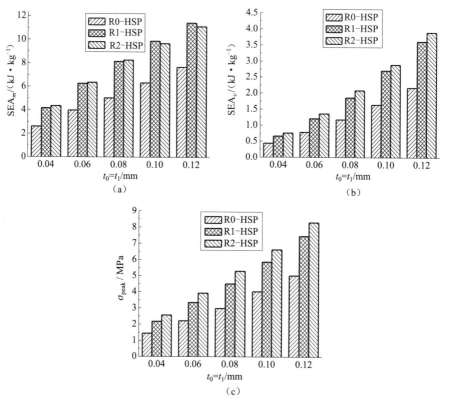

图 5.2.2　不同结构蜂窝夹层板耐撞性指标比较

(a) SEA_m；(b) SEA_v；(c) σ_{peak}

比较图。对于不同结构的夹层板，其相应的 3 个耐撞性指标（即单位质量比吸能 SEA_m、单位体积比吸能 SEA_v 和初始应力峰值 σ_{peak}）都随着胞壁厚度的增长而增大。与传统的标准蜂窝夹层板相比，单筋型及双筋型蜂窝夹层板的 SEA_m 和 SEA_v 都比较大。当 $t_1 = t_0 = 0.08$ mm 时，单筋型蜂窝夹层板的 SEA_m 和 SEA_v 分别增大了 56.32% 和 64.69%。随着胞壁厚度的不断增长，单筋型蜂窝夹层板几乎与双筋型蜂窝夹层板的 SEA_m 保持一致，甚至在 $t_1 = t_0 = 0.1$ mm 时，其 SEA_m 超过了双筋型蜂窝夹层板。从标准蜂窝夹层板到单筋蜂窝夹层板，其 SEA_v 增长较为明显；从单筋蜂窝夹层板到双筋加强蜂窝，其 SEA_v 虽有增长，但不明显。因此，在一些吸能需求大，但是对 σ_{peak} 要求不是很高的应用场合，通过对标准蜂窝夹芯层进行单筋加强处理能够有效提高吸能装置的吸能能力。

5.2.2 筋胞壁厚匹配效应研究

从上述分析可知，对标准蜂窝夹芯的加筋处理能够提升其吸能水平。因此，可以通过适当加大筋板厚度 t_1 来提高蜂窝夹层板的力学性能。但是筋板厚度的增大必然会带来蜂窝夹芯层整体刚度的改变，严重的会导致蜂窝结构变形模式的突然改变。为了研究筋板厚度对蜂窝夹层板整体力学性能的影响，建立了不同筋板厚度的夹层板全尺度精细模型，并对其进行了仿真研究。分别对基础的标准蜂窝夹层板加设筋板厚 $t_1 = 0.5t_0$、$t_1 = t_0$、$t_1 = 1.5t_0$、$t_1 = 2t_0$、$t_1 = 2.5t_0$、$t_1 = 3t_0$ 处理，同样采用前面所述的方法对其进行面外压缩仿真，得到了单筋加强及双筋加强蜂窝夹层板冲击端的应力－应变曲线，如图 5.2.3 所示。

从图 5.2.3（a）中可以看出，对于单筋加强蜂窝夹层板，当 $t_1 \leq 2t_0$ 时，平台阶段的应力值变化比较稳定；当 $t_1 > 2t_0$ 后，冲击端应力的波动比较明显，说明此时夹层板的变形模式可能出现了与预期标准蜂窝夹层板稳定平台阶段对应的稳定渐进轴对称变形模式不一致的现象，该加筋形式蜂窝夹层板的变形模式极有可能在 $t_1 = 2t_0$ 时出现了"分离点"；对于双筋加强蜂窝夹层板，这样的"分离点"同样存在，当 $t_1 \geq 1.5t_0$ 时，冲击端平台阶段的应力变化变得较为剧烈。

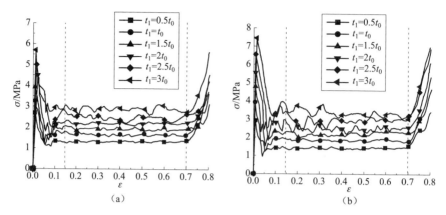

图 5.2.3　不同加筋厚度的蜂窝夹层板冲击端应力－应变曲线

(a) R1 型；(b) R2 型

表 5.2.1 则给出了不同加强筋板厚度下单筋及双筋加强蜂窝夹层板在稳定平台阶段（$0.15 \leqslant \varepsilon \leqslant 0.7$）的峰峰值。分析表 5.2.1 中的数值能够发现，对于单筋加强蜂窝夹层板，当 t_1 由 $2t_0$ 增大到 $2.5t_0$ 时，其平台阶段的峰峰值增大了近 3.4 倍；而对于双筋加强蜂窝夹层板，当 t_1 由 $1.5t_0$ 增大到 $2t_0$ 时，其平台阶段的峰峰值增大了近 3.8 倍。因此，通过对冲击端应力－应变曲线的分析可得，两种加筋型蜂窝夹层板都存在着对应的筋板壁厚"分离点"，分别为 $t_1 = 2t_0$ 和 $t_1 = 1.5t_0$。

表 5.2.1　不同加筋厚度的蜂窝夹层板平台阶段峰峰值比较

类型	$t_1 = 0.5t_0$	$t_1 = t_0$	$t_1 = 1.5t_0$	$t_1 = 2t_0$	$t_1 = 2.5t_0$	$t_1 = 3t_0$
R1－HSP/MPa	0.19	0.17	0.21	0.24	0.82	0.79
R2－HSP/MPa	0.13	0.16	0.24	0.91	0.96	1.26

以上仅是从冲击端应力－应变曲线的表观体现得到的结论，要正确、完整地评价加筋板厚的最优选择，有必要评估出加筋蜂窝夹层板的筋胞壁厚匹配对其力学性能改变的贡献。本书的研究中将采用等效表观密度的处理方法，将不同加筋壁厚的蜂窝夹芯层等效为相等相对密度的等厚加筋蜂窝夹芯层，保持蜂窝夹层板的其他参数不变（$H_{f1} = H_{f2} = 1$ mm，$L = 4$ mm），分别反算出等效后的单筋及双筋加强蜂窝夹层板的胞壁厚度 t_1^* 和 t_2^*，且满足：

$$t_1^* = (3t_1 + 8t_0)/11 \qquad (5.2.1)$$

$$t_2^* = (6t_1 + 8t_0)/14 \qquad (5.2.2)$$

分别根据仿真结果计算出等效前不等壁厚加筋蜂窝夹层板的初始应力峰值 σ_{peak}、单位质量比吸能 SEA_m 和等效后的等壁厚加筋蜂窝夹层板的初始应力峰值 σ_{peak}^*、单位质量比吸能 SEA_m^*，见表5.2.2。它们的相对误差量即 η_p 和 η_{SEA} 则作为指标因子来评估不等厚加筋蜂窝夹层板筋胞匹配效应，计算公式分别为：

$$\eta_p = 100 \times (\sigma_{\text{peak}}^* - \sigma_{\text{peak}})/\sigma_{\text{peak}}^* \qquad (5.2.3)$$

$$\eta_{\text{SEA}} = 100 \times (\text{SEA}_m^* - \text{SEA}_m)/\text{SEA}_m^* \qquad (5.2.4)$$

表5.2.2 等效前后力学特性对比

类型	筋板壁厚 t_1			等效后厚度 t^*			指标因子	
	t_1 /mm	SEA_m	σ_{peak} /MPa	t^* /mm	SEA_m^*	σ_{peak}^* /MPa	η_{SEA}	η_p
R1型	0.03	5.4105	2.7714	0.05182	5.7638	2.7202	6.13	1.88
	0.06	6.2685	3.3468	0.06000	6.2685	3.3468	0	0
	0.09	6.8581	3.8999	0.06818	7.4715	3.9989	8.21	2.47
	0.12	7.4221	4.5336	0.07636	8.2221	4.4877	9.73	1.02
	0.15	7.8869	5.1399	0.08455	10.3257	5.2239	23.62	1.61
	0.18	8.2685	5.7310	0.09273	11.6474	5.6897	29.01	0.72
R2型	0.03	5.4994	3.0541	0.04714	6.0399	3.0187	8.95	1.17
	0.06	6.3132	3.9254	0.06000	6.3132	3.9254	0	0
	0.09	6.9135	4.8105	0.07286	7.6339	4.9043	9.44	1.91
	0.12	7.3911	5.7054	0.08571	9.4121	5.8248	21.47	2.05
	0.15	7.8395	6.6227	0.09857	11.1135	6.7434	29.46	1.79
	0.18	7.7884	7.4644	0.11143	13.2108	7.3932	41.09	0.96

由表中数据可知，η_p 始终很小，几乎可以忽略不计，而 η_{SEA} 则相对较大。对于单筋加强蜂窝夹层板，当 $t_1 > 2t_0$ 时，η_{SEA} 的增大比较明显，从9.73%升至23.62%；对于双筋加强蜂窝夹层板，$t_1 > 1.5t_0$ 时，也会有同样的现象发生，当 $t_1 = 1.5t_0$ 时，η_{SEA} 高达21.47%。基于以上的研究，通过采

用等效相对密度的处理方法，两种加筋类型蜂窝夹层板筋板厚度的选取存在分离点的观点得到了证实。

通过仔细观察含不同蜂窝夹芯的夹层板结构变形模式图，也能更好地理解和认识加筋蜂窝夹层板的力学特性及筋胞匹配效应。图 5.2.4 给出了具有代表性的蜂窝夹芯层变形模式图。

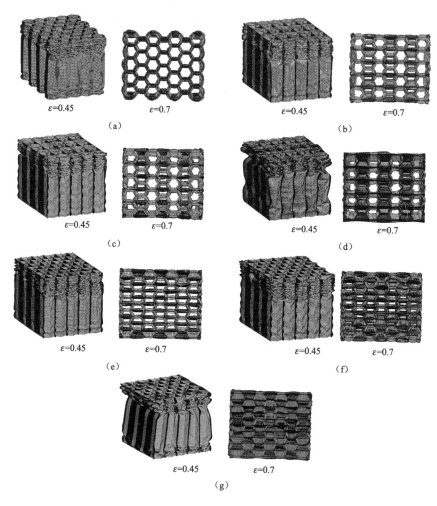

图 5.2.4　蜂窝夹层板的典型变形图

(a) R0($t_1 = t_0 = 0.06$ mm); (b) R1($t_1 = 1.5t_0 = 0.09$ mm); (c) R1($t_1 = 2t_0 = 0.12$ mm);
(d) R1($t_1 = 2.5t_0 = 0.15$ mm); (e) R2($t_1 = 1.5t_0 = 0.09$ mm);
(f) R2($t_1 = 2t_0 = 0.12$ mm); (g) R2($t_1 = 3t_0 = 0.18$ mm)

对于单筋、双筋加强蜂窝，当筋板厚度分别满足 $t_1 \leqslant 2t_0$ 和 $t_1 \leqslant 1.5t_0$ 时，蜂窝胞元的变形首先出现在靠近冲击端的区域，随后自上而下逐渐发生叠缩变形，这样的变形模式称为轴对称渐进屈曲变形。当 $t_1 = 2t_0$ 时，双筋加强蜂窝的屈曲模式局部发生了变化。对于单筋、双筋加强蜂窝，当筋板厚度分别为 $t_1 = 2.5t_0$ 和 $t_1 = 3t_0$ 时，尽管蜂窝的屈曲变形仍先发生在靠近冲击端处，但是筋板壁厚的增大引起了蜂窝夹芯层总体屈曲模式的改变，双筋加强蜂窝靠近固定端的区域也有屈曲变形，渐进屈曲变形不再稳定，继而影响了整个蜂窝夹芯板的受力，导致了冲击端平台应力的降低。此外，刚度较大的加筋壁板影响到刚度较小的蜂窝胞元壁板的变形，并且导致了半折叠波长的增大。因为蜂窝胞元平行胞壁间的距离很有限，在屈曲变形的过程中，蜂窝胞元胞壁很有可能与加筋板发生接触。从某种程度上来说，这样的接触会抑制轴对称渐进屈曲变形，筋板壁厚的增大导致局部刚度的增大，进而诱发变形模式的突变。观察双筋加强蜂窝夹芯密实化变形时的俯视图能够发现，当加强筋厚度由 $t_1 = 1.5t_0$ 变为 $t_1 = 2t_0$ 时，加强筋与平行胞壁间的空隙急剧减小，当 $t_1 = 3t_0$ 时，加强筋与平行胞壁之间几乎没有间隙。观察单筋加强蜂窝夹芯的变形图能够发现同样的现象。在今后的研究中更应该关注蜂窝夹层板变形模式的不确定性带来的结构失效问题，不建议生产和使用筋板厚度超过该比例的加筋型蜂窝产品。

5.3 优化理论和方法

5.3.1 试验设计方法介绍及选择

在试验领域，合适的试验设计（Design of Experiment，DOE）可以显著提高产品的性能。在近似模型的构造过程中，随意地选取试验点可能会导致不精确的代理模型，甚至无法构造出近似模型，但如果试验设计安排合理，通过较少的试验次数就可以获得满意的近似模型。当前的试验设计被分为两大类：第一类是传统的 DOE 技术，考虑模型行为的固有随机性，通常适用于固有测量误差的物理试验；第二类指空间填充，尤其适用于确定性的计算机仿真。总的来说，试验设计主要包括完全析因试验设计、部分因子试验设计及拉丁方系列设计方法[221]等。下面将详细地介绍这几种方法的具体内容并简单分析其各自的优缺点[217]。

5.3.1.1 完全析因试验设计（全因子设计）

完全析因试验设计（Full factorial design），也可以叫作全因子试验设计，是一种在试验因素和试验水平确定后对所有组合都进行试验的方法。该设计不仅能够考察某一因素各个水平对试验结果的影响，同时还能分析各因素之间的交互作用。在一项试验中若存在 n 个因素，每个因素对应的水平数分别是 l_1，l_2，$\cdots$，l_n，则全面试验的试验次数 A 为：

$$A = l_1 \times l_2 \times \cdots \times l_n \tag{5.3.1}$$

当试验因素的个数不多，且每个因素的水平数也不多时，设计者们常用全面试验设计方法。一般情况下，全面试验设计方法获得的结果比较丰富，并且拟合的近似模型也较准确。然而，当试验因素数较多且水平数较大时，全面试验设计往往需要较多的试验次数，例如，6因素3水平的全因子试验设计的次数为 $3^6 = 729$ 次。针对比较复杂的工程优化问题，设计变量的数目一般要超过10个，并且每个变量的水平数也超过3个。若采用全面试验设计方法进行试验设计，试验次数的数量将非常庞大，因此在实际的试验设计中很少使用该设计方法。

5.3.1.2 正交试验设计

与完全析因试验设计相比，正交试验设计属于一种部分试验设计方法，但对于其中任意两个因素来说，却又是带有等重复的全面试验设计。正交试验设计方法用正交表来安排试验及分析，并应用方差分析等数理统计方法对试验结果进行分析处理，从而得到更加科学及合理的结论。正交试验设计能够用相对较少的试验次数获得总体上能反映全面试验情况的分析信息。而对试验结果的方差分析则可以用来估计各因素影响的相对大小并考察因素之间的相互作用。

试验设计中常用的正交表一般属于 $L_n(m^k)$ 类型，其中，L 为正交表代号，下标 n 为正交表的行数，即需要安排的试验次数；括号内的指数"k"表示有 k 个纵列，即最多允许安排的因素是 k 个；而"m"代表因素的水平数[221]。表 5.3.1 所示的 $L_8(2^7)$ 正交试验设计表表示要做8次试验，最多允许安排7个因子，每个因子有2个水平数。若采用2水平7因素的完全析因试验，设计的次数为 $2^7 = 128$ 次，远远大于正交试验设计的8次。正交表中任意一列中各个水平出现的次数相等，并且表中任意两列构成的水平对是一个完全有序数字对，每个水平对重复出现的次数相等。另外，正交表还具有正交性和代表性。因此，利用正交表安排的正交试验设计都具有"均衡分散、整齐可比"的特点，并且能通过相对较少的试验和计算工作量得到基本上能反映总体情况的试验结果。但当试验因素数或其水平数较大时，仍需要做大量的试验，因此实施起来相对困难。

表 5.3.1 正交试验表 $L_8(2^7)$

试验号	因子						
	1	2	3	4	5	6	7
1	1	1	1	1	1	1	1
2	1	1	1	2	2	2	2
3	1	2	2	1	1	2	2
4	1	2	2	2	2	1	1
5	2	1	2	1	2	1	2
6	2	1	2	2	1	2	1
7	2	2	1	1	2	2	1
8	2	2	1	2	1	1	2

5.3.1.3 均匀试验设计

与正交试验设计方法不同，均匀试验设计只考虑样本点在设计空间的均匀分散性，并不考虑样本点的整齐可比。而一般情况下事先并不知道变量与响应之间存在何种映射关系，让设计样本点在整个设计空间中均匀分布是一种很好的策略。因为均匀试验设计只考虑试验点在试验范围内均匀分散，所以它能从整个设计空间中筛选出部分具有代表性的试验点，并且试验的次数随水平数的增加而线性增加。而正交设计的试验次数则随水平数平方的增加而增加。例如，用正交试验设计方法设计3因素31水平的试验，需要961次试验，而采用均匀试验设计方法只需做31次试验。这正是因为正交试验设计选取试验点时具有正交性，它所挑选的试验点具有两个特点，即均匀分布和整齐可比。"均匀分布"使得试验点能够均匀地分布在试验设计范围内,每个试验点具有代表性。"整齐可比"则便于设计者分析试验数据,易于估计各因素的主效应和部分交互效应。然而,为了兼顾"整齐可比",试验点就不能做到充分的"均匀分布",并且试验点的数目必然比较多。而均匀试验设计方法只考虑试验点在试验范围内充分"均匀分布",而忽略了"整齐可比",因此就均匀性而言,它所得到的试验点比正交试验设计的试验点更好,试验点具有更好的代表性,并且能大大减少试验次数。

5.3.1.4 优化拉丁方法试验设计

拉丁方法试验设计被称为是一种"充满空间的设计",它将每个因素的设计空间都均匀地划分开。然后根据概率分布将各个因素的所有水平随机组合在一起,形成了一个包含 n 个设计点(即 n 行)的设计矩阵。运用每个因子 L,该矩阵可表示为:

$$L = \begin{bmatrix} X_1 \\ \vdots \\ X_n \end{bmatrix} = \begin{bmatrix} x_{11} & \cdots & x_{1i} \\ \vdots & & \vdots \\ x_{n1} & \cdots & x_{ni} \end{bmatrix} \tag{5.3.2}$$

式中,$X_j(j=1, 2, \cdots, n)$ 是第 j 个样本点。图 5.3.1(a)所示为 2 变量 9 水平的拉丁方法采样点的分布情况。可以看出子设计空间的每一行及每一列上都有一个样本点,即使对于多变量的情况,高维空间的每一个轴上也都只有一个样本点。为了使试验设计点能够在设计空间中更均匀地分布,在拉丁方法试验设计的基础上添加一个分布准则,使设计点在设计空间中的分布更加均匀。如图 5.3.1(b)所示为 2 变量 9 水平的优化拉丁方法采样点的分布。对比图 5.3.1(a)和图 5.3.1(b)可以看出,优化拉丁方法试验设计生成的样本点不仅具有拉丁方法试验设计的特点,而且能更加均匀地分布在设计空间中。

试验样本点的选取是建立近似模型的重要前提。为了构建具有较高精度的近似模型,设计者需要选择合适的试验设计方法。显然,样本点的数量越多,样本点在设计空间中的分布就越具有代表性,并且样本点数据所包含的原分析模型的信息就越多,建立的近似模型也就越准确。但是数量较多的试验样本点必然会带来计算量大、计算时间长的问题,因此,试验设计过程中样本点的数量必须控制在一个可以接受的范围内。相对而言,由于完全析因

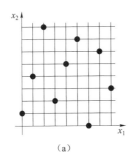
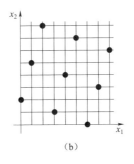

图 5.3.1　2 变量 9 水平的拉丁方法和优化拉丁方法采样

(a) 拉丁方法采样；(b) 优化拉丁方法采样

试验设计具有最全面覆盖设计空间的特点，在建立高精度的近似模型时，通常采用该试验设计方法。但完全析因试验设计一般仅适用于因素个数较少的情况，对于多因素、多水平的问题，完全析因试验设计的样本点数量非常巨大，在这种情况下，常常选用正交试验设计或均匀试验设计法。正交试验设计具有"均匀分散，整齐可比"的特点，并且能够评估各因素之间的相互作用对试验结果产生的影响，但是其均匀性比较差，样本点的代表性不够。而均匀设计却只考虑样本点的均匀分散性，样本点能够在设计空间中均匀分散，对于系统数学模型完全未知的多因素、多水平试验较为适用，但必须按照专用的均匀设计表进行试验，使它的使用范围受到限制。拉丁方法试验设计由于具有一定随机性，使样本点在设计空间中的分布规律不稳定，目前应用较少。优化拉丁方法试验设计则兼备了均匀设计和拉丁方法设计的优点，得到了越来越广泛的应用[217]。

5.3.2　代理模型建模方法

在蜂窝结构耐撞性优化设计中，目标函数和约束函数通常为隐式、复杂的非线性函数。通过引入代理模型方法来避免优化迭代过程中每次调用函数时都进行复杂的数值计算分析，从而提高整个优化问题的求解效率。代理模型是用一个简单的函数关系近似替代实际的复杂仿真模型，因此代理模型在计算分析和优化设计方面具有较高的效率优势。代理函数的原理是当设计空间内某一点周围一定数量点的实际值已知，通过某种方式建立一个超曲面，用这个超曲面替代实际的复杂模型进行高效计算[152]。设 $\boldsymbol{X} = (x_1, x_2, \cdots, x_n)^\mathrm{T}$ 为 n 维输入变量，y 为输出变量。对于 m 个试验数据 $(X^1, X^2, \cdots, X^m)$，总可以通过实体或数值的试验得到相应的一系列性能值 $y^i = y(X^i)$ ($i = 1, 2, \cdots, m$),利用待定系数方法求出函数 $y = y(X)$ 的近似函数 $\tilde{y} = f(X)$。多项式响应面法由于构造简单,并且有可显示的表达式,被广泛应用在薄壁结构的耐撞性优化研究中。通用的多项式响应面模型可以表示为[211]:

$$y(X) = \tilde{y}(X) + \varepsilon = \sum_{i=1}^{L} \alpha_i p_i(X) + \varepsilon = \boldsymbol{p}^{\mathrm{T}}(X)\boldsymbol{\alpha} + \varepsilon \quad (5.3.3)$$

式中,$y(X)$ 代表真实的目标或者约束函数;$\tilde{y}(X)$ 为其对应的响应面模型;L 为基函数的个数;ε 为误差项,其中包括随机误差、系统误差和建模误差;$X \in E^n$,为 n 维设计变量的向量;$\boldsymbol{\alpha} = [\alpha_1, \alpha_2, \cdots, \alpha_L]^{\mathrm{T}}$,为未知系数向量;$\boldsymbol{p}^{\mathrm{T}}(X) = [p_1(X), p_2(X), \cdots, p_L(X)]$,为基函数向量,理论上基函数可以为任意形式的函数。实践证明,多项式响应面模型具有比较高的精度。以 $X = [x \ y]^{\mathrm{T}}$ 的二阶响应面模型为例,其基函数形式可表示为:

$$\boldsymbol{p}^{\mathrm{T}}(X) = [1 \ x \ y \ x^2 \ xy \ y^2] \quad (5.3.4)$$

对于其他阶的多项式响应面模型,基函数可以根据如图 5.3.2 所示的单项式 Pascal 三角形来构造。依此类推,则可构造出包括任意设计变量、任意阶响应面模型的基函数。

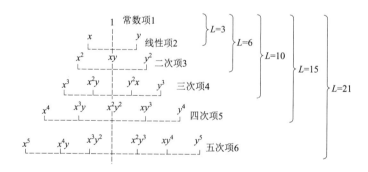

图 5.3.2 二维问题单项式的 Pascal 三角形

确定了基函数的形式并获得了 $N(N \geq L)$ 个试验点处的响应值 $\boldsymbol{y} = [y^{(1)}, y^{(2)}, \cdots, y^{(N)}]^{\mathrm{T}}$ 后,待定系数 $\boldsymbol{\alpha} = [\alpha_1, \alpha_2, \cdots, \alpha_L]^{\mathrm{T}}$ 的值可以通过最小二乘法获得。在第 i 个试验点,其真实值和近似值的误差可以表示为[152]:

$$\varepsilon_i = y^{(i)} - \tilde{y}^{(i)} = y^{(i)} - \sum_{i=1}^{L} \alpha_i p_i(X_i) \quad (5.3.5)$$

在所选的 N 个试验点处的误差平方和是:

$$E(\boldsymbol{\alpha}) = \sum_{i=1}^{N} \varepsilon_i^2 = \sum_{i=1}^{N} \left[y^{(i)} - \sum_i \alpha_i \phi_i(X_i) \right]^2 \qquad (5.3.6)$$

上式用等价的矩阵形式可以表示为:

$$E(\boldsymbol{\alpha}) = \boldsymbol{\varepsilon}^T \boldsymbol{\varepsilon} = (\boldsymbol{y} - \boldsymbol{p}\boldsymbol{\alpha})^T (\boldsymbol{y} - \boldsymbol{p}\boldsymbol{\alpha}) \qquad (5.3.7)$$

将 $E(\boldsymbol{\alpha})$ 最小化, 可得:

$$\frac{\partial E(\boldsymbol{\alpha})}{\partial \boldsymbol{\alpha}} = -2\boldsymbol{p}^T \boldsymbol{y} + 2\boldsymbol{p}^T \boldsymbol{\alpha} = 0 \qquad (5.3.8)$$

式中, $\boldsymbol{p}$ 为基函数矩阵, 其形式为:

$$\boldsymbol{p} = \begin{bmatrix} p_1(X_1) & \cdots & p_L(X_1) \\ \vdots & \ddots & \vdots \\ p_1(X_N) & \cdots & p_L(X_N) \end{bmatrix} \qquad (5.3.9)$$

求解式 (5.3.8), 即:

$$\boldsymbol{\alpha} = (\boldsymbol{p}^T \boldsymbol{p})^{-1} \boldsymbol{p}^T \boldsymbol{y} \qquad (5.3.10)$$

将式 (5.3.9) 代入 $\tilde{y}(X)$ 中, 即可获得所需的响应面模型。

5.3.3 代理模型精度分析和方法

代理模型只是对复杂仿真分析模型的简化和近似, 因此, 在求出代理模型的待估参数后, 不可避免地存在一些误差, 设计者有必要对代理模型进行统计检验, 以评估代理模型对真实响应的逼近程度。精度不高的代理模型不但不能指导优化设计, 反而很有可能会误导设计, 因此, 评价代理模型的精度至关重要。常用的误差估计准则有[210,211]:

(1) 决定系数 R^2:

$$R^2 = 1 - \frac{\sum_{i=1}^{n}(y_i - \hat{y}_i)^2}{\sum_{i=1}^{n}(y_i - \overline{y}_i)^2} \qquad (5.3.11)$$

式中, n 为模型误差验证的样本点数; y_i 为响应量的实测值; $\hat{y}_i$ 为通过近似模型得到的观测值; $\overline{y}_i$ 为响应量实测值的平均值。R^2 的取值在 [0, 1] 区间内, R^2 越接近 1, 则表明回归拟合的效果越好。

(2) 相对均方根误差 RMSE, 定义如下:

$$\text{RMSE} = \frac{1}{n\bar{y}}\sqrt{\sum_{i=1}^{n}(y_i - \hat{y}_i)} \qquad (5.3.12)$$

相对均方根误差 RMSE 表示近似值与真实值之间的差异程度，因此，差值越小，表示近似模型的拟合精度越高。

（3）相对误差 RE：

$$\text{RE} = \frac{y_i - \hat{y}_i}{y_i} \qquad (5.3.13)$$

相对误差越小，则近似模型的精度越高。

需要注意的是，任何一个指标都不足以全面地评价近似模型的精度，在评价过程中需结合多个指标进行综合分析判断。

5.3.4 优化算法

在蜂窝结构的耐撞性优化设计中，所谓的最优化，就是在较复杂环境中，从遇到的许多可能决策中挑选出最好的决策，即在满足一定的约束条件下寻找一组参数值，使系统的某些性能指标达到最大或者最小。对于类似蜂窝结构碰撞这样的非线性大变形问题，其本质为一个约束非线性优化问题，它们的目标函数及约束函数都很难表达出来，绝大多数情况下约束函数和目标函数的导数是严重不连续的。因此，传统的基于梯度的优化方法很难找到精确的优化解。近年来，智能演化算法的发展为解决此类问题提供了新的途径。常用的智能演化算法主要包括遗传算法、蚁群算法、粒子群算法和人工蜂群算法。在这些算法中，粒子群算法在耐撞性优化问题中的应用最为广泛。粒子群优化算法（PSO）是由 James Kennedy 和 Russel Eberhart 受鸟群觅食行为的启发于 1995 年首次提出的一种智能算法[222]。该方法采用简单的速度位移模型，通过群体中微粒间的协作与竞争产生的群体智能指导优化搜索。粒子群算法实际上就是对鸟群基体觅食活动的一种模拟。在粒子群算法中，每个粒子相当于一只鸟，在其觅食的过程中，它的空间位置及飞行速度分别用 $\boldsymbol{X}$ 和 $\boldsymbol{V}$ 来表示。若鸟群觅食空间为 k 维空间，则第 i 只鸟的第 n 次飞行的位置和速度可以分别表示为 $\boldsymbol{X}_i^n = (x_{i1}^n, x_{i2}^n, \cdots, x_{ik}^n)$ 和 $\boldsymbol{V}_i^n = (v_{i1}^n, v_{i2}^n, \cdots, v_{ik}^n)$。若 $\boldsymbol{P}_i^n = (p_{i1}^n, p_{i2}^n, \cdots, p_{ik}^n)$ 表示第 i 只鸟在第 n 次飞行中自身距离食物最近的位置，$\boldsymbol{P}_g^n = (p_{g1}^n, p_{g2}^n, \cdots, p_{gk}^n)$ 表示鸟群当中所有鸟在 n 次飞行中距离食物最近的位置，则为了寻找食物，即飞到离食物最近的位置，每一只鸟都将会根据下面的方程来更新它的第 $n+1$ 次位置和速度：

$$\begin{cases} \boldsymbol{V}_i^{n+1} = c_0 \boldsymbol{V}_i^n + c_1 r_1 (\boldsymbol{P}_i^n - \boldsymbol{X}_i^n) + c_2 r_2 (\boldsymbol{P}_g^n - \boldsymbol{X}_i^n) \\ \boldsymbol{X}_i^{n+1} = \boldsymbol{X}_i^n + \boldsymbol{V}_i^{n+1} \end{cases} \quad (5.3.14)$$

式中，c_0 为惯性权重；c_1 和 c_2 为加速因子；r_1 和 r_2 为 [0，1] 之间的随机数。每一只鸟的位置和速度一直按照式（5.3.14）迭代，直到获得满意的位置为止。

粒子群算法的流程如图 5.3.3 所示。

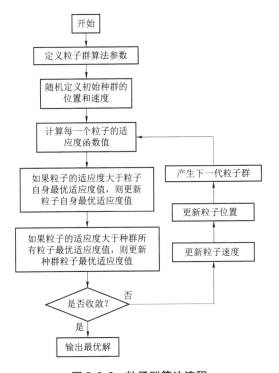

图 5.3.3　粒子群算法流程

Raquel 和 Naval[223] 在粒子群算法思想的基础上开发了多目标粒子群算法，该优化算法与传统的多目标优化算法 NSGA 和 PEAS 相比，具有收敛速度较快、产生 Pareto 前沿分布较均匀、算法相对简单等优点，因此目前该优化算法应用十分广泛。多目标粒子群算法的流程如图 5.3.4 所示。

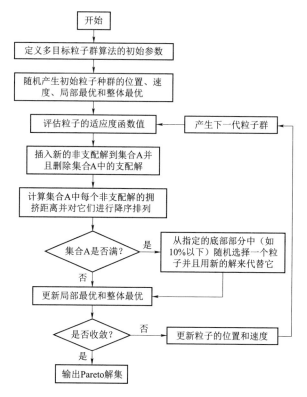

图 5.3.4　多目标粒子群算法流程图

5.3.5　耐撞性优化设计流程

在本书中采用基于近似模型的耐撞性优化方法对蜂窝构件进行耐撞性优化设计,该方法的具体步骤依次如下:

(1) 根据耐撞性设计要求确定具体的优化设计变量、优化目标和约束条件。对于蜂窝夹层板结构和纯蜂窝结构,结构的几何尺寸被选为设计变量,而 1.4.1 节中提到的部分耐撞性指标选为优化目标和约束条件。

(2) 根据优化设计变量的取值范围采用试验设计方法进行采样。采用试验设计方法在设计范围内采样时,既要保证样本点能够尽可能地均匀分布在设计空间内,又要考虑到尽可能地减小计算量。

(3) 根据试验设计所得样本点的设计变量取值建立面外压缩的有限元模型,从而通过有限元仿真计算得到样本点的响应值。在这一过程中,为了确保样本点响应值的准确性,首先要对有限元模型进行一定的试验或者理论验证。只有正确的有限元模型才能用来计算样本点的响应值。

(4) 针对具体的问题,选用合适的近似模型方法,根据试验样本点的信息(变量的取值及其响应值)建立目标函数和约束函数的近似模型。

(5) 采用优化算法对目标函数和约束函数的近似模型进行单目标优化或多目标优化。选取合适的优化算法对相应的近似模型进行优化,能够有效地提高计算效率及计算精度。

(6) 运用有限元仿真计算方法或试验方法验证优化结果的正确性。通过上一步骤即可获得基于代理模型的最优解,根据最优解所对应的设计变量取值,重新建立相应的有限元模型或者实物模型,从而得到最优结构的响应值(有限元仿真计算值或者试验值)。

图5.3.5给出了本书蜂窝结构耐撞性优化的具体流程图,图中能够看出其优化过程与有限元分析流程类似,也可以被分为前处理、求解和后处理3个部分。

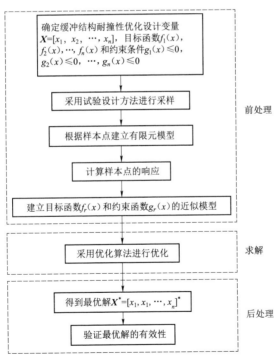

图5.3.5 蜂窝结构耐撞性优化设计流程图

5.4 单筋加强蜂窝舷侧防护结构单目标优化设计

5.4.1 单目标优化问题的建立

通过以上对加筋正六边形蜂窝夹层板力学特性的研究，我们发现对于最大初始应力 σ_{peak} 要求不是很高的应用场合，单筋加强正六边形蜂窝夹层板表现出更优异的性能。在设计缓冲吸能装置时，设计者们希望蜂窝夹层板在单位质量或者单位体积内能够吸收尽可能多的冲击能量。另外，吸能装置的 σ_{peak} 也是一个重要的耐撞性指标，通常将其限制在一定的范围内，这样才能保证被缓冲设备或者人员的安全。

若缓冲装置最大初始应力 σ_{peak} 不得超过 1.21 MPa[169,170]，以单筋加强正六边形蜂窝夹层板为研究对象，为了使单位质量比吸能最大，该单目标优化问题可被描述为：

$$\text{Opt. 1} \begin{cases} \max & \text{SEA}_m \\ \text{s. t.} & \sigma_{\text{peak}} \leqslant 1.21 \text{ MPa} \\ & 0.02 \text{ mm} \leqslant t_0 \leqslant 0.1 \text{ mm} \\ & 0.5 \text{ mm} \leqslant H_f \leqslant 2 \text{ mm} \\ & 4 \text{ mm} \leqslant L \leqslant 10 \text{ mm} \end{cases} \quad (5.4.1)$$

以单筋加强正六边形蜂窝夹层板为研究对象，为了满足单位体积比吸能最大，该单目标优化问题能够被描述为：

$$\text{Opt. 2} \begin{cases} \max & \text{SEA}_v \\ \text{s. t.} & \sigma_{\text{peak}} \leqslant 1.21 \text{ MPa} \\ & 0.02 \text{ mm} \leqslant t_0 \leqslant 0.1 \text{ mm} \\ & 0.5 \text{ mm} \leqslant H_f \leqslant 2 \text{ mm} \\ & 4 \text{ mm} \leqslant L \leqslant 10 \text{ mm} \end{cases} \quad (5.4.2)$$

整个优化过程中，假设夹层板的上、下面板厚度相同均为 H_f。为了比较加筋形式蜂窝夹层板与常规正六边形蜂窝夹层板之间的性能差异，同样对标准正六边形蜂窝夹层板进行了单目标优化设计。

5.4.2 试验样本点采集

采用图 5.3.5 所示的耐撞性优化设计流程来求解式（5.4.1）及式（5.4.2）的单目标问题。为了构建其 SEA_m、SEA_v 和 σ_{peak} 的近似模型，选用 5.3.1 节中的优化拉丁方法，在设计变量空间内采集了 32 个样本点，然后利用 5.1.1 节中的方法建立每一个样本点对应的单筋加强及标准正六边形蜂窝夹层板轴向压缩的有限元模型，计算出每一个样本点对应的目标函数值，32 个样本点的变量取值及其对应的目标函数值见表 5.4.1。

5.4.3 代理模型精度比较

依据 5.3.2 节中的方法，选用响应面模型法分别构建了目标函数 SEA_m、SEA_v 和 σ_{peak} 的各阶多项式函数近似模型。为了比较和验证不同阶数多项式函数近似模型的准确性，我们又在设计空间内重新随机选取了 16 个样本点，并运用有限元软件 LS-DYNA 计算出其相对应的目标函数值，见表 5.4.2。

根据这些额外测试点的计算结果，运用式（5.3.11）~式（5.3.13）来计算不同阶数多项式函数近似模型的均方根误差 RSME、相对误差 RE 及 R^2 值，见表 5.4.3 和表 5.4.4。通过对表中各指标数值进行比较，就能发现对应于不同耐撞性指标的精度最高的多项式函数（表中加粗数字）。

因此，对于标准正六边形蜂窝夹层板，在下面的耐撞性优化中将应用 SEA_m 的三阶多项式函数、SEA_v 的二阶多项式函数和 σ_{peak} 的二阶多项式函数作为相应的近似模型进行优化。函数表达式为：

$$\begin{aligned}SEA_m =\ & 9.718\,343\,109 - 2.106\,826\,13L + 98.591\,419\,213t - 6.986\,551\,3H_f + \\ & 0.218\,531\,483\,91L^2 - 144.092\,375t^2 + 3.731\,995\,6H_f^2 - 5.906\,183\,81Lt + \\ & 0.129\,369\,402\,3LH_f - 15.863\,748\,4tH_f - 0.007\,540\,459\,7L^3 + \\ & 0.000\,045\,616\,4L^2t - 0.125\,463\,47L^2H_f - 14.584\,218\,011\,2Lt^2 - \\ & 1.584\,218\,011\,2LH_f^2 - 772.523\,670\,98t^3 + 0.001\,794\,266\,5t^2H_f - \\ & 0.000\,064\,765\,1tH_f^2 - 0.760\,108\,37H_f^3 \end{aligned} \quad (5.4.3)$$

表 5.4.1　蜂窝夹层板样本点及其目标函数值

序号	t_0/mm	t_1/mm	L/mm	H_f/mm	R0 – HSP			R1 – HSP		
					σ_{peak}/MPa	SEA_m/(kJ·kg^{-1})	SEA_v/(kJ·m^{-3})	σ_{peak}/MPa	SEA_m/(kJ·kg^{-1})	SEA_v/(kJ·m^{-3})
1	0.054 8	0.109 6	6.32	1.032	1.237 3	2.812 6	380.14	2.811 0	4.566 0	812.92
2	0.079 7	0.159 4	4.58	1.855	2.471 5	3.864 6	950.38	5.017 0	6.305 8	2 079.37
3	0.061 6	0.123 2	9.23	0.548	0.969 0	3.415 7	286.59	2.236 0	4.372 9	513.53
4	0.086 5	0.173	4.39	1.323	2.796 0	5.642 5	1 219.73	6.399 5	8.028 1	2 510.49
5	0.095 5	0.191	4.97	0.694	2.733 4	6.963 7	1 132.88	6.318 3	9.724 3	2 516.29
6	0.077 4	0.154 8	6.9	0.645	1.610 1	4.448 7	517.18	3.672 2	6.642 4	1 145.37
7	0.072 9	0.145 8	4.77	0.887	2.179 6	5.241 4	827.46	4.948 2	7.563 5	1 768.42
8	0.068 4	0.136 8	6.71	1.903	1.461 5	2.231 9	475.24	3.326 3	3.643 3	954.41
9	0.097 7	0.195 4	5.94	1.613	2.346 3	4.081 2	906.98	5.484 1	6.629 6	2 002.69
10	0.084 2	0.168 4	9.81	1.71	1.251 5	1.965 4	372.52	2.890 5	3.037 9	702.02
11	0.057 1	0.114 2	5.74	0.5	1.413 7	4.851 4	471.63	3.211 1	6.855 0	1 009.53
12	0.030 0	0.06	8.65	1.661	0.501 3	0.731 9	116.68	1.149 2	1.173 2	206.77
13	0.093 2	0.186 4	8.45	1.274	1.637 6	3.394 5	567.71	3.675 3	4.799 2	1 062.41
14	0.034 5	0.069	5.35	0.79	0.911 5	2.471 6	255.26	2.062 1	3.845 9	520.81
15	0.100 0	0.2	7.1	0.839	2.026 0	5.157 4	761.25	4.626 3	7.294 1	1 587.90
16	0.059 4	0.118 8	8.84	1.952	0.973 4	1.374 7	273.68	2.245 0	2.146 7	496.66

续表

序号	t_0/mm	t_1/mm	L/mm	H_f/mm	R0-HSP σ_{peak}/MPa	R0-HSP SEA_m/(kJ·kg^{-1})	R0-HSP SEA_v/(kJ·m^{-3})	R1-HSP σ_{peak}/MPa	R1-HSP SEA_m/(kJ·kg^{-1})	R1-HSP SEA_v/(kJ·m^{-3})
17	0.052 6	0.105 2	9.61	1.419	0.796 4	1.417 7	212.97	1.832 7	2.095 7	370.86
18	0.091 0	0.182	7.87	1.806	1.668 6	2.651 7	563.04	3.828 4	4.186 8	1 122.59
19	0.050 3	0.100 6	4	1.081	1.761 9	3.859 1	615.89	4.021 2	5.643 4	1 251.05
20	0.043 5	0.087	7.68	0.597	0.811 5	2.669 9	220.90	1.864 4	3.836 6	426.42
21	0.075 2	0.150 4	10	1.177	1.096 4	2.223 9	313.78	2.659 6	3.800 4	676.88
22	0.045 8	0.091 6	4.19	1.758	1.521 0	2.428 3	498.62	3.473 2	3.913 3	1 010.28
23	0.088 7	0.177 4	9.03	0.742	1.424 4	4.043 8	473.30	3.446 4	6.097 1	1 012.62
24	0.063 9	0.127 8	5.16	1.468	1.757 1	3.202 9	608.07	3.981 8	5.130 4	1 283.85
25	0.081 9	0.163 8	6.52	1.226	1.799 7	3.684 0	631.13	4.100 3	5.671 3	1 321.72
26	0.036 8	0.073 6	5.55	1.371	0.940 0	1.738 1	264.73	2.131 9	3.110 7	574.71
27	0.048 1	0.096 2	7.29	1.565	0.945 5	1.610 1	270.19	2.161 5	2.615 9	522.87
28	0.041 3	0.082 6	9.42	0.935	0.637 2	1.560 1	163.22	1.476 9	2.675 4	338.09
29	0.039 0	0.078	6.13	2	0.903 7	1.234 2	248.10	2.054 6	2.273 6	526.43
30	0.066 1	0.132 2	8.26	0.984	1.100 9	2.579 5	329.34	2.796 8	4.694 1	785.40
31	0.070 6	0.141 2	8.06	1.516	1.261 3	2.220 0	388.50	3.091 3	4.127 1	898.28
32	0.032 3	0.064 6	7.48	1.129	0.618 7	1.256 3	151.32	1.414 5	2.092 5	296.58

表 5.4.2 16 个测试样本点及其目标函数数值

序号	t_0/mm	t_1/mm	L/mm	H_f/mm	R0-HSP σ_{peak}/MPa	R0-HSP SEA_m/(kJ·kg^{-1})	R0-HSP SEA_v/(kJ·m^{-3})	R1-HSP σ_{peak}/MPa	R1-HSP SEA_m/(kJ·kg^{-1})	R1-HSP SEA_v/(kJ·m^{-3})
1	0.046 7	0.093 4	8.83	0.635	0.757 1	2.487 2	202.79	1.699 2	4.601 2	411.84
2	0.054 6	0.109 2	7.68	1.562	0.996 6	1.633 7	275.32	2.341 0	4.201 1	572.81
3	0.036	0.072	5.23	0.776	0.994 5	2.817 9	283.26	2.259 5	4.700 1	558.20
4	0.084	0.168	9.64	0.934	1.247 3	3.124 7	378.93	2.989 9	7.680 2	758.07
5	0.1	0.2	6.41	1.186	2.293 1	4.793 2	901.92	5.268 2	11.395 1	1 930.80
6	0.041 3	0.082 6	10	1.334	0.697 7	1.227 9	222.11	1.636 6	2.565 7	420.95
7	0.035 3	0.070 6	8.74	1.756	0.584 6	0.803 2	150.47	1.378 6	1.797 9	283.32
8	0.078 7	0.157 4	7.22	0.526	1.567 3	4.934 8	531.30	3.652 8	9.627 2	1 151.57
9	0.073 3	0.146 6	4.49	0.873	2.284 7	5.502 1	890.64	5.209 5	10.173 5	1 908.26
10	0.062 7	0.125 4	8.42	1.941	1.061 1	1.559 6	294.98	2.424 6	4.234 0	580.85
11	0.094 7	0.189 4	9.26	1.607	1.459 0	2.453 8	466.46	3.410 3	7.627 2	901.46
12	0.057 3	0.114 6	6.87	1.282	1.180 8	2.317 9	354.16	2.769 6	5.360 2	755.76
13	0.089 3	0.178 6	6.09	1.836	2.147 3	3.425 4	809.35	4.743 0	8.832 7	1 706.94
14	0.052	0.104	5.65	2	1.323 1	1.944 4	410.17	2.898 6	4.443 3	854.38
15	0.068	0.136	4.01	1.578	2.311 9	4.087 6	895.47	5.124 6	8.277 9	1 898.08
16	0.030 7	0.061 4	4.82	1.403	0.938 4	1.643 9	258.54	2.141 1	3.175 9	500.48

表 5.4.3　R0 型蜂窝夹层板耐撞性指标近似模型精度比较

参数		一阶	二阶	三阶	四阶
SEA_m	RMSE	0.040 57	0.029 37	**0.028 49**	0.023 46
	R^2	0.879 5	0.945 38	**0.975 26**	0.901 7
	RE/%	-0.412~0.435	-0.345~0.556	**-0.388~0.254**	-0.714~0.517
SEA_v	RMSE	0.041 61	**0.035 74**	0.040 66	0.038 19
	R^2	0.914 34	**0.979 98**	0.974 1	0.947 15
	RE/%	-0.31~0.298	**-0.218~0.394**	-0.253~0.414	-0.201~0.314
σ_{peak}	RMSE	0.203	**0.165**	0.185 8	0.172 7
	R^2	0.894 01	**0.955 03**	0.939 1	0.945 66
	RE/%	-1.124~2.756	**-1.143~2.166**	-1.273~2.386	-1.042~3.417

表 5.4.4　R1 型蜂窝夹层板耐撞性指标近似模型精度比较

参数		一阶	二阶	三阶	四阶
SEA_m	RMSE	0.046 1	0.053 4	**0.046 8**	0.048 9
	R^2	0.869 8	0.885 07	**0.930 43**	0.907 8
	RE/%	-0.201~0.186	-0.215~0.229	**-0.198~0.215**	-0.191~0.281
SEA_v	RMSE	0.027 8	0.029 2	**0.023 1**	0.025 3
	R^2	0.896 8	0.912 68	**0.963 65**	0.934 35
	RE/%	-0.483~0.672	-0.546~0.108	**-0.328~0.087**	-0.398~0.102
σ_{peak}	RMSE	0.405 7	**0.313 3**	0.358 7	0.396
	R^2	0.897 47	**0.955 07**	0.920 43	0.936 15
	RE/%	-2.349~3.014	**-2.321~2.459**	-2.546~2.981	-3.091~2.503

$$SEA_v = 0.508\,820\,560\,4 - 0.202\,600\,399L + 19.616\,536\,388\,1t + \\ 0.001\,250\,369\,819\,4H_f + 0.017\,088\,624\,111\,3L^2 + 34.768\,181\,311\,6t^2 - \\ 0.005\,805\,341\,901\,355\,7H_f^2 - 2.053\,411\,929\,776\,1Lt +$$

$$0.001\ 650\ 560\ 956\ 280\ 5LH_f - 0.078\ 661\ 476\ 919tH_f \qquad (5.4.4)$$

$$\sigma_{\text{peak}} = 0.765\ 194\ 532\ 903 - 0.135\ 931\ 933\ 95L - 12.763\ 282\ 260\ 51t -$$
$$0.143\ 075\ 106\ 504\ 5H_f + 0.007\ 887\ 936\ 967\ 85L^2 + 63.351\ 206\ 318\ 523t^2 +$$
$$0.022\ 272\ 593\ 526\ 32H_f^2 + 14.397\ 302\ 838\ 188Lt + 0.009\ 785\ 092\ 557\ 32LH_f +$$
$$0.522\ 257\ 222\ 668tH_f \qquad (5.4.5)$$

对于单筋加强正六边形蜂窝夹层板,在下面的耐撞性优化中将应用 SEA_m 的三阶多项式函数、SEA_v 的三阶多项式函数和 σ_{peak} 的二阶多项式函数作为相应的近似模型进行优化。函数表达式为:

$$\text{SEA}_m = 5.954\ 015\ 122\ 33 - 0.463\ 174\ 394\ 6L + 87.975\ 088\ 828\ 5t -$$
$$3.376\ 211\ 231\ 853\ 33H_f - 0.013\ 300\ 363\ 302\ 93L^2 +$$
$$1\ 028.031\ 793\ 798\ 4t^2 + 1.133\ 025\ 100\ 460\ 8H_f^2 -$$
$$7.322\ 811\ 585\ 110\ 83Lt + 0.055\ 140\ 295\ 596\ 73LH_f -$$
$$16.177\ 341\ 320\ 776tH_f + 0.002\ 914\ 087\ 185\ 89L^3 +$$
$$0.000\ 648\ 14L^2t + 0.095\ 463\ 21L^2H_f - 10.354\ 681\ 351Lt^2 -$$
$$1.245\ 178\ 557LH_f^2 - 6\ 346.633\ 889\ 475\ 38t^3 + 0.002\ 001\ 526\ 5t^2H_f -$$
$$0.000\ 021\ 541\ 52tH_f^2 - 0.150\ 728\ 597\ 558H_f^3 \qquad (5.4.6)$$

$$\text{SEA}_v = 1.019\ 029\ 116\ 087 - 0.306\ 125\ 502\ 251\ 4L + 12.225\ 218\ 613\ 532t +$$
$$0.495\ 557\ 445\ 323\ 1H_f + 0.026\ 037\ 324\ 364\ 8L^2 + 639.308\ 288\ 816t^2 -$$
$$0.354\ 443\ 955\ 248\ 4H_f^2 - 4.709\ 591\ 244\ 002Lt -$$
$$0.005\ 109\ 212\ 876\ 08LH_f - 1.052\ 622\ 853\ 848tH_f +$$
$$0.000\ 277\ 383\ 884\ 831\ 5L^3 + 0.005\ 645\ 132L^2t +$$
$$0.012\ 155\ 4L^2H_f - 1\ 027.467\ 128\ 2Lt^2 -$$
$$1.215\ 433LH_f^2 - 2\ 984.105\ 153\ 701t^3 + 21.021\ 221\ 015t^2H_f -$$
$$0.000\ 415\ 215tH_f^2 + 0.088\ 989\ 190\ 225H_f^3 \qquad (5.4.7)$$

$$\sigma_{\text{peak}} = -1.182\ 702\ 620\ 511\ 74 - 0.280\ 725\ 297\ 479\ 4L + 5.742\ 349\ 501\ 08t +$$
$$2.359\ 929\ 367\ 914H_f + 0.013\ 746\ 999\ 543\ 09L^2 - 141.905\ 022\ 613t^2 -$$
$$0.713\ 416\ 278\ 695H_f^2 + 36.089\ 490\ 601\ 7Lt + 0.001\ 302\ 603\ 378\ 3LH_f -$$
$$12.385\ 941\ 713tH_f \qquad (5.4.8)$$

5.4.4 优化结果与分析

图 5.4.1 给出了当 $H_f = 1$ mm 时两类蜂窝夹层板各耐撞性指标的响应面。从图中能够清楚地观察到随着比吸能 SEA_m 及 SEA_v 的增大，初始应力峰值 σ_{peak} 也不断地增大。相同结构参数下，单筋加强正六边形蜂窝夹层板的 SEA_m 和 SEA_v 较大。为了求解式（5.4.1）及式（5.4.2）的蜂窝夹层板耐撞性单目标优化问题，选用 5.3.4 节中介绍的单目标粒子群算法进行计算，优化结果见表 5.4.5 和表 5.4.6。我们建立了优化设计点对应的蜂窝夹层板轴向压缩的有限元仿真模型，比较发现，通过响应面近似模型和有限元仿真分析得到的最优点处的结构响应值误差均小于 5%，进一步说明了近似模型的准确性。

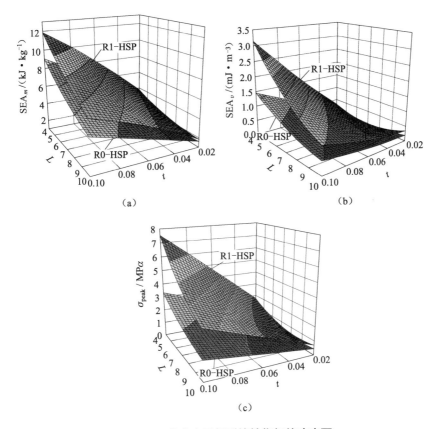

图 5.4.1　蜂窝夹层板耐撞性指标的响应面

（a）单位质量比吸能 SEA_m；（b）单位体积比吸能 SEA_v；（c）初始应力峰值 σ_{peak}

表 5.4.5 关于 SEA_m 的单目标优化结果

类型	胞壁厚度 t_0/mm	胞元边长 L/mm	面板厚度 H_f/mm	SEA_m/(kJ·kg^{-1})		
				响应面	有限元	误差/%
R0-HSP	0.045 8	4.625	0.5	4.812	4.953	2.847
R1-HSP	0.057 7	7.431	0.5	5.434	5.671	4.179

表 5.4.6 关于 SEA_v 的单目标优化结果

类型	胞壁厚度 t_0/mm	胞元边长 L/mm	面板厚度 H_f/mm	SEA_v/(kJ·m^{-3})		
				响应面	有限元	误差/%
R0-HSP	0.031 5	4.137	1.88	431.473	416.725	3.539
R1-HSP	0.034 8	5.455	2	474.593	459.661	3.248

5.5 双筋加强蜂窝舷侧防护结构轴向压缩的参数化研究

作为蜂窝夹层板的重要组成部分，蜂窝夹芯层在轴向冲击下的吸能特性吸引了大批学者的研究兴趣。双筋加强蜂窝作为一种新型蜂窝结构，其在面外冲击下的能量吸收性能与结构的几何参数有着密切的关系，并且部分参数对其能量吸收有重要影响。因此，对这些参数进行分析研究，并且找出这些参数与其力学特性之间的关系对今后双筋加强蜂窝能量吸收装置的设计具有重要的意义。本节旨在对双筋加强蜂窝进行参数化研究，双筋加强蜂窝的结构如图 5.5.1 所示。

基准模型中，胞元边长 $L=4$ mm，胞元夹角 $\theta=120°$，胞元壁厚 $t=0.06$ mm，筋板厚度 $t_0=0.09$ mm，蜂窝芯面外高度 $H=60$ mm。仿真过程中，限制蜂窝底部节点的所有自由度，其余建模过程与 5.1 节的所述一致。

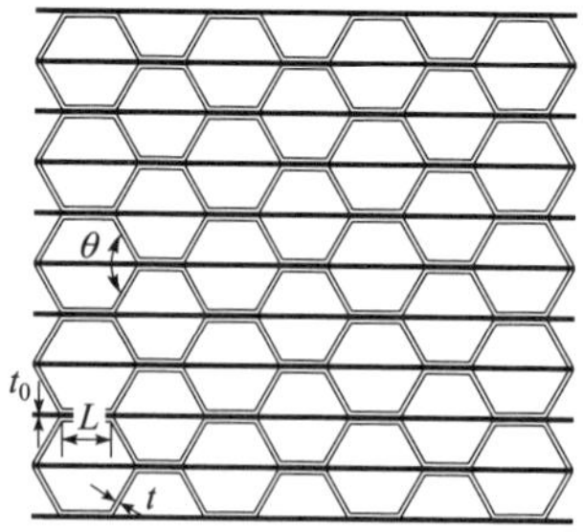

图 5.5.1 双筋加强蜂窝几何构型

5.5.1 筋板厚度的影响

将蜂窝胞元厚度 t 分别取 0.04 mm、0.06 mm、0.08 mm 和 0.1 mm，筋板壁厚 t_0 分别取 0 mm、0.02 mm、0.06 mm、0.1 mm、0.14 mm，这就对应了 20 个不同的工况，每一种工况下胞元边长 $L=4$ mm，胞元夹角 $\theta=120°$，蜂窝结构面外高度 $H=60$ mm，撞击端刚性板的质量为 400 kg，刚性板的撞击速度为 10 m/s。

图 5.5.2 给出了不同双筋加强蜂窝结构参数 t 和 t_0 对其初始峰值应力 σ_{peak} 及单位质量比吸能 SEA_m 的影响。从图中也能看出标准正六边形蜂窝与双筋加强正六边形蜂窝的力学性能比较（$t_0=0$ mm 的加筋蜂窝即为标准蜂窝）。胞元壁厚与筋板厚度对两个耐撞性指标都有着较大的影响。由图 5.5.2（a）可以看出胞元壁厚一定时，规则六边形蜂窝的初始应力值最低，且其 σ_{peak} 随着筋板厚度的增大而明显增大。同时，当加筋厚度不是很大时，筋板壁厚的增大能够在一定程度上提高单位质量比吸能。不同的筋板厚度与胞元厚度的组合能够带来不同的结果：对于 $t=0.04$ mm、$t_0=0.1$ mm，$t=0.06$ mm、$t_0=0.1$ mm，$t=0.08$ mm、$t_0=0.14$ mm 的加筋蜂窝，SEA_m 的增长趋势减弱。对于部分加筋蜂窝，例如，$t=0.04$ mm、$t_0=0.14$ mm，$t=0.06$ mm、$t_0=0.14$ mm，加强筋板厚度的增大甚至使单位质量比吸能减小。

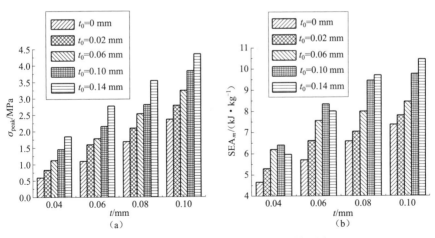

图 5.5.2　筋板厚度对 σ_{peak} 和 SEA_m 的影响

（a）筋板厚度对 σ_{peak} 的影响；（b）筋板厚度对 SEA_m 的影响

从以上的分析发现，对于某一固定值 t，当筋板厚度超过某一临界值时，双筋加强蜂窝的能量吸收能力将会有明显的改变。5.2 节对加筋蜂窝夹层板的研究中已经对这一现象进行了分析，事实证明，双筋加强蜂窝中确实存在着这样的筋胞壁厚匹配效应，且筋板壁厚的最优选择也是 $t_0 = 1.5t$，说明对双筋加强蜂窝而言，将其作为夹芯层制作为夹层板，并不影响其筋胞壁厚匹配效应。1.5 倍厚的双筋加强蜂窝，其力学性能稳定，既能保证蜂窝整体变形模式的稳定和可靠，也能够大大提高其承载水平和吸能能力。因此，在研究其他结构参数的影响时，始终保持 $t_0 = 1.5t$。

5.5.2 胞壁夹角的影响

为研究胞元夹角对双筋加强六边形蜂窝力学性能的影响，蜂窝胞元壁厚在 0.04~0.10 mm 取了 4 个，根据壁厚的不同分为四组，每组蜂窝的胞元夹角分别选取为90°、120°、140°、160°、180°。

图 5.5.3（a）给出了胞元夹角对初始应力峰值的影响，分析可得峰值应力几乎不受胞元夹角的影响。而从图 5.5.3（b）中则能清晰地看出，当胞元壁厚一定时，胞元夹角为120°的双筋加强蜂窝的单位质量比吸能 SEA_m 最大，SEA_m 最小的则是胞元夹角为90°的蜂窝。为了更加详细地分析胞元夹角对其 SEA_m 的影响，引入相对单位质量比吸能系数 η_{SEA_m} 进行研究。定义该系数为：

$$\eta_{SEA_m} = \frac{SEA_m}{SEA_{m(120°)}} \tag{5.5.1}$$

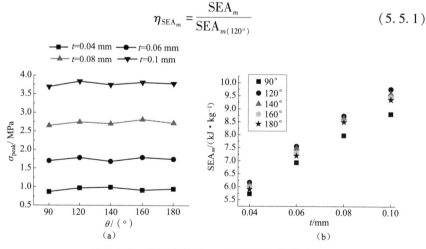

图 5.5.3　胞元夹角对 σ_{peak} 和 SEA_m 的影响

（a）胞元夹角对 σ_{peak} 的影响；（b）胞元夹角对 SEA_m 的影响

式中，SEA_m 表示某一胞元夹角下蜂窝的单位质量比吸能；$SEA_{m(120°)}$ 表示胞元夹角为120°时蜂窝的单位质量比吸能。

图 5.5.4 给出了 η_{SEA_m} 与胞元壁厚之间的关系图。由图可知，随着胞元夹角的增大，双筋加强蜂窝的 η_{SEA_m} 值先增大后减小，且当胞元夹角范围在120°～180°时，其 η_{SEA_m} 值下降趋势不明显。对于不同胞元厚度的双筋加强蜂窝，η_{SEA_m} 的变化特性几乎相同。通过以上研究发现，胞元夹角的较优选择为120°。

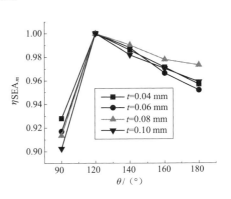

图 5.5.4　相对比吸能与胞元夹角的关系

5.5.3　胞元厚度及边长的影响

固定筋板厚度为 $1.5t$，胞元夹角为120°，以双筋加强正六边形蜂窝为例，分析胞元边长 L 及胞元厚度 t 对其力学性能的影响。将胞元壁厚在 $0.04 \sim 0.1$ mm 均匀地取 4 个不同值，胞元边长在 $4 \sim 10$ mm 均匀地取 4 个不同值。

图 5.5.5 给出了不同蜂窝结构参数 t 和 L 对单位质量比吸能的影响。对图中结果进行分析可知，双筋加强蜂窝结构单位质量比吸能随着胞元边长的增

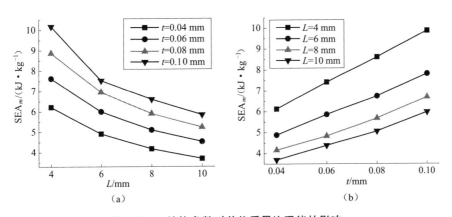

图 5.5.5　结构参数对单位质量比吸能的影响

（a）边长对单位质量比吸能的影响；（b）厚度对单位质量比吸能的影响

大而减小，随着胞元厚度的增大而增大。与之相同，根据图 5.5.6 给出的结构参数对初始峰值应力的影响可以发现，其变化趋势与单位质量比吸能的相同。

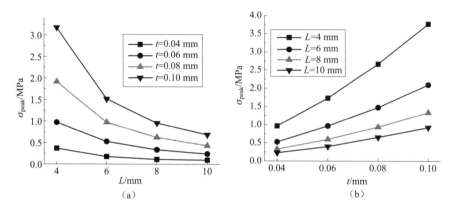

图 5.5.6　结构参数对初始峰值应力的影响

（a）边长对初始峰值应力的影响；（b）厚度对初始峰值应力的影响

胞元厚度对加筋蜂窝结构动态响应的影响表现出一定的线性化，而胞元边长的影响则表现出较强的非线性。当胞元边长从 4 mm 增为 6 mm 时，质量比吸能减小的范围为 1.31~2.64 kJ/kg，初始峰值应力的减小范围为 0.19~1.66 MPa；而当胞元边长由 8 mm 变为 10 mm 时，质量比吸能减小的范围为 0.48~0.76 kJ/kg，初始峰值应力的减小范围为 0.016~0.27 MPa，这说明胞元边长较小时，质量比吸能和初始应力峰值对胞元厚度的变化更加敏感；当胞元厚度从 0.1 mm 减小为 0.08 mm 时，质量比吸能减小的范围为 0.91~1.29 kJ/kg，初始峰值应力的减小范围为 0.39~1.12 MPa；当胞元厚度由 0.06 mm 变为 0.04 mm 时，质量比吸能减小的范围为 0.67~1.26 kJ/kg，初始峰值应力的减小范围为 0.17~0.76 MPa，这表明胞元厚度较大时，质量比吸能和初始应力峰值对胞元边长的变化更加敏感。

为了提高加筋蜂窝结构的吸能能力，建议选择胞元边长较小且胞元壁厚较大的蜂窝结构。但是无论选取何种规格的双筋加强蜂窝，冲击时产生的初始应力峰值应该限制在一定的范围内。

5.5.4 蜂窝底部约束条件的影响

蜂窝结构底端的边界约束条件也是一个重要的影响因素，图5.5.7给出了蜂窝底部被固定及底部自由约束两种情况下冲击端的应力–应变曲线。底部边界约束条件对冲击端的动态效应影响几乎可以忽略不计，冲击端的平台应力值大致相同。然而底部边界约束不同却会导致其变形模式发生一定的改变，图5.5.8给出了不同的边界条件下双筋加强正六边形蜂窝的变形模式。

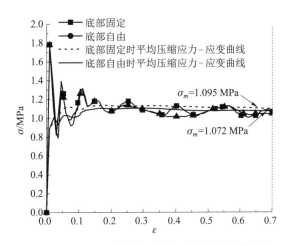

图5.5.7 不同约束条件对冲击端动态响应的影响

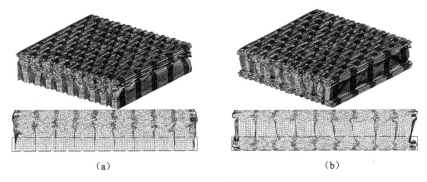

图5.5.8 底部边界条件对变形模式的影响
（a）底部固定；（b）底部自由

两种边界条件下蜂窝结构发生的都是轴向渐进屈曲变形。当蜂窝结构底部被固定时，胞壁的屈曲变形从冲击端启动，并且随着刚性板的不断下压而逐层折叠，靠近固定端几乎看不到屈曲变形。而底部自由约束的蜂窝结构在靠近固定端处也发生了胞元的折叠变形。综合以上分析，同时考虑到蜂窝结构被用作吸能材料时一般都会被安装在某一装置上，在对蜂窝结构进行轴向压缩的研究过程中，都将约束其底部的自由度。

5.5.5 撞击块质量和撞击速度的影响

尽管吸能装置中蜂窝材料的结构设计不依赖于实际应用过程中冲击端撞击块的质量及撞击速度的大小，但是二者都有可能会影响到蜂窝结构的吸能能力。研究这两个因素对蜂窝结构面外压缩动态响应特性的影响同样具有一定的意义。为了让撞击块具有足够的动能，将双筋加强蜂窝压溃，选取撞击块的质量范围为 400～600 kg。

图 5.5.9（a）给出了当冲击速度为 10 m/s 时不同质量撞击块轴向压缩下冲击端的动态响应曲线。不同质量撞击下，其冲击端的应力－应变曲线几乎没有变化，说明撞击块质量大小对结构的耐撞性能影响很小。值得一提的是，尽管撞击块质量对蜂窝结构的吸能效率几乎没有影响，但是撞击块质量越大，其在相同的冲击速度下则具有更大的冲击动能，当蜂窝缓冲装置通过其塑性变形吸收掉等量的冲击能量后，剩余的冲击动能也越大，这对被保护装置安全的威胁就越大。

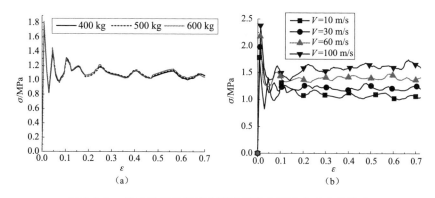

图 5.5.9 撞击块质量和撞击速度对冲击端动态响应的影响

（a）撞击块质量对冲击端动态响应的影响；（b）撞击速度对冲击端动态响应的影响

与撞击块质量变化的影响不同,图 5.5.9(b)中冲击端应力-应变曲线的变化则说明了撞击速度对蜂窝结构的动态响应影响很大。冲击速度越大,蜂窝结构冲击端的平台应力值及初始应力峰值都越大。

5.6 双筋加强蜂窝多目标优化设计

5.6.1 多目标优化问题的建立

设计者们往往希望其单位质量比吸能越大越好,所以,在耐撞性优化设计过程中,单位质量比吸能 SEA_m 将被作为一个重要的耐撞性指标。同时,为了保证缓冲设备及人员的安全,我们也希望该类缓冲装置的初始应力峰值 σ_{peak} 越小越好,这样才能使被缓冲设备或者人员所承受的过载尽可能地小。因此,为了同时满足这两个方面的设计要求,双筋加强蜂窝结构的耐撞性优化问题就成为一个典型的多目标优化问题,该多目标优化问题能够表示为:

$$\begin{cases} \max & SEA_m \\ \min & \sigma_{peak} \\ s.t. & 0.04 \text{ mm} \leq t \leq 0.1 \text{ mm} \\ & 4 \text{ mm} \leq L \leq 10 \text{ mm} \end{cases} \quad (5.6.1)$$

为了进行双筋加强正六边形蜂窝与标准正六边形蜂窝的耐撞性比较,也对常规正六边形蜂窝进行了优化设计。采用图 5.3.5 所示的耐撞性优化设计流程来求解式(5.6.1)的多目标问题。针对每一种蜂窝,为了构建其 SEA_m 和 σ_{peak} 的近似模型,我们根据 5.3.1 节中优化拉丁方法在设计变量空间内采集了 20 个样本点,每一个样本点对应了一种蜂窝构型。然后利用 5.1.1 节中的方法建立每一个样本点对应的蜂窝轴向压缩有限元模型,计算出每一个样本点对应的目标函数值,20 个样本点的变量取值及其对应的目标函数值见表 5.6.1。为验证近似模型的准确性,我们又在设计空间内选取了 10 个测试样本点,并计算出其相对应的目标函数值,见表 5.6.2。

表 5.6.1　蜂窝结构样本点及其目标函数值

序号	t/mm	L/mm	双筋加强正六边形蜂窝		标准正六边形蜂窝	
			σ_{peak}/MPa	SEA_m/(kJ·kg^{-1})	σ_{peak}/MPa	SEA_m/(kJ·kg^{-1})
1	0.049 5	4.63	1.062	6.317	0.653	4.767
2	0.065 3	10	0.484	4.719	0.298	3.562
3	0.087 4	7.79	1.105	6.266	0.680	4.729
4	0.093 7	9.05	0.972	5.972	0.598	4.507
5	0.090 5	6.21	1.658	7.236	1.020	5.461
6	0.058 9	8.11	0.574	5.031	0.353	3.797
7	0.046 3	7.47	0.455	4.668	0.280	3.523
8	0.074 7	8.42	0.774	5.549	0.476	4.188
9	0.04	8.74	0.286	3.978	0.176	3.002
10	0.081 1	9.68	0.705	5.354	0.434	4.041
11	0.043 2	5.89	0.594	5.150	0.365	3.887
12	0.096 8	4.95	2.615	8.504	1.609	6.418
13	0.068 4	4	2.170	8.073	1.336	6.093
14	0.062 1	5.26	1.222	6.581	0.752	4.967
15	0.077 9	5.58	1.565	7.129	0.963	5.381
16	0.052 6	9.37	0.387	4.390	0.238	3.313
17	0.084 2	4.32	2.626	8.571	1.616	6.469
18	0.1	7.16	1.542	7.024	0.949	5.301
19	0.071 6	6.84	1.003	6.097	0.617	4.602
20	0.055 8	6.53	0.742	5.524	0.457	4.169

表 5.6.2　10 个测试样本点及其目标函数值

序号	t/mm	L/mm	双筋加强正六边形蜂窝		标准正六边形蜂窝	
			σ_{peak}/MPa	SEA_m/(kJ·kg^{-1})	σ_{peak}/MPa	SEA_m/(kJ·kg^{-1})
1	0.04	5.32	0.619	5.243	0.381	3.957
2	0.046 7	7.34	0.475	4.738	0.292	3.576
3	0.1	8.67	1.146	6.317	0.705	4.768

续表

序号	t/mm	L/mm	双筋加强正六边形蜂窝		标准正六边形蜂窝	
			σ_{peak}/MPa	SEA$_m$/(kJ·kg^{-1})	σ_{peak}/MPa	SEA$_m$/(kJ·kg^{-1})
4	0.08	10	0.657	5.224	0.403	3.942
5	0.0532	9.33	0.398	4.429	0.245	3.343
6	0.066	4	2.057	7.931	1.265	5.985
7	0.0867	4.65	2.445	8.340	1.504	6.294
8	0.0931	6.67	1.552	7.059	0.957	5.327
9	0.0734	8.02	0.811	5.647	0.492	4.262
10	0.0667	6.84	0.902	5.885	0.556	4.441

5.6.2 优化结果与分析

根据20个样本点所得到的信息，采用5.3.2节中多项式近似模型的构建方法分别建立了蜂窝结构单位质量比吸能 SEA$_m$ 和初始应力峰值 σ_{peak} 的各阶多项式函数模型，并且根据式（5.3.11）～式（5.3.13）计算比较了这些多项式函数近似模型的均方根误差 RSME、相对误差 RE 及 R^2 值，见表5.6.3，从表中可以得到不同蜂窝结构精度最高的多项式函数阶数。

表5.6.3 蜂窝耐撞性指标近似模型精度比较

类型	参数		一阶	二阶	三阶	四阶
加筋正六边形蜂窝	SEA$_m$	RMSE	0.0648	0.0393	**0.0328**	0.0412
		R^2	0.8751	0.9475	**0.9756**	0.9772
		RE/%	-3.09~4.75	-3.21~4.29	**-2.82~1.54**	-3.21~4.73
	σ_{peak}	RMSE	0.0526	0.0329	0.0382	**0.0312**
		R^2	0.9124	0.9441	0.9238	**0.9851**
		RE/%	-2.75~4.48	-2.16~3.31	-3.53~3.84	**-1.94~3.42**

续表

类型	参数		一阶	二阶	三阶	四阶
标准正六边形蜂窝	SEA_m	RMSE	0.039 2	0.028 2	**0.021 7**	0.035 8
		R^2	0.879 8	0.908 3	**0.975 6**	0.917 1
		RE/%	-4.25~4.61	-3.35~5.06	**-3.41~3.97**	-7.14~5.17
	σ_{peak}	RMSE	0.053 2	0.058 4	**0.044 1**	0.047 2
		R^2	0.906 3	0.912 8	**0.954 9**	0.932 5
		RE/%	-3.74~2.98	-2.05~4.94	**-2.37~3.57**	-2.53~4.14

图 5.6.1 给出了两类蜂窝结构耐撞性指标的响应面。从图中能够清楚地观察到随着单位质量比吸能 SEA_m 的增大，初始应力峰值 σ_{peak} 也不断地增大。相同结构参数下，加筋正六边形蜂窝的 SEA_m 和 σ_{peak} 较大。针对两类蜂窝结构的耐撞性多目标优化问题，选用 5.3.4 节中介绍的多目标粒子群算法进行计算，获得了两类蜂窝结构的目标函数 Pareto 前沿图如图 5.6.2 所示。

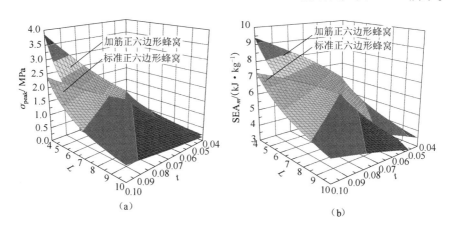

图 5.6.1 蜂窝结构耐撞性指标的响应面

（a）单位质量比吸能 SEA_m；（b）初始应力峰值 σ_{peak}

设计者们可以根据不同的设计需要，选择侧重于不同设计指标的解。两类蜂窝结构的 Pareto 值存在一个交点，在交点的左侧，当初始应力峰值 σ_{peak} 被限制在同一范围时，标准正六边形蜂窝具有较好的耐撞性能；反之，

5 加筋正六边形蜂窝舷侧防护结构面外压缩性能研究及优化设计

在交点的右侧,双筋加强正六边形蜂窝的 Pareto 值较大,说明此时当初始应力峰值 σ_{peak} 被限制在同一范围时,双筋加强正六边形蜂窝的耐撞性能更加优越。在实际应用中,若缓冲装置的最大初始应力 σ_{peak} 不得超过 1.21 MPa[169,170],那么满足要求的最优设计点如图 5.6.2 中的实心点所示,双筋加强正六边形蜂窝的单位质量比吸能 SEA_m 最大,其相应的结构

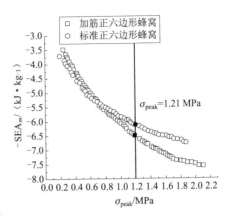

图 5.6.2 两种蜂窝结构的 Pareto 前沿图

参数见表 5.6.4。与此同时,我们建立了优化设计点对应的两种蜂窝结构轴向压缩的有限元仿真模型,表 5.6.4 给出了通过 LS-DYNA 计算得到的 SEA_m 和 σ_{peak} 值,通过比较发现响应面近似模型和有限元仿真分析得到的最优点处的结构响应值误差均小于 5%,进一步说明了近似模型的准确性。

表 5.6.4 两类蜂窝结构优化结果

类型	最优结构参数	数值	SEA_m /(kJ·kg^{-1})	σ_{peak} /MPa
加筋正六边形蜂窝	$t=0.069$ mm $L=5.948$ mm	近似模型值	6.492	1.192
		有限元仿真值	6.304	1.148
		RE/%	-2.89	-3.69
标准正六边形蜂窝	$t=0.081$ mm $L=4.452$ mm	近似模型值	6.109	1.202
		有限元仿真值	5.964	1.163
		RE/%	-2.37	-3.24

5.7 小结

基于传统的标准正六边形蜂窝夹层板,本章首先建立了单筋加强正六边形蜂窝夹层板和双筋加强正六边形蜂窝夹层板的有限元模型,研究发现,对正六边形蜂窝夹层板的加筋处理能提高其承载水平和吸能能力。筋板壁厚是

影响加筋蜂窝夹层板力学特性的一个关键因素，其与基础蜂窝芯层存在着筋胞壁厚匹配效应的问题，并且存在着明显的加筋板厚"分离点"。当蜂窝夹芯层所加筋板小于一定厚度时，蜂窝夹层板受面外冲击载荷作用时，平台区域完整且变化平缓，而随着筋板壁厚的不断增加，夹层板响应特性发生突变，平台区域波动较为明显。为研究筋胞壁厚匹配效应，直观地比较了加筋夹层板的吸能特性并采用等效表观密度的处理方法，结果表明，2.0倍厚及1.5倍厚分别是单筋加强蜂窝夹层板和双筋加强蜂窝夹层板的"分离点"。对加筋类型夹层板的设计应落在分离点以内，以确保蜂窝芯层稳定的承载能力和吸能贡献，超出该厚度比例的加筋类型夹层板，其吸能效果将受到影响。

其次，为了得到最优的蜂窝夹层板结构，我们采用响应面近似模型及单目标粒子群算法对两种蜂窝夹层板进行了单目标优化设计。分别将单位质量比吸能及单位体积比吸能作为优化目标，把蜂窝结构的胞元壁厚、胞元边长及上下面板的厚度作为优化变量。

最后，针对双筋加强蜂窝，研究部分参数对其力学性能的影响，并且采用响应面近似模型与多目标粒子群算法对双筋加强蜂窝及标准正六边形蜂窝进行了多目标优化设计。将蜂窝的单位质量比吸能及初始应力峰值作为优化目标，把蜂窝结构的胞元壁厚及胞元边长作为优化变量。根据优化得到的Pareto前沿图可知，当蜂窝的缓冲应力被限制在同一水平时，双筋加强蜂窝具有较好的耐撞性能。

6 新型蜂窝舷侧防护结构面外压缩应力计算及耐撞性优化设计

早在20世纪60年代，McFarland[121]就提出了计算正六边形蜂窝轴向准静态平均压缩应力的半经验公式；Gibson等[12]对面外载荷和复合载荷（面外载荷+面内载荷）作用下的六边形蜂窝的力学行为进行了大量工作，推导了蜂窝屈服和压缩应力的计算公式；De Oliverira等[122]、Wierzbicki等[123,124]运用了超折叠单元理论计算出了薄壁结构受轴向静态和动态载荷作用下的平均压缩应力；Abramowicz等[125,126]及Langseth等[128]试验验证了这些理论计算公式的准确性；Wu等[129]将蜂窝结构准静态轴向压缩试验值与基于Wierzbicki[123]的理论值进行了比较，他们发现理论预测值低于试验值；Mahmoudabadi等[130-132]充分考虑了结构压缩过程中的细观变化，并进一步改进了Wierzbicki的超折叠单元理论。

Chen等[15]提出了简化超折叠单元理论，并分别对单胞、双胞和三胞方管的轴向准静态平均压缩应力进行了求解，并且通过有限元法验证了该理论的正确性；罗昌杰等[133,134]基于Tresca准则推导了正六边形蜂窝材料在异面压缩下的平均压缩应力理论模型，并通过一系列的试验验证了模型的正确性；李萌等[140]基于六边形蜂窝结构的对称性，提取"Y"形蜂窝胞元对蜂窝结构异面力学特性进行分析，并且基于简化超折叠单元理论和弹性力学理论，建立服从屈雷斯佳屈服准则和米塞斯屈服准则的六边形蜂窝结构异面准静态压缩平均应力和峰值应力的理论计算模型，并通过试验验证了理论分析模型的正确性，为腿式着陆器用蜂窝结构缓冲装置的设计提供理论依据；基于试验数据及现有的理论计算模型，Bai等[141]提出了一个新的理论模型来预测六边形蜂窝受轴向压缩载荷时的平均压缩应力；Zhang等[151,152]也给出了六边形蜂窝在轴向冲击下力学行为的分析结果，并且和试验进行了比较，其分析过程中考虑了剪切载荷的影响,但是并没有考虑应变率的影响;尹汉锋等[155]运用超折叠单元理论对几种胞元构型的蜂窝材料轴向压缩应力进行求解,进而对其耐撞性进行优化设计;Alavi Nia 等[157]通过试验和数值仿真研究了含相同规格及不同规格胞元的多胞方管力学特性,并对 Zhang 等[151]提出来的公式进行了修改;Tran 等[158,159]运用简化超折叠单元理论计算了多胞方管、三角形薄壁管及角单元结构的轴向压缩力。

第 5 章对 Hexcel 公司等[171]国外蜂窝制造企业推出的新型加筋形式蜂窝进行了面外压缩性能的研究。为提高传统构型(正六边形、圆形、三角形、正方形等)蜂窝的吸能能力,国内外许多学者还对其他一些新型蜂窝结构产生了兴趣[172,174]。而当前的研究工作主要集中在发现新的蜂窝构型、预测其准静态力学性能及解释其变形机制上,对实际应用中其用作吸能装置材料时受面外冲击载荷下的压缩应力计算尚缺乏了解。

本章基于能量守恒原理,运用超折叠单元理论对双筋加强正六边形蜂窝(RRH – H)、四边手性胞元蜂窝(TC – H)、弯曲胞元蜂窝(BC – H)这 3 种新型蜂窝结构受轴向压缩下的平均压缩应力理论模型进行了求解,进而对其进行了耐撞性优化设计,从而为新型蜂窝构型面外缓冲吸能构件的设计提供指导。

6.1 超折叠单元理论

超折叠单元理论是由 Wierzbicki 和 Abramowicz[124-126]提出,用来分析薄壁结构受轴向压缩下坍塌行为的理论模型。该类薄壁结构主要的构成元素是角单元,角单元的角度可以是直角、锐角或钝角。Wierzbicki 和 Abramowicz 对超折叠单元理论做了如下假定:① 结构中只含有平面单元;② 假设超折叠单元所在结构的材料为理想刚塑性材料,塑性流动应力为 σ_0;③ 每一次折叠变形过程中,超折叠单元所在结构的局部折叠波长均相等,都为 $2H$;④ 在整个压缩过程中,超折叠单元所在结构的边界约束条件和对称边界条件使塑性铰线在结构材料内移动。结构受到的外力压缩做功转化成了结构的塑性变形能,结构的每一次折叠变形过程即是一个超折叠单元的完全压缩。

Wierzbicki 和 Abramowicz 认为超折叠单元在整个压缩变形过程中，如图 6.1.1 所示。

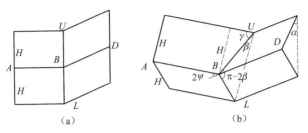

图 6.1.1 超折叠基本单元吸能示意图

系统的载荷 - 位移曲线和平均载荷的求解均是基于系统能量平衡来进行的。系统的瞬时能量平衡则是根据外力做功速率与内能耗散率相等来体现，一段时间内系统的能量平衡是通过这段时间的外力做功与内能耗散的相等来体现，显然通过对前一平衡式求积分可以得到后一平衡式。

根据瞬时能量平衡，有：

$$P \cdot \dot{\delta} = \dot{E}_{\text{int}} = \dot{E}_1 + \dot{E}_2 + \dot{E}_3 \tag{6.1.1}$$

在单个折叠层压缩的整个时间段内，根据能量守恒定理，有：

$$P_m \cdot 2H = E_{\text{int}} = E_1 + E_2 + E_3 \tag{6.1.2}$$

式中，P 是瞬时作用力；$\dot{\delta}$ 为上下边界距离的减小速度；P_m 为平均压缩力；$2H$ 为超折叠单元的折叠波长；E_{int} 为超折叠单元在折叠过程中所产生的塑性变形耗散能；$\dot{E}_1$、$\dot{E}_2$、$\dot{E}_3$、$\dot{E}_{\text{int}}$ 则分别是对应的能量耗散率。

根据文献 [124]，E_1、E_2、E_3 的大小分别为：

$$E_1 = 4HbN_0 I_1(\psi_0)/t \tag{6.1.3}$$

$$E_2 = \pi M_0 C \tag{6.1.4}$$

$$E_3 = 4M_0 I_3(\psi_0) H^2/b \tag{6.1.5}$$

$$I_1(\psi_0) = \frac{\pi}{(\pi - 2\psi_0)\tan\psi_0} \int_0^{\frac{\pi}{2}} \cos\alpha \left[\cos\psi_0 - \cos\left(\psi_0 + \frac{\pi - 2\psi_0}{\pi}\beta\right) \right] d\alpha \tag{6.1.6}$$

$$I_3(\psi_0) = \int_0^{\frac{\pi}{2}} \frac{1}{\tan\psi_0} \left(\frac{\cos\alpha}{\sin\gamma}\right) d\alpha \tag{6.1.7}$$

式中，ψ、α、β 和 γ 为图 6.1.1（b）所示的几何夹角参数；ψ_0 为结构变形前 ψ 的取值，若薄壁结构为矩形管，则 $2\psi_0 = \pi/4$；b 为变形区域中环形曲面的半径；t 为薄壁厚度；C 为水平铰线的长度，对于截面为 $a_1 \times a_2$ 的矩形管，$C = (a_1 \times a_2)/2$；$M_0 = \sigma_0 t^2/4$，为全塑性弯矩，对于幂指强化材料，在考虑应变强化效应情况下，其塑性流动应力可以近似地根据能量等效应力取为[126]：

$$\sigma_0 = \sqrt{\frac{\sigma_y \sigma_u}{1+n}} \qquad (6.1.8)$$

其中，σ_y 和 σ_u 分别为材料屈服强度和极限强度；n 为材料应变强化指数。将式（6.1.3）～式（6.1.5）代入方程式（6.1.2），可以得到如下形式的表达式：

$$\frac{P_m}{M_0} = A_1 \frac{b}{t} + A_2 \frac{C}{H} + A_3 \frac{H}{b} \qquad (6.1.9)$$

其中，系数 A_1、A_2、A_3 是关于几何参数 α、β、γ、ψ_0 的函数，针对具体的问题，这些参数的取值有所差异且函数表达式比较复杂，详细的定义和推导可参考文献［124］。

在结构压缩过程中，结构将以最容易溃变的方式发生变形（即以最小的轴向平均压缩力发生变形）。由式（6.1.9）可知，平均压缩力 P_m 实际上是变量 b 和 H 的函数。根据 P_m 最小可得：

$$\frac{\partial P_m}{\partial H} = 0, \quad \frac{\partial P_m}{\partial b} = 0 \qquad (6.1.10)$$

通过计算可以得到：

$$b = \sqrt[3]{A_2 A_3 / A_1^2} \sqrt[3]{Ct^2} \qquad (6.1.11)$$

$$H = \sqrt[3]{A_2^2/(A_1 A_3)} \sqrt[3]{C^2 t} \qquad (6.1.12)$$

将式（6.1.11）～式（6.1.12）代回方程（6.1.9），可得：

$$\frac{P_m}{M_0} = 3\sqrt[3]{A_1 A_2 A_3}\sqrt[3]{C/t} \qquad (6.1.13)$$

这样即可求得薄壁结构的平均压缩力 P_m。此时有 $E_1 = E_2 = E_3$，即塑性耗散能中有 2/3 是由静态塑铰线和移动塑铰线弯曲变形耗散的，有 1/3 是由环形区发生延展性变形耗散的。

6 新型蜂窝舷侧防护结构面外压缩应力计算及耐撞性优化设计

Wierzbicki 和 Abramowicz 运用该超折叠单元理论求解得到边长为 a、壁厚为 t 的方管的准静态轴向平均压缩力为:

$$P_m = 9.56\sigma_0 a^{1/3} t^{5/3} \qquad (6.1.14)$$

由于实际压缩过程中压缩距离不可能达到 $2H$,通常假设有效的压缩距离为 $0.73 \times 2H$,Wierzbicki 和 Abramowicz[126] 对公式(6.1.14)进行了修正:

$$P_m = 13.06\sigma_0 a^{1/3} t^{5/3} \qquad (6.1.15)$$

6.2 简化超折叠单元理论

为了将简化的超折叠单元理论应用到多胞管截面,Chen 和 Wierzbicki[150] 采用了一种简化的超折叠单元理论。在该简化理论模型中,基本折叠单元不再是 6.1 节中提到的由梯形面、圆柱面、圆锥面、环形面及移动塑铰线构成的角单元,而是由 3 个延展性三角形单元和 3 条静态塑铰线组成的一块翼缘板。图 6.2.1 所示为简化的超折叠单元的整体变形图。图 6.2.2 为简化超折叠单元的延展单元及塑性铰线。

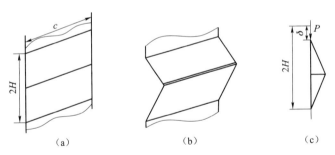

图 6.2.1 简化的超折叠单元的整体变形图

(a) 变性前;(b) 变形后;(c) 侧面变形

如图 6.2.2 所示,超折叠单元在变形后,采用阴影区表示在其角线附近形成的 3 个延展性单元,上、下 2 个三角形为受压单元,中间的三角形为受拉单元。3 条静态塑铰线分别位于板的上部、中部和下部,相应的旋转角分别为 θ、2θ 和 θ。与上一节类似,根据系统能量守恒,有:

$$P \cdot \dot{\delta} = \dot{E}_b + \dot{E}_m \qquad (6.2.1)$$

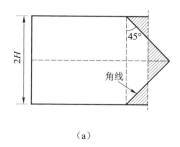 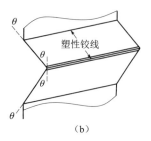

（a） （b）

图 6.2.2　简化的超折叠单元的延展单元与静态塑性铰线

（a）延展单元；（b）塑性铰线

式中，P 表示轴向瞬态冲击力；$\dot{\delta}$ 表示轴向位移速率；$\dot{E}_b$、$\dot{E}_m$ 分别为水平塑性铰线弯曲变形和延展三角形单元薄膜变形的能量耗散率。

在整个压缩过程中，对一个折叠波长范围内积分可以得到：

$$P_m \cdot 2H = E_b + E_m \quad (6.2.2)$$

其中，弯曲变形能 E_b 可通过累计各条静态塑铰线处的能量耗散求得。对于单个翼缘板，共有 3 条塑性铰，因此，其弯曲变形能表示为：

$$E_b = \sum_{i=1}^{3} M_0 \theta_i C \quad (6.2.3)$$

其中，C 为每条塑性铰的长度；θ_i 为每条塑性铰的旋转角度。为了简化起见，假使轴向压缩距离为 $2H$，则单个翼缘板被完全压平，此时 3 条塑性铰线的旋转角度分别为 $\pi/2$、π 和 $\pi/2$。因此有：

$$E_b = 2\pi M_0 C \quad (6.2.4)$$

单个波长压缩范围内所耗散的薄膜变形能 E_m 可以通过对拉伸和压缩区域的面积积分求得，即图 6.2.2（a）中阴影部分的面积：

$$E_m = \int_s \sigma_0 t \mathrm{d}s = \frac{1}{2}\sigma_0 t H^2 \quad (6.2.5)$$

将式（6.2.4）和式（6.2.5）代入式（6.2.2）可以得到平均压缩载荷 P_m：

$$\frac{P_m}{M_0} = \frac{H}{t} + \pi \frac{C}{H} \quad (6.2.6)$$

然而，在实际结构中，折叠单元的压缩距离不可能完全达到 $2H$，Wierzbicki 和 Abramowicz[124-126] 研究发现，折叠单元的有效压缩距离一般为 $2H$ 的 70%～75%，因此，在下面的计算中选取有效压缩距离为 $0.75 \times 2H$，这样式（6.2.6）可写为：

$$\frac{P_m}{M_0} = \frac{4}{3}\left(\frac{H}{t} + \pi\frac{C}{H}\right) \qquad (6.2.7)$$

若某薄壁结构中含有 N 个简化的超折叠单元，其平均压缩力可以通过对 N 个超折叠单元压缩力进行求和得到，则有：

$$\frac{P_m}{M_0} = \frac{4}{3}\sum_{i=1}^{N}\left(\frac{H}{t} + \pi\frac{C}{H}\right) = \frac{4}{3}\left(\frac{NH}{t} + \frac{\pi l}{H}\right) \qquad (6.2.8)$$

其中，l 为 N 个简化的超折叠单元长度之和，也即薄壁结构的截面周长。

结构在压缩过程中常常以最容易溃变的方式发生变形，这样结构以最小的轴向平均压缩应力发生变形，根据式（6.2.8），平均压缩力 P_m 实际上是变量 H 的函数，根据 P_m 最小，可得：

$$\frac{\partial P_m}{\partial H} = 0 \qquad (6.2.9)$$

将式（6.2.8）代入式（6.2.9）中可求得：

$$H = \sqrt{\pi l t / N} \qquad (6.2.10)$$

将式（6.2.10）代入式（6.2.8）中可得：

$$P_m = \frac{2}{3}\sigma_0 t\sqrt{\pi NA} \qquad (6.2.11)$$

其中，A 为薄壁结构的净截面面积。

对于图 6.2.3（a）所示的边长为 a 的双胞方管，其包含的简化超折叠单元个数为 $N=14$，结构的净截面面积 $A=5at$，Chen 和 Wierzbicki 根据式（6.2.11）求得该双胞结构管的平均压缩力为：

$$P_m = 9.89\sigma_0 a^{1/2} t^{3/2} \qquad (6.2.12)$$

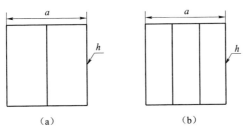

图 6.2.3　多胞方管截面图

（a）双胞管；（b）三胞管

同理，Chen 和 Wierzbicki 对图 6.2.3（b）所示三胞管（$N = 20$，$A = 6at$）的平均压缩力进行计算得到：

$$P_m = 12.94\sigma_0 a^{1/2} t^{3/2} \qquad (6.2.13)$$

6.3 基于简化超折叠单元法的轴向压缩应力计算

6.3.1 双筋加强正六边形蜂窝轴向压缩应力理论计算

对于双筋加强正六边形蜂窝结构，其截面如图 6.3.1 所示，在胞壁间黏结不同厚度的铝板，从而改善其性能。由于筋板壁厚与胞壁厚度存在一定的匹配效应，本节所研究的加强正六边形蜂窝的加强筋厚度与胞壁厚度相等。该蜂窝结构由许多图中阴影部分包含的"三叉戟"形结构组成。图 6.3.2 给出了"三叉戟"形结构轴向压缩折叠过程的变形图。

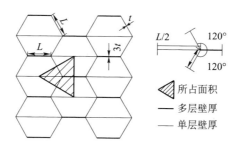

图 6.3.1 双筋加强正六边形蜂窝几何构型

该"三叉戟"形基本折叠单元可以看作是 4 个平面基本折叠单元组成，其中一个面的厚度为 $3t$，另外 3 个面的厚度为 t。由 6.2 节对简化超折叠单元法的介绍可知，对于单个的平面基本折叠单元，

$$E_m = \int_s \sigma_0 t \mathrm{d}s = \frac{1}{2}\sigma_0 t H^2 \qquad (6.3.1)$$

因此，对于"三叉戟"形基本折叠单元，其 4 个平面基本折叠单元的总薄膜变形能 E_{m-RRH} 可由下式计算得出：

$$E_{m-RRH} = 3\int_s \sigma_0 t \mathrm{d}s + \int_s \sigma_0 (3t) \mathrm{d}s = 3\sigma_0 t H^2 \qquad (6.3.2)$$

6 新型蜂窝舷侧防护结构面外压缩应力计算及耐撞性优化设计

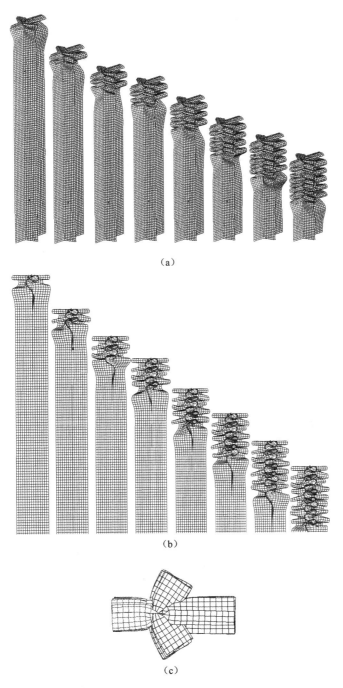

图 6.3.2 双筋加强正六边形蜂窝变形图

根据公式（6.2.3）可以计算得出"三叉戟"形基本折叠单元水平塑性铰线所耗散的能量。如图 6.3.3 所示，对于"三叉戟"形基本折叠单元，它包含 8 条长度为 $L/2$、塑性弯矩 $M_0 = \sigma_0 t^2 / 4$ 的水平塑性铰线（图中粗实线条所示），4 条长度为 L、塑性弯矩 $M_0 = \sigma_0 t^2 / 4$ 的水平塑性铰线（图中细长划线条所示），4 条长度为 $L/2$、塑性弯矩 $M_0 = \sigma_0 (3t)^2 / 4$ 的水平塑性铰线（图中点画线所示），每一条水平塑性铰线的旋转角度为 $\pi/2$。因此，"三叉戟"形基本折叠单元的塑性铰耗散能量可通过下式计算：

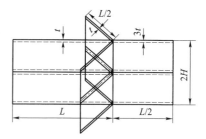

图 6.3.3 "三叉戟"形基本折叠单元中的水平塑性铰线

$$E_{b-RRH} = \frac{\pi}{2} \left[8 \times \frac{L}{2} \cdot \frac{\sigma_0 t^2}{4} + 4 \times L \frac{\sigma_0 t^2}{4} + 4 \times \frac{L}{2} \cdot \frac{\sigma_0 (3t)^2}{4} \right] = \frac{13}{4} \pi \sigma_0 t^2 L$$

(6.3.3)

当双筋加强蜂窝受到轴向压缩时，根据能量守恒原理可得：

$$q_{c-RRH} \delta_e 2H = E_{\sigma-RRH} + E_{m-RRH} = \frac{13}{4} \pi \sigma_0 t^2 L + 3\sigma_0 t H^2 \quad (6.3.4)$$

式中，q_{c-RRH} 为双筋加强蜂窝的轴向准静态平均压缩力；δ_e 为有效压缩比例。Wierzbicki 和 Abramowicz 发现薄壁结构的有效压缩距离一般为 70%～75%，为了方便计算，在下列推导中取为 75%。

对公式（6.3.4）进行化简可得：

$$q_{c-RRH} = \frac{2}{3H} \left(\frac{13}{4} \pi \sigma_0 t^2 L + 3\sigma_0 t H^2 \right) = \frac{13}{6H} \pi \sigma_0 t^2 L + 2\sigma_0 t H \quad (6.3.5)$$

根据准静态压缩过程中的能量最低原理可得 $\partial P_m / \partial H = 0$，对上式求导可得：

$$H = \sqrt{\frac{13 \pi t L}{12}} \quad (6.3.6)$$

将式（6.3.6）代入式（6.3.5），可得：

$$q_{c-RRH} = \frac{2\sqrt{39\pi}}{3} \sigma_0 t^{3/2} L^{1/2} \quad (6.3.7)$$

而双筋加强正六边形蜂窝的"三叉戟"形基本折叠单元所占的面积 S（图 6.3.1 中阴影部分面积）为：

$$S = 3\sqrt{3}L^2/4 \tag{6.3.8}$$

所以双筋加强正六边形蜂窝的轴向准静态平均压缩应力为:

$$\sigma_{m-RRH} = q_{c-RRH}/S = \frac{8\sqrt{13\pi}}{9}\sigma_0\left(\frac{t}{L}\right)^{3/2} \tag{6.3.9}$$

6.3.2 四边手性胞元蜂窝轴向压缩应力理论计算

对于四边手性胞元蜂窝结构,其几何构型如图6.3.4所示。

图6.3.5给出了该蜂窝结构的变形模式图。从四边手性胞元蜂窝的基本折叠单元及其变形模式图中可以看出,该基本折叠单元可以看作是1个圆柱管和4个附加平面单元的组合。

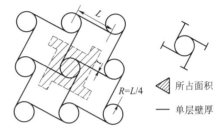

图6.3.4 四边手性胞元蜂窝几何构型

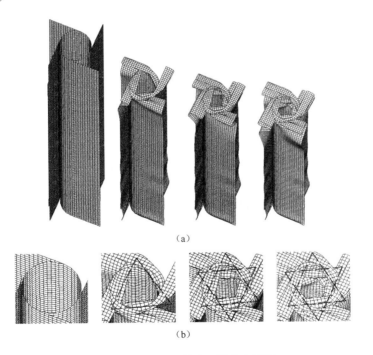

图6.3.5 四边手性胞元蜂窝变形图

在四边手性胞元蜂窝变形过程中，圆柱管表现为轴向与环向同时出现波纹的非轴对称屈曲模式，并且屈曲并不是无规律的，它以一定的叠缩单元重复出现，只是每个叠缩单元之间有一定的扭转角。这种屈曲模式除发生轴向屈曲外，在环向截面也会由对称屈曲模式的圆形变为规则的三角形形状。一个圆柱壳基本叠缩单元变形所耗散的能量主要由3个部分组成，即轴向弯曲变形能 E_1、环向弯曲变形能 E_2 及伸张变形能 E_3。

圆柱管压缩发生非轴对称屈曲大变形时，管壁将沿三角形各边轴向折叠在一起，不考虑弹性变形影响，轴向弯曲变形能全部由各边上的塑性铰弯曲变形能组成。变形模式与轴对称屈曲的相同，如图6.3.6所示。从而可得轴向弯曲变形能为：

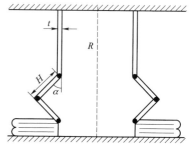

图 6.3.6　理想轴对称压缩变形模式

$$E_1 = 4M_0 \cdot \frac{\pi}{2} \cdot C \qquad (6.3.10)$$

其中，$M_0 = \sigma_0 t^2/4$，为管壁沿三角形各折叠边单位长度的弯曲塑性极限弯矩；C 为环向塑性铰的总长度，即为三角形的周长。忽略变形时管壁的影响，假设变形是理想的，即变形后三角形的周长应该等于变形前圆管的周长，即

$$C = 2\pi R \qquad (6.3.11)$$

将式（6.3.11）代入式（6.3.10），则可得：

$$E_1 = \sigma_0 \pi^2 R t^2 \qquad (6.3.12)$$

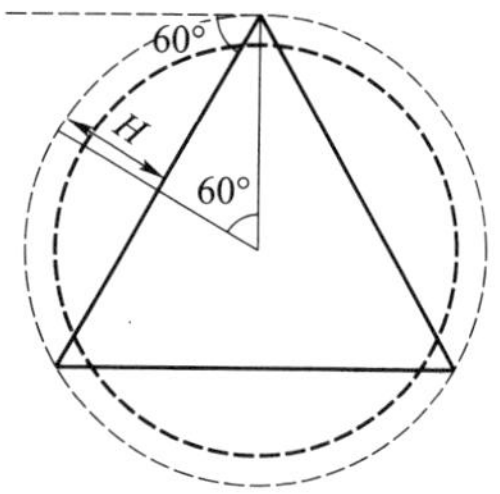

图 6.3.7　环向屈曲变形
简化示意图

图 6.3.7 为环向屈曲变形简化示意图。图中内圆表示压缩变形前的圆管，外圆表示变形后三角形折叠单元的外接圆。三角形的周长和未变形的圆管周长相等，根据其几何特征关系，即

$$\frac{1}{2} \times \frac{2\pi R}{3} = 2H \cdot \sin 60° \qquad (6.3.13)$$

通过上式可得半折叠波长：

$$H = \frac{\sqrt{3}\pi R}{9} \tag{6.3.14}$$

管壁发生环向弯曲屈曲时，圆管管壁平均分成 3 段圆弧，3 段圆弧逐渐伸展为三角形的 3 条边，并且每两段圆弧之间的夹角由原来的 π 逐渐弯曲折叠为 $\pi/3$，此过程中消耗的能量即为弯曲变形能 E_2。同时，由于圆弧段长度大于直线长度，三角形的 3 个顶点将在展平过程中向外移动，如图 6.3.7 所示。环向屈曲变形能由三角形顶点处的塑性铰弯曲变形产生，则每个塑性铰的长度为 $\sqrt{3}\pi R/9$，忽略弹性变形影响，则每个折叠单元产生的环向屈曲变形能为：

$$E_2 = 6 \cdot M_0 \cdot \frac{\pi}{3} \cdot \frac{\sqrt{3}\pi R}{9} = \frac{\sqrt{3}}{18}\sigma_0 \pi^2 R t^2 \tag{6.3.15}$$

由图 6.3.5 有限元模型模拟结果可以看出，塑性铰部分圆管的轴向屈曲变形并非按图 6.3.6 所示的形式变形，而是沿轴向被压缩，并向外凸起，压缩距离与图 6.3.7 所示棱边部分相同，凸出位移等于图 6.3.7 中顶点向外的径向位移，则轴向伸张变形能主要由圆管压缩变形所耗散的能量组成。

假设图 6.3.6 中圆管被压缩一个微小的位移，则 α 角也会产生一个微小增量 $d\alpha$，被压缩部分管壁平均应变为：

$$\frac{2H\cos\alpha - 2H\cos(\alpha + d\alpha)}{2H\cos\alpha} = \tan\alpha \cdot \sin d\alpha \approx \tan\alpha \cdot d\alpha \tag{6.3.16}$$

则轴向伸张变形能为：

$$E_3 = 3\int dE_3 = 3\int_0^{\pi/2} \sigma_0 \tan\alpha \cdot \lambda t \cdot 2H\cos\alpha \cdot d\alpha = \frac{8\sqrt{3}}{3}\sigma_0 \pi R t^2 \tag{6.3.17}$$

式中，λ 为塑性铰环向长度，取 $\lambda = 4t$。

因此，圆管部分受轴向压缩发生非轴对称屈曲时，一个叠缩单元所吸收的总能量为：

$$E_{\text{circular}} = E_1 + E_2 + E_3 = \sigma_0 \pi^2 R t^2 + \frac{\sqrt{3}}{18}\sigma_0 \pi^2 R t^2 + \frac{8\sqrt{3}}{3}\sigma_0 \pi R t^2 = \left(\frac{\sqrt{3}+18}{18}\pi + \frac{8\sqrt{3}}{3}\right)\sigma_0 \pi R t^2 \tag{6.3.18}$$

根据公式（6.2.3），4个附加平面基本折叠单元的塑性铰耗散能量可通过下式计算：

$$E_{b-TC} = 4 \times \frac{\pi}{2} \times 4 \times \frac{L}{2} \cdot \frac{\sigma_0 t^2}{4} = \pi \sigma_0 t^2 L \quad (6.3.19)$$

假定每一个附加平面有着相同的变形模式，则4个附加平面基本折叠单元总薄膜变形能为：

$$E_{m-TC} = 4E_m = 2\sigma_0 t H^2 \quad (6.3.20)$$

将公式（6.3.14）代入上式，可得：

$$E_{m-TC} = \frac{2}{27}\sigma_0 \pi^2 R^2 t \quad (6.3.21)$$

当四边手性胞元蜂窝受到轴向压缩时，根据能量守恒原理可得：

$$q_{c-TC} \delta_e 2H = E_{b-TC} + E_{m-TC} + E_{\text{circular}}$$
$$= \pi \sigma_0 t^2 L + \frac{2}{27}\sigma_0 \pi^2 R^2 t + \left(\frac{\sqrt{3}+18}{18}\pi + \frac{8\sqrt{3}}{3}\right)\sigma_0 \pi R t^2$$
$$(6.3.22)$$

式中，q_{c-TC} 为四边手性胞元蜂窝的轴向准静态平均压缩力。将公式（6.3.14）及 $R = L/4$ 代入上式，化简可得：

$$q_{c-TC} = \frac{24}{\sqrt{3}\pi L}\left[\frac{1}{216}\sigma_0 \pi^2 L^2 t + \left(\frac{\sqrt{3}+18}{72}\pi + \frac{3+2\sqrt{3}}{3}\right)\sigma_0 \pi L t^2\right]$$
$$= \frac{\sqrt{3}}{27}\sigma_0 \pi L t + \left(\frac{6\sqrt{3}+1}{3}\pi + 16 + 8\sqrt{3}\right)\sigma_0 t^2 \quad (6.3.23)$$

而四边手性胞元蜂窝的基本折叠单元所占的面积 S（图6.3.4中阴影部分面积）为：

$$S = \frac{5}{4}L^2 \quad (6.3.24)$$

所以四边手性胞元蜂窝的轴向准静态平均压缩应力为：

$$\sigma_{m-TC} = q_{c-TC}/S = \left[\frac{4(6\sqrt{3}+1)}{15}\pi + \frac{64}{5} + \frac{32\sqrt{3}}{5}\right]\sigma_0 (t/L)^2 + \frac{4\sqrt{3}}{135L}\sigma_0 \pi t$$
$$(6.3.25)$$

6.3.3 弯曲胞元蜂窝轴向压缩应力理论计算

对于弯曲胞元蜂窝结构,其几何构型如图 6.3.8 所示。弯曲胞元蜂窝的基本折叠单元可分为两个圆弧段和一个垂直平面。图 6.3.9 给出了该蜂窝结构的变形模式图。从弯曲胞元蜂窝的基本折叠单元及其变形模式图中可以看出,两个圆弧段发生了非轴对称屈曲,这与 6.3.2 节中圆柱壳的变形模式一致。圆弧段以一定的叠缩单元重复出现,只是每个叠缩单元之间有一定的扭转角,圆弧在环向截面也屈曲成规则的三角形。

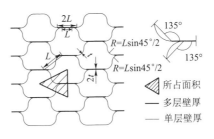

图 6.3.8 弯曲胞元蜂窝几何构型

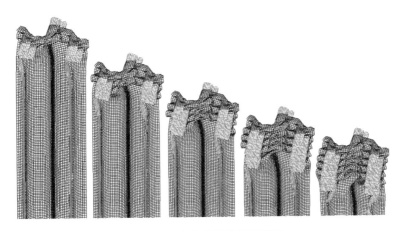

图 6.3.9 弯曲胞元蜂窝变形图

采用与分析圆柱壳轴向屈曲相同的方法,每一段圆弧轴向屈曲所耗散的能量可以看作是具有相同半径 R 的圆柱壳所耗散能量的 $1/4$,即可表示为:

$$E_{2-\text{arcs}} = 2 \times \frac{1}{4} E_{\text{circular}} = \left(\frac{\sqrt{3}+18}{36}\pi + \frac{4\sqrt{3}}{7} \right) \sigma_0 \pi R t^2 \qquad (6.3.26)$$

并且

$$H = \frac{\sqrt{3}\pi R}{9} \tag{6.3.27}$$

根据公式（6.2.3），附加平面基本折叠单元的塑性铰耗散能量可通过下式计算：

$$E_b = \frac{\pi}{2}\left[4 \times \frac{L}{2} \cdot \frac{\sigma_0 t^2}{4} + 4 \times \frac{L}{2} \cdot \frac{\sigma_0 (2t)^2}{4}\right] = \frac{5}{4}\pi\sigma_0 t^2 L \tag{6.3.28}$$

考虑到附加平面与两个圆弧段处相连接，该处的变形为非轴对称模式，则薄膜变形能为：

$$E_m = \int_s \sigma_0 t \mathrm{d}s + \int_s \sigma_0 (2t) \mathrm{d}s = \frac{3}{2}\sigma_0 t H^2 \tag{6.3.29}$$

当弯曲胞元蜂窝受到轴向压缩时，根据能量守恒原理可得：

$$q_{c-BC}\delta_e 2H = E_{2-\mathrm{arcs}} + E_b + E_m$$

$$= \left(\frac{\sqrt{3}+18}{36}\pi + \frac{4\sqrt{3}}{3}\right)\sigma_0 \pi R t^2 + \frac{5}{4}\pi\sigma_0 t^2 L + \frac{3}{2}\sigma_0 t H^2 \tag{6.3.30}$$

式中，q_{c-BC} 为弯曲胞元蜂窝的轴向准静态平均压缩力。将公式（6.3.27）及 $R = \sqrt{2}L/4$ 代入上式，化简可得：

$$q_{c-BC} = \frac{24}{\sqrt{6}\pi L}\left[\left(\frac{\sqrt{3}+18}{36}\pi + \frac{4\sqrt{3}}{3}\right)\sigma_0 \pi R t^2 + \frac{5}{4}\sigma_0 \pi t^2 L + \frac{3}{2}\sigma_0 t H^2\right]$$

$$= \frac{(\sqrt{6}+18\sqrt{2})\pi + 48\sqrt{6} + 180}{6\sqrt{6}}\sigma_0 t^2 + \frac{\sqrt{6}}{36}\sigma_0 \pi L t \tag{6.3.31}$$

而弯曲胞元蜂窝的基本折叠单元所占的面积 S（图 6.3.8 中阴影部分面积）为：

$$S = (3\sqrt{2}+2)L^2/4 \tag{6.3.32}$$

所以弯曲胞元蜂窝的轴向准静态平均压缩应力为：

$$\sigma_{m-BC} = q_{c-BC}/S$$

$$= \frac{2(\sqrt{6}+18\sqrt{2})\pi + 96\sqrt{6} + 360}{3\sqrt{6}(3\sqrt{2}+2)}\sigma_0 (t/L)^2 + \frac{\sqrt{6}}{9(3\sqrt{2}+2)L}\sigma_0 \pi t \tag{6.3.33}$$

6.4 有限元数值仿真

6.4.1 有限元模型

采用非线性显式有限元软件 ANSYS/LS – DYNA 对轴向压缩下蜂窝结构的变形过程进行数值分析。在建立计算模型时，利用 ANSYS 参数化设计语言（APDL）生成蜂窝芯的有限元模型，并运用 LS – DYNA 970 进行求解。蜂窝结构的底部被固定，另一端被刚性板以 10 m/s 的速度向下压缩。计算中所有胞壁均使用 Belytschko – Tsay 4 节点四边形壳单元进行离散，沿厚度方向采用 5 个积分点，面内采用 1 个积分点，且假定蜂窝夹芯胞壁之间的黏结不存在失效。仿真分析时，定义了蜂窝结构变形过程中自身结构的自动单面接触算法（Automatic single – surface contact algorithm）及刚性板与蜂窝结构的自动点面接触（Automatic node – to – surface contact），摩擦因子为 0.2。蜂窝结构基体材料仍选用铝合金 AA6060 T4。图 6.4.1 给出了 3 种新型蜂窝结构的有限元模型。

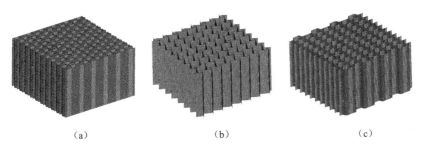

图 6.4.1　3 种新型蜂窝结构有限元模型
（a）RRH – H；（b）TC – H；（c）BC – H

6.4.2 有限元计算结果

图 6.4.2 给出了轴向冲击载荷作用下蜂窝结构变形图。3 种构型的蜂窝整体均发生了渐进轴对称变形，由于仿真过程中蜂窝底部被固定，塑性变形首先出现在靠近冲击端处，然后随着刚性板的继续下压而逐层坍塌，这与 5.5.4 节研究底部约束条件对蜂窝变形造成的影响所得出的结论一致。部分

处于边缘位置的胞元变形呈现出一定的剪切形状，而处于中间部位的蜂窝胞元由于四周胞壁的边界约束作用，基本呈现出轴向变形模式。

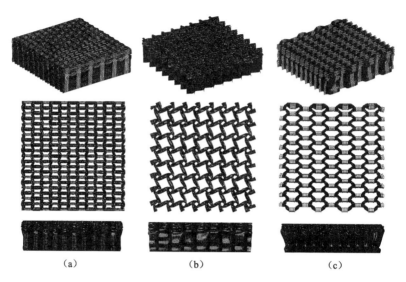

图 6.4.2　轴向压缩下蜂窝结构变形图
（a） RRH - H；（b） TC - H；（c） BC - H

6.5　轴向压缩应力理论计算验证及讨论

理论公式（6.3.9）、式（6.3.25）及式（6.3.33）对应的是准静态压缩下的蜂窝结构，并没有考虑结构的动态效应。结构的动态效应能够通过引入一个动态增强系数来考虑，主要的动态效应因素为结构应变率效应和惯性效应。由于铝合金材料是应变率不敏感材料，因此应变率效应所起到的作用几乎可以忽略不计。事实上，动态增强系数很难确定，Langseth[128]及Hanssen等[224]通过大量的试验发现，在轴向压缩的过程中，动态增强系数 λ 会随着时间而变化，加载的初始时刻增强系数较大，压缩稳定阶段其值则比较小。为了更好地得到准静态加载与动态加载之间的动态增强系数，选择部分结构参数，分别对 3 种新型蜂窝的准静态及动态加载进行有限元仿真并提取相关结果。如图 6.5.1 所示，即使对同一类型蜂窝，动态增强系数 λ 也会随着结构参数的变化而变化。总体来说，3 种新型蜂窝的动态增强系数在

1.27~1.34 内变化。为了简化计算，本书取 10 m/s 冲击速度下的动态增强系数为 1.3。因此，根据式（6.3.9）、式（6.3.25）及式（6.3.33）不难得出动态压缩载荷作用下，3 种新型蜂窝结构的动态平均压缩应力理论公式为：

$$\sigma_{m-RRH}^d = \lambda \sigma_{m-RRH} = \frac{52\sqrt{13\pi}}{45}\sigma_0 \left(\frac{t}{L}\right)^{3/2} \quad (6.5.1)$$

$$\sigma_{m-TC}^d = \lambda \sigma_{m-TC} = \left[\frac{26(6\sqrt{3}+1)}{75}\pi + 16.64 + \frac{208\sqrt{3}}{25}\right]\sigma_0(t/L)^2 + \frac{26\sqrt{3}}{675L}\sigma_0 \pi t \quad (6.5.2)$$

$$\sigma_{m-BC}^d = \lambda \sigma_{m-BC}$$
$$= \frac{13(\sqrt{6}+18\sqrt{2})\pi + 624\sqrt{6}+2340}{15\sqrt{6}(3\sqrt{2}+2)}\sigma_0(t/L)^2 + \frac{13\sqrt{6}}{90(3\sqrt{2}+2)L}\sigma_0 \pi t \quad (6.5.3)$$

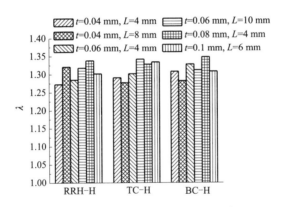

图 6.5.1　3 种新型蜂窝动态增强系数

首先对 $t=0.06$ mm，$L=4$ mm，$L=5$ mm，$L=6$ mm，$L=7$ mm，$L=8$ mm，$L=9$ mm，$L=10$ mm 的各种蜂窝轴向压缩进行了计算，并将理论值与相应的平台压缩应力有限元仿真值进行比较。从图 6.5.2 中的对比结果能够发现，数值仿真得到的结果与理论公式值变化趋势基本保持一致，且各点的数值相差不大。为进一步验证理论公式的正确性，根据 5.3.1 节中优化拉丁方法在设计变量空间内采集了 20 个样本点，每一个样本点对应了一种蜂窝构型，其结构参数见表 6.5.1。

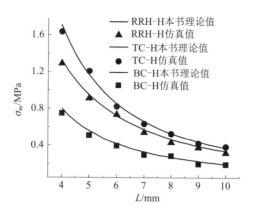

图 6.5.2　3 种新型蜂窝动态平均压缩应力

表 6.5.1　3 种新型蜂窝结构样本点及其目标函数值

序号	t/mm	L/mm	序号	t/mm	L/mm
1	0.084 2	7.16	11	0.071 6	6.53
2	0.04	7.47	12	0.093 7	6.21
3	0.062 1	9.05	13	0.055 8	6.84
4	0.068 4	7.79	14	0.065 3	4.32
5	0.052 6	8.11	15	0.096 8	8.42
6	0.074 7	10	16	0.043 2	5.89
7	0.077 9	5.26	17	0.087 4	4
8	0.1	4.95	18	0.046 3	9.37
9	0.081 1	8.74	19	0.058 9	5.58
10	0.090 5	9.68	20	0.049 5	4.63

建立所有的有限元模型，计算得出其 σ_m^d 理论值和仿真值的比较见表 6.5.2，误差分别在 -6.2% ~ 5.49%、-5.44% ~ 4.84% 及 -6.01% ~ 4.19%，处于可以接受的误差范围内，所以本书的理论计算结果具有工程应用价值，可用于指导新型蜂窝结构的轴向缓冲吸能装置设计。

表 6.5.2 3 种新型蜂窝所有样本点动态平均压缩应力比较

序号	RRH-H			TC-H			BC-H		
	有限元值/MPa	理论值/MPa	误差/%	有限元值/MPa	理论值/MPa	误差/%	有限元值/MPa	理论值/MPa	误差/%
1	1.022	0.998	2.40	0.884	0.898	-1.56	0.556	0.542	2.58
2	0.312	0.307	1.63	0.251	0.25	0.40	0.174	0.167	4.19
3	0.464	0.445	4.27	0.372	0.369	0.81	0.23	0.238	-3.36
4	0.675	0.644	4.81	0.523	0.55	-4.91	0.326	0.344	-5.23
5	0.396	0.409	-3.18	0.345	0.338	2.07	0.209	0.22	-5.00
6	0.5	0.505	-0.99	0.44	0.422	4.27	0.27	0.27	0.00
7	1.405	1.411	-0.43	1.304	1.338	-2.54	0.782	0.787	-0.64
8	2.196	2.247	-2.27	2.296	2.328	-1.37	1.341	1.326	1.13
9	0.687	0.7	-1.86	0.621	0.602	3.16	0.364	0.374	-2.67
10	0.726	0.708	2.54	0.608	0.61	-0.33	0.371	0.379	-2.11
11	0.929	0.899	3.34	0.764	0.797	-4.14	0.451	0.485	-7.01
12	1.361	1.451	-6.20	1.45	1.383	4.84	0.764	0.812	-5.91
13	0.581	0.577	0.69	0.505	0.487	3.70	0.313	0.308	1.62
14	1.417	1.455	-2.61	1.343	1.387	-3.17	0.818	0.814	0.49
15	0.926	0.965	-4.04	0.817	0.864	-5.44	0.517	0.523	-1.15
16	0.519	0.492	5.49	0.406	0.41	-0.98	0.252	0.263	-4.18
17	2.633	2.528	4.15	2.757	2.683	2.76	1.49	1.517	-1.78
18	0.275	0.272	1.10	0.215	0.222	-3.15	0.153	0.15	2.00
19	0.827	0.849	-2.59	0.727	0.747	-2.68	0.441	0.457	-3.50
20	0.837	0.865	-3.24	0.747	0.763	-2.10	0.461	0.466	-1.07

6.6 耐撞性优化设计

6.6.1 优化问题的建立

当这 3 种新型蜂窝结构用来制作缓冲吸能装置时,设计者们往往希望其单位质量的吸能量越大越好,所以,在耐撞性优化设计过程中,单位质量比吸能 SEA_m 将被作为一个重要的耐撞性指标。同时,为了保证缓冲设备及人员的安全,我们也希望该类缓冲装置的初始应力峰值 σ_{peak} 越小越好,这样才能使得被缓冲设备或者人员所承受的过载尽可能地小。因此,为了同时满足这两个方面的设计要求,新型蜂窝结构的耐撞性优化问题就成为一个典型的多目标优化问题,该多目标优化问题能够表示为:

$$\begin{cases} \max & SEA_m \\ \min & \sigma_{peak} \\ \text{s.t.} & 0.04 \text{ mm} \leq t \leq 0.1 \text{ mm} \\ & 4 \text{ mm} \leq L \leq 10 \text{ mm} \end{cases} \quad (6.6.1)$$

其中,t 和 L 分别对应图 6.3.1、图 6.3.4 和图 6.3.8 中的胞元厚度和边长。采用图 5.3.5 所示的耐撞性优化设计流程来求解式(6.6.1)的多目标问题。针对每一种新型蜂窝,为了构建其 SEA_m 和 σ_{peak} 的近似模型,采用 6.5 节中的 20 个样本点,其对应的目标函数值见表 6.6.1。为验证近似模型的准确性,又额外选取了 10 个样本点,并计算出其相对应的目标函数值,见表 6.6.2。根据 20 个样本点所得到的信息,采用 5.3.2 节中介绍的多项式函数来构建两个目标函数的近似模型。在多目标优化过程中,选用 5.3.4 节中介绍的多目标粒子群算法来获得目标函数 SEA_m 和 σ_{peak} 的 Pareto 前沿图。

表 6.6.1　3 种新型蜂窝结构样本点及其目标函数值

序号	t/mm	L/mm	RRH-H		TC-H		BC-H	
			σ_{peak}/MPa	SEA_m/(kJ·kg^{-1})	σ_{peak}/MPa	SEA_m/(kJ·kg^{-1})	σ_{peak}/MPa	SEA_m/(kJ·kg^{-1})
1	0.084 2	7.16	1.404	8.176	1.506	6.927	0.711	7.143
2	0.04	7.47	0.431	5.517	0.463	4.250	0.219	4.846
3	0.062 1	9.05	0.626	6.245	0.671	4.880	0.317	5.386
4	0.068 4	7.79	0.906	7.065	0.971	5.682	0.459	6.074
5	0.052 6	8.11	0.575	6.072	0.617	4.723	0.291	5.251
6	0.074 7	10	0.711	6.516	0.762	5.134	0.360	5.604

续表

序号	t/mm	L/mm	RRH-H σ_{peak}/MPa	RRH-H SEA$_m$/(kJ·kg^{-1})	TC-H σ_{peak}/MPa	TC-H SEA$_m$/(kJ·kg^{-1})	BC-H σ_{peak}/MPa	BC-H SEA$_m$/(kJ·kg^{-1})
7	0.0779	5.26	1.984	9.175	2.128	8.203	1.005	8.237
8	0.1	4.95	3.161	10.716	3.390	10.457	1.602	10.171
9	0.0811	8.74	0.984	7.263	1.055	5.890	0.499	6.253
10	0.0905	9.68	0.995	7.290	1.067	5.920	0.504	6.278
11	0.0716	6.53	1.264	7.895	1.356	6.595	0.640	6.858
12	0.0937	6.21	2.040	9.261	2.188	8.319	1.034	8.337
13	0.0558	6.84	0.811	6.810	0.870	5.422	0.411	5.851
14	0.0653	4.32	2.046	9.269	2.194	8.330	1.037	8.347
15	0.0968	8.42	1.357	8.084	1.455	6.817	0.688	7.048
16	0.0432	5.89	0.691	6.457	0.742	5.077	0.350	5.556
17	0.0874	4	3.555	11.145	3.813	11.146	1.802	10.762
18	0.0463	9.37	0.382	5.300	0.410	4.077	0.194	4.697
19	0.0589	5.58	1.194	7.746	1.280	6.424	0.605	6.711
20	0.0495	4.63	1.217	7.796	1.305	6.481	0.617	6.760

表 6.6.2　10 个附加样本点及其目标函数值

序号	t/mm	L/mm	RRH-H σ_{peak}/MPa	RRH-H SEA$_m$/(kJ·kg^{-1})	TC-H σ_{peak}/MPa	TC-H SEA$_m$/(kJ·kg^{-1})	BC-H σ_{peak}/MPa	BC-H SEA$_m$/(kJ·kg^{-1})
1	0.0933	8.67	1.229	7.821	1.318	6.510	0.623	6.785
2	0.0667	4.67	1.879	9.010	2.015	7.982	0.952	8.048
3	0.0867	4	3.513	11.100	3.768	11.073	1.780	10.699
4	0.08	6.67	1.446	8.257	1.551	7.025	0.733	7.227
5	0.04	8	0.389	5.331	0.417	4.101	0.197	4.718
6	0.0733	9.33	0.767	6.683	0.822	5.296	0.388	5.743
7	0.1	6	2.368	9.733	2.540	8.979	1.200	8.903
8	0.0533	10	0.428	5.504	0.459	4.239	0.217	4.837
9	0.0467	5.33	0.903	7.057	0.968	5.674	0.457	6.068
10	0.06	7.33	0.815	6.821	0.874	5.433	0.413	5.861

6.6.2 优化结果

根据 5.3.2 节中的多项式近似模型的构建方法分别建立了 3 种新型蜂窝结构单位质量比吸能 SEA_m 和初始应力峰值 σ_{peak} 的一阶到四阶多项式函数模型，并且根据公式（5.3.11）～式（5.3.13）计算并比较了这些多项式函数近似模型的均方根误差 RSME、相对误差 RE 及 R^2 值，见表 6.6.3，从表中可以得到不同蜂窝结构精度最高的多项式函数阶数。

表 6.6.3　新型蜂窝结构近似模型精度比较

类型	参数		一阶	二阶	三阶	四阶
RRH-H	SEA_m	RMSE	0.051 2	0.031 29	0.021 08	0.025 2
		R^2	0.891 8	0.968 2	0.967 1	0.982 7
		RE/%	-4.28~3.73	-3.31~4.53	-3.69~2.94	-3.11~2.73
	σ_{peak}	RMSE	0.043 7	0.032 9	0.038 2	0.031 54
		R^2	0.903 4	0.951 7	0.963 5	0.981 1
		RE/%	-3.61~3.98	-2.71~4.51	-2.53~4.14	-2.01~3.26
TC-H	SEA_m	RMSE	0.043 6	0.029 3	0.024 8	0.028 3
		R^2	0.857 8	0.945 3	0.975 6	0.957 1
		RE/%	-4.25~4.61	-3.35~5.06	-3.78~2.91	-7.14~5.17
	σ_{peak}	RMSE	0.051 2	0.035 74	0.040 6	0.034 1
		R^2	0.910 4	0.929 8	0.958 3	0.963 9
		RE/%	-3.1~2.98	-2.05~4.94	-2.53~4.14	-2.42~3.17
BC-H	SEA_m	RMSE	0.045 7	0.029 37	0.022 4	0.030 2
		R^2	0.857 9	0.945 38	0.975 6	0.911 7
		RE/%	-3.97~4.25	-2.45~5.69	-2.81~1.54	-4.14~6.17
	σ_{peak}	RMSE	0.032 8	0.043 7	0.042 2	0.035 7
		R^2	0.903 4	0.952 6	0.955 1	0.969 8
		RE/%	-3.28~2.71	-3.81~2.94	-2.53~4.14	-2.08~1.94

图 6.6.1 给出了 3 种新型蜂窝结构的 SEA_m 和 σ_{peak} 的响应面，可以看出 SEA_m 的增大也导致了 σ_{peak} 的增大。根据近似模型，采用多目标粒子群算法对式（6.6.1）的多目标优化问题进行求解，获得了 3 种蜂窝结构的目标函数 Pareto 前沿图，如图 6.6.2 所示。设计者们可以根据不同的设计需要，选

择侧重于不同设计指标的解。若由于实践中的使用要求,缓冲装置的最大初始应力 σ_{peak} 不超过 1.21 MPa[169,170],那么满足要求的最优设计点如图 6.6.2 中的实心点所示,其相应的结构参数见表 6.6.4。通过比较发现,当 σ_{peak} 被限制在不超过某一特定值时,弯曲胞元的单位质量比吸能 SEA_m 最大。与此同时,我们建立了优化设计点对应的 3 种新型蜂窝结构轴向压缩的有限元仿真模型,表 6.6.4 给出了通过 LS – DYNA 计算得到的 SEA_m 和 σ_{peak} 值,比较发现,通过响应面近似模型和有限元仿真分析得到的最优点处的结构响应值误差均小于 5%,进一步说明了近似模型的准确性。

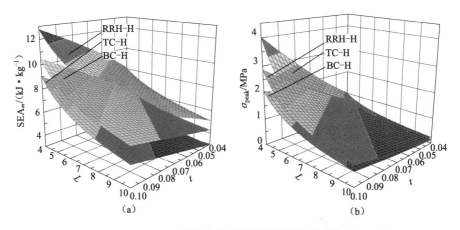

图 6.6.1　3 种蜂窝结构耐撞性指标的响应面

(a) 单位质量比吸能 SEA_m；(b) 初始应力峰值 σ_{peak}

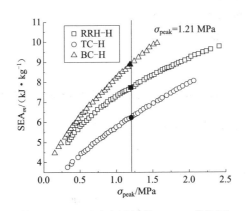

图 6.6.2　3 种蜂窝结构的 Pareto 前沿图

表 6.6.4　新型蜂窝结构优化结果

类型	优化结果	名称	$SEA_m/(kJ \cdot kg^{-1})$	σ_{peak}/MPa
RRH-H	$t = 0.065$ mm $L = 6.201$ mm	近似值	7.738	1.192
		有限元仿真值	7.513	1.148
		RE/%	-2.91	-3.69
TC-H	$t = 0.076$ mm $L = 7.651$ mm	近似值	6.238	1.204
		有限元仿真值	6.116	1.236
		RE/%	-1.95	2.65
BC-H	$t = 0.084$ mm $L = 5.572$ mm	近似值	8.873	1.185
		有限元仿真值	8.591	1.197
		RE/%	-3.18	1.02

根据表 6.6.4 中的最优结构参数，3 种最优蜂窝结构的动态平均压缩应力被进一步分析和验证，其相应的变形模式及冲击端动态响应曲线如图 6.6.3～图 6.6.5 所示。

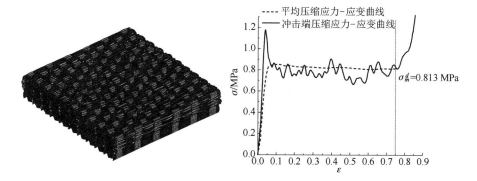

图 6.6.3　双筋加强正六边形蜂窝变形模式及动态响应曲线

对于双筋加强正六边形蜂窝，有限元仿真计算所得到的动态平均压缩应力值为 0.813 MPa，最优结构参数为 $t = 0.065$ mm，$L = 6.201$ mm，将该结构参数代入公式（6.5.1）得到：

$$\sigma_{m-RRH}^d = \frac{52\sqrt{13 \times 3.1415}}{45} \times 106 \times \left(\frac{0.065}{6.201}\right)^{3/2} = 0.839 \text{ (MPa)} \quad (6.6.2)$$

6 新型蜂窝舷侧防护结构面外压缩应力计算及耐撞性优化设计

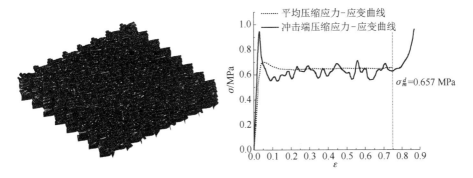

图 6.6.4 四边手性胞元蜂窝变形模式及动态响应曲线

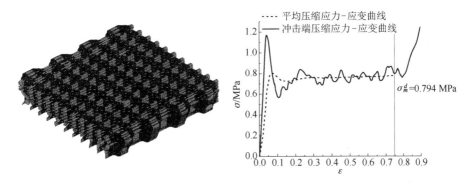

图 6.6.5 弯曲胞元蜂窝变形模式及动态响应曲线

对于四边手性胞元蜂窝，有限元仿真计算所得到的动态平均压缩应力值为 0.657 MPa，最优结构参数为 $t=0.076$ mm，$L=7.651$ mm，将该结构参数代入公式（6.5.2）得到：

$$\sigma_{m-TC}^d = \lambda\sigma_{m-TC} = \left[\frac{26\times(6\sqrt{3}+1)}{75}\times 3.1415 + 16.64 + \frac{208\sqrt{3}}{25}\right]\times 106 \times \left(\frac{0.076}{7.651}\right)^2 +$$

$$\frac{26\sqrt{3}}{675\times 7.651}\times 106 \times 3.1415\times 0.076 = 0.675(\text{MPa}) \quad (6.6.3)$$

对于弯曲胞元蜂窝，有限元仿真计算所得到的动态平均压缩应力值为 0.794 MPa，最优结构参数为 $t=0.084$ mm，$L=5.572$ mm，将该结构参数代入公式（6.5.3）得到：

$$\sigma_{m-BC}^d = \frac{13\times(\sqrt{6}+18\sqrt{2})\times 3.1415 + 624\sqrt{6} + 2340}{15\sqrt{6}\times(3\sqrt{2}+2)}\times 106 \times \left(\frac{0.084}{5.572}\right)^2 +$$

$$\frac{13\sqrt{6}}{90\times(3\sqrt{2}+2)\times 5.572}\times 106\times 3.141\,5\times 0.084=0.811\;(\text{MPa})$$

(6.6.4)

对比三种最优蜂窝结构动态平均压缩应力的理论值和仿真值,其相对误差分别为 3.1%、2.72% 和 2.09%,均小于 5%,这也表明了本书中 3 种蜂窝结构轴向压缩应力理论推导公式是正确的。

6.7 小结

本章首先以蜂窝结构的典型胞元为研究对象,运用简化超折叠单元理论推导出了双筋加强正六边形蜂窝、四边手性胞元蜂窝和弯曲胞元蜂窝这 3 种新型蜂窝结构的轴向平均压缩应力的理论公式。为了验证该理论公式的正确性,运用有限元软件建立了 3 种蜂窝结构的全尺度精细模型,并对其受轴向冲击载荷作用进行了仿真计算,结果表明,理论计算公式与有限元仿真结果能够很好地吻合。因此,本章基于简化超折叠单元理论求解出的新型蜂窝轴向压缩应力公式能够很好地指导新型缓冲吸能装置的设计,具有一定的工程应用价值。

其次,为了得到最优的蜂窝结构,我们采用响应面近似模型及多目标粒子群算法对 3 种新型蜂窝进行了优化设计。将蜂窝的单位质量比吸能及初始应力峰值作为优化目标,把各蜂窝结构的胞元壁厚及胞元边长作为优化变量。根据优化得到的 Pareto 前沿图可知,当蜂窝的缓冲应力被限制在同一水平时,弯曲胞元的耐撞性最好。

最后,针对 3 个最优的蜂窝结构,理论公式被用来验证数值仿真计算结果。动态平均压缩应力的理论值与仿真值基本一致,这进一步表明本章基于代理模型的新型蜂窝结构耐撞性优化设计及有限元数值仿真计算是可行且有效的。

7 结 束 语

7.1 全书总结

本书以国家自然科学基金青年项目为背景，为了提高舰船抗冲击性能，拟设计新型的蜂窝舷侧防护结构，一方面有效降低传递到船舱内部的应力水平，另一方面，通过其耗能尽可能多地吸收冲击能量。考虑到蜂窝结构面内与面外压缩吸能各有利弊，其面内方向压缩吸能虽有可能降低传入到被保护结构的应力水平，但是其吸能量却不及其面外方向压缩吸能。作为前期理论研究，本书主要围绕控制进入被保护结构应力值及提高蜂窝材料的能量吸收能力展开，在理论分析、试验研究和数值仿真的基础上，对铝蜂窝舷侧防护结构受面内及面外冲击载荷作用下的力学性能进行了研究，并对受面外冲击载荷作用下的蜂窝结构进行了耐撞性优化设计。本书得到的主要研究结论如下：

（1）从变形模式、动态冲击平台应力及能量吸收能力 3 个方面讨论了递变屈服强度梯度对圆形蜂窝材料面内冲击性能的影响。计算结果表明，在冲击载荷作用下，正屈服强度梯度蜂窝材料的变形模式可归纳为正置"V"形和"I"形，而负屈服强度梯度蜂窝材料的变形模式可归纳为倒置"V"形、正置"V"形和"I"形 3 种。并通过分析大量仿真结果得到变形模式转变临界速度的经验公式。低速冲击时，梯度蜂窝结构冲击端名义应力-应变曲线呈梯度变化，且平台应力值与理论值吻合较好。高速冲击时，主要受惯性影响，其平台应力值也能与理论值很好地吻合。当负梯度蜂窝材料处于正置"V"形变形模式时，其应力曲线分为两个阶段，此时理论分析值无法预测其平台应力。在高速冲击载荷作用下，当梯度蜂窝材料变形模式中只具有一个局部变形带时，一维冲击波理论同样适用。屈服强度梯度值为负时，能够降低传入到被保护结构的应力水平，达到保护结构的目的。通过调整屈服强度梯度值可有效控制能量吸收过程，当 $\theta<0$ 时，屈服强度梯度蜂窝材料以前程吸能为主；当 $\theta>0$ 时，以后程吸能为主。

（2）从变形模式、动态冲击平台应力及能量吸收能力3个方面讨论了分层屈服强度梯度对圆形蜂窝材料面内冲击性能的影响。计算结果表明，分层屈服强度梯度的变化使圆形蜂窝材料的局部变形模式发生了变化：低速冲击时，其表现为从最弱层到最强层的逐层顺序压缩；随着冲击速度的增大，各分层梯度试件的局部变形带集中在冲击端及较弱胞元层，较弱胞元层逐渐向前扩展且以较弱层变形为主；高速冲击时，则均表现为从冲击端到固定端的逐层压缩变形模式。在中低速冲击载荷作用下，分层梯度蜂窝材料的动力响应表现出分段平台特性；将较弱胞元层放置在冲击端，能够有效地降低初始压缩应力峰值，避免结构的过载破坏；将较弱胞元层放置在固定端，能够有效地降低传递到被保护结构中的应力，从而更好地保护结构。低速冲击时，屈服强度梯度变化对能量吸收没有影响；随着冲击速度的增大，调节屈服强度梯度的变化可以有效地控制材料的单位质量能量吸收能力；当冲击速度进一步增加至惯性效应起主要作用时，分层屈服强度梯度变化对能量吸收能力的影响消失。

（3）讨论了随机固体填充孔对圆形蜂窝材料面内冲击性能的影响。计算结果表明，含固体填充孔的圆形蜂窝结构与相同相对密度的规则圆形蜂窝结构具有相同的变形模式，即准静态模式、过渡模式及动态模式，但填充比对变形模式转变的临界速度有影响。当含随机固体填充孔的圆形蜂窝结构变形处于准静态模式时，冲击端平台应力曲线表现出明显的非线性，冲击速度大于由准静态变形模式向过渡模式转变的临界速度 V_{cr1} 时，平台应力 σ_p 与 V^2 呈线性关系，存在明显的速度效应。低速冲击下，含固体填充孔的蜂窝结构平台应力随孔洞填充比的增大而显著降低，导致含填充孔蜂窝结构的吸能能力下降。随着冲击速度的提高，固体填充孔的牵制效应使动态冲击的惯性效应影响增强，冲击端应力-应变曲线出现明显的应力尖峰，提高了蜂窝结构的单位质量能量吸收能力。

（4）讨论了集中填充孔缺陷对圆形蜂窝材料面内冲击性能的影响。计算结果表明，与规则圆形蜂窝结构相似，含集中填充孔缺陷的圆形蜂窝结构的变形模式也可以分为3类，即准静态模式、过渡模式及动态模式，孔洞填充比的大小及缺陷分布区域的不同对过渡模式的局部变形带有所影响。集中缺陷位于区域1、2、3的圆形蜂窝材料分别在冲击端应力-应变曲线的前程、中程、后程表现出一定的强化。蜂窝材料的平台应力随着孔洞填充比大小的增加而增加，当缺陷位于区域2时，平台应力对孔洞填充比的变化最敏感，而缺陷位于区域3时，平台应力相对不敏感于孔洞填充比的变化。随着冲击速度的增加，集中填充孔缺陷的分布对蜂窝材料冲击端平台应力的影响将减弱。集中填充孔缺陷分布区域的不同能够有效地控制冲击过程中蜂窝材料单位质量能量吸收能力，高速冲击下，填充孔集中区域靠近固定端时，蜂窝材料吸收的能量最少。

（5）讨论了集中填充孔缺陷对六边形蜂窝材料面内冲击性能的影响。计算结果表明，对于六边形蜂窝材料，在中低速冲击载荷作用下，孔洞填充比的大小及缺陷分布区域的不同对蜂窝材料的局部变形模式有着较大的影响。集中缺陷位于区域1和4、区域2和5、区域3和6的六边形蜂窝材料分别在冲击端应力-应变曲线的前程、中程、后程表现出一定的强化。集中填充孔缺陷分布区域的不同，对蜂窝材料的动态响应有较大影响。随着冲击速度的增大，惯性效应增强，集中填充孔缺陷分布不均匀性的影响相对减弱。通过引入缺陷分布不均匀性影响因子 η，发现存在一个临界速度，当冲击速度大于这个临界速度时，缺陷位置的影响可以忽略。孔洞填充比的值越大，这个临界速度的值就越大。在冲击速度相同的条件下，胞壁厚度的增加会减小缺陷及其分布区域对冲击端平台应力的影响。集中填充孔缺陷分布区域的不同，能够有效地控制冲击过程中蜂窝材料单位质量能量吸收能力。在中高速冲击载荷作用下，填充孔缺陷位于靠近冲击端时，蜂窝材料表现出更强的能量吸收能力。

（6）研究了正六边形蜂窝夹层板面外压缩力学特性。对正六边蜂窝进行了准静态压缩试验，并且运用有限元分析软件 LS-DYNA 建立了纯蜂窝结构受轴向压缩作用的有限元模型，通过与准静态压缩试验结果及已有理论公式进行对比，验证了所建有限元模型的有效性。进一步通过有限元数值模拟，对比分析了纯蜂窝结构和蜂窝夹层板结构的耐撞性能，结果表明，尽管上、下面板在轴向压缩过程中吸收的能量很少，但是由于面板与蜂窝夹芯层之间的耦合作用,蜂窝夹层板总体吸收能量明显大于纯蜂窝结构,所以蜂窝夹层板具有较好的吸能特性。运用 2^{5-1} 无重复饱和析因设计方法筛选出对蜂窝夹层板轴向压缩的耐撞性能指标(单位质量比吸能 SEA_m 和初始应力峰值 σ_{peak})影响显著的四个因子,它们分别是夹芯层胞元壁厚、胞元边长、下面板厚度和上面板厚度。

(7) 研究了加筋蜂窝夹层板面外压缩力学特性。对单筋加强正六边形蜂窝夹层板和双筋加强正六边形蜂窝夹层板的面外压缩进行数值仿真,研究发现,对正六边形蜂窝夹层板的加筋处理能提高其承载水平和吸能能力。筋板壁厚是影响加筋蜂窝夹层板力学特性的一个关键因素,其与基础蜂窝芯层存在着筋胞壁厚匹配效应的问题,并且存在着明显的加筋板厚"分离点"。为研究筋胞壁厚匹配效应,直观地比较了加筋夹层板的吸能特性并采用了等效表观密度的处理方法,结果表明,2.0 倍厚及 1.5 倍厚分别是单筋加强蜂窝夹层板和双筋加强夹层板的"分离点"。对加筋类型夹层板的设计应落在分离点以内,以确保蜂窝芯层稳定的承载能力和吸能贡献。分别将单位质量比吸能及单位体积比吸能作为优化目标,把蜂窝结构的胞元壁厚、胞元边长及上下面板的厚度作为优化变量,采用响应面近似模型及单目标粒子群算法对两种蜂窝夹层板进行了单目标优化设计。

(8) 对双筋加强蜂窝结构进行参数化研究。研究部分参数对其力学性能的影响,研究表明,1.5 倍厚的双筋加强蜂窝力学性能稳定,不仅能保证蜂窝整体变形模式的稳定和可靠,还能大大提高其承载水平和吸能能力;发现胞元夹角的较优选择为 120°;为了提高加筋蜂窝结构的吸能能力,建议选择胞元边长较小且胞元壁厚较大的蜂窝结构;底部边界约束条件对冲击端动态效应的影响几乎可以忽略不计,但却会导致其变形模式发生一定的改变;撞击块质量的大小对结构的耐撞性能影响很小,而撞击速度对蜂窝结构的动态响应影响很大,冲击速度越大,蜂窝结构冲击端的平台应力值及初始应力峰值都越大。采用响应面近似模型及多目标粒子群算法对双筋加强蜂窝及标准正六边形蜂窝进行了多目标优化设计,根据优化得到的 Pareto 前沿图可知,当蜂窝的缓冲应力被限制在同一水平时,双筋加强蜂窝具有较好的耐撞性能。

(9) 推导出 3 种新型蜂窝结构面外冲击下的平均压缩应力理论公式,

并对其进行耐撞性优化设计。以蜂窝结构的典型胞元为研究对象，运用简化超折叠单元理论推导出了双筋加强正六边形蜂窝、四边手性胞元蜂窝和弯曲胞元蜂窝这3种新型蜂窝结构的轴向平均压缩应力的理论公式。为验证该理论公式的正确性，运用有限元软件对3种蜂窝结构受轴向冲击载荷作用进行了仿真计算，结果表明，理论计算公式与有限元仿真结果能够很好地吻合。为了得到最优的蜂窝结构，采用响应面近似模型及多目标粒子群算法对3种新型蜂窝进行了优化设计。将蜂窝的单位质量比吸能及初始应力峰值作为优化目标，把各蜂窝结构的胞元壁厚及胞元边长作为优化变量。根据优化得到的Pareto前沿图可知，当蜂窝的缓冲应力被限制在同一水平时，弯曲胞元蜂窝的耐撞性最好。同时，针对3个最优的蜂窝结构，理论公式被用来验证数值仿真计算结果。动态平均压缩应力的理论值与仿真值基本一致，这进一步表明基于代理模型的新型蜂窝结构耐撞性优化设计及有限元数值仿真计算是可行且有效的。

7.2 主要贡献和创新点

本书的主要贡献和创新点体现在以下几个方面：

（1）屈服强度梯度特性蜂窝材料面内冲击性能的研究。

在理论分析的基础上提出了屈服强度梯度的概念，建立了具有递变屈服强度梯度和分层屈服强度梯度的圆形蜂窝材料模型。详细分析了递变屈服强度值及屈服强度梯度的分层排布方式对圆形蜂窝结构的变形模式、动态冲击平台应力及能量吸收能力的影响。研究表明，合理调节屈服强度梯度的变化能够有效减小初始峰值应力，并控制进入被保护结构的应力值，同时实现蜂窝材料单位质量能量吸收能力的控制。研究结果可为功能梯度蜂窝材料的研究和设计提供参考。

（2）含填充孔缺陷蜂窝材料面内冲击性能的研究。

在实际生产过程中，由于蜂窝及多孔材料的孔壁坍塌或者发泡不完全导致材料中存在实体堆积的现象并不少见，但目前关于含固体填充孔蜂窝结构的研究主要集中在其静态及准静态力学性能方面，关于填充孔缺陷对多孔材料动态冲击性能的研究并未深入展开。本书通过改变规则蜂窝结构胞壁的材料属性引入固体填充孔,从蜂窝结构的变形模式、动态冲击平台应力及能量吸收能力3个方面研究了随机固体填充孔缺陷及集中填充孔缺陷对蜂窝结构面内冲击性能的影响。

(3) 加筋正六边形蜂窝面外冲击性能研究及耐撞性优化设计。

基于标准六边形蜂窝结构,不同厚度的铝板被黏结在波纹板之间,从而提高其吸能性能。但是目前尚未有关于该类加筋形式蜂窝力学特性的报道,所加设的筋板对蜂窝力学性能的影响及筋板厚度对基础蜂窝的性能贡献尚不明确。本书研究了加筋蜂窝夹层板的面外压缩力学特性及加筋板厚与初始蜂窝厚度间的匹配关系;针对部分结构进行了耐撞击性能的单目标优化设计;对双筋加强蜂窝力学性能进行了参数研究,阐明了部分结构参数对能量吸收性能的影响。

(4) 3种新型蜂窝结构面外冲击下平均压缩应力计算及耐撞性优化设计。

现有新型蜂窝结构的研究工作主要集中在发现新的构型、预测其准静态力学性能及解释其变形机理上,对实际应用中其用作吸能装置材料时受面外冲击载荷下的压缩应力计算尚缺乏了解。本书以蜂窝结构的典型胞元为研究对象,基于简化的超折叠单元理论,推导出3种新型蜂窝结构的面外平均压缩应力理论公式;通过有限元仿真计算验证了理论预测公式的正确性;进一步采用响应面近似模型及多目标粒子群算法对3种新型蜂窝进行了耐撞性优化设计。

参 考 文 献

[1] Reid S R, Bell W W, Barr R. Structural plastic model for one-dimensional ring systems [J]. Int J Impact Eng, 1983, 1 (2): 175-191.

[2] Li Q M, Reid S R. About one-dimensional shock propagation in a cellular material [J]. Int J Impact Eng, 2006, 32 (11): 1898-1906.

[3] Reid S R, Peng C. Dynamic uniaxial crushing of wood [J]. Int J Impact Eng, 1997, 19 (5-6): 531-570.

[4] Stronge W J, Shim V P W. Dynamic crushing of a ductile cellular array [J]. Int J Mech Sci, 1987, 29 (6): 381-406.

[5] Zou Z, Reid S R, Tan P J, et al. Dynamic crushing of honeycombs and features of shock fronts [J]. Int J Impact Eng, 2009, 36 (1): 165-176.

[6] Hönig A, Stronge W J. In-plane dynamic crushing of honeycomb. Part I: crush band initiation and wave trapping [J]. Int J Mech Sci, 2002, 44 (8): 1665-1696.

[7] Hönig A, Stronge W J. In-plane dynamic crushing of honeycomb. Part II: application to impact [J]. Int J Mech Sci, 2002, 44 (8): 1697-1714.

[8] Liu J G, Hou B, Lu F Y, et al. A theoretical study of shock front propagation in the density graded cellular rods [J]. Int J Impact Eng, 2015, 80: 133-142.

[9] Kelsey S, Gellatly R A, Clark B W. The shear modulus of foil honeycomb cores [J]. Aircr Eng Aerosp Tec, 1958, 30 (10): 294-302.

[10] 赵剑, 谢宗, 安学峰. 蜂窝芯材料面外等效弹性模量预测与分析 [J]. 航空材料学报, 2008, 28 (4): 94-100.

[11] 周祝林, 姚辉, 刘剑. 蜂窝芯子面内弹性常数的理论分析及与试验值的比较 [J]. 玻璃钢, 2007 (1): 8-17.

[12] Gibson L J, Ashby M F. Cellular solids: Structure and Properties [M]. Oxford: Pergamon Press, 1988.

[13] 富明慧, 尹久仁. 蜂窝芯层的等效弹性参数 [J]. 力学学报, 1999, 31 (1): 113-

118.

[14] Masters I G, Evans K E. Models for the elastic deformation of honeycombs [J]. Compos Struct, 1996, 35 (4): 403 – 422.

[15] Burton W S, Noor A K. Assessment of continuum models for sandwich panel honeycomb cores [J]. Comput Meth Appl Mech Eng, 1997, 145 (3 – 4): 341 – 360.

[16] 王颖坚. 蜂窝结构在面内剪切作用下的变形模式 [J]. 北京大学学报, 1991, 27 (3): 301 – 306.

[17] Warren W E, Kraynik A M. Foam mechanics: The linear elastic response of two – dimensional spatially periodic cellular materials [J]. Mech Mater, 1987, 6 (1): 27 – 37.

[18] Sayed A E, Jones F K, Burges I W. Theoretical approach to the deformation of honeycomb based composite materials [J]. Compos, 1979, 10 (4): 209 – 214.

[19] 卢子兴, 赵亚斌. 一种有负泊松比效应的二维多胞材料力学模型 [J]. 北京航空航天大学学报, 2006, 32 (5): 594 – 597.

[20] 孙德强, 张卫红, 孙玉瑾. 蜂窝铝芯的弹性模量和材料效率分析 [J]. 力学与实践, 2008, 30 (1): 35 – 40.

[21] 蓝林华, 富明慧, 陈雁云. 蜂窝材料的非线性剪切行为 [J]. 固体力学学报, 2008, 29 (4): 379 – 384.

[22] 牛斌, 王博, 徐胜利. 正交各向异性 Kagome 蜂窝材料宏观等效力学性能 [J]. 固体力学学报, 2009, 30 (6): 600 – 608.

[23] 陈梦成, 陈玳珩. 正六角形蜂窝夹层面内等效弹性参数研究 [J]. 华东交通大学学报, 2010, 27 (5): 1 – 4.

[24] 颜芳芳, 徐晓东. 负泊松比柔性蜂窝结构在变体机翼中的应用 [J]. 中国机械工程, 2012, 23 (5): 542 – 546.

[25] 彭海峰, 董二宝, 张世武, 等. 超弹性蒙皮蜂窝芯的设计及等效模量研究 [J]. 中国机械工程, 2012, 23 (6): 717 – 720.

[26] 鲁超, 李永新, 董二宝, 等. 泊松比蜂窝芯等效弹性模量研究 [J]. 材料工程, 2013 (12): 80 – 84.

[27] 李响, 周幼辉, 童冠, 等. 超轻多孔类蜂窝夹心结构创新构型及其力学性能 [J]. 西安交通大学学报, 2014, 48 (9): 87 – 94.

[28] 鲁超, 李永新, 吴金玺, 等. 负泊松比蜂窝芯非线性等效弹性模量研究 [J]. 中国机械工程, 2014, 25 (11): 1540 – 1544.

[29] Shi G, Tong P. Equivalent transverse shear stiffness of honeycomb cores [J]. Int J

Solids Struct, 1995, 32 (10): 1383 – 1393.

[30] 庄守兵, 吴长春, 冯淼林, 等. 基于均匀化方法的多孔材料细观力学特性数值研究 [J]. 材料科学与工程, 2001, 19 (4): 9 – 13.

[31] 王志华, 曹晓卿, 马宏伟, 等. 基于均匀化理论的多孔材料细观力学特性数值研究 [J]. 兵器材料科学与工程, 2006, 29 (5): 4 – 8.

[32] 王飞, 庄守兵, 虞吉林. 用均匀化理论分析蜂窝结构的等效弹性参数 [J]. 力学学报, 2002, 34 (6): 914 – 921.

[33] Okumura D, Ohno N, Noguchi H. Post – buckling analysis of elastic honeycombs subject to in – plane biaxial compression [J]. Int J Solids Struct, 2002, 39, 3487 – 3503.

[34] Okumura D, Ohno N, Noguchi H. Elastoplastic microscopic bifurcation and post – bifurcation behavior of periodic cellular solids [J]. J Mech Phys Solids, 2004, 52, 641 – 666.

[35] 邱克鹏, 张卫红, 孙士平. 蜂窝夹层结构等效弹性常数的多步三维均匀化数值计算分析 [J]. 西北工业大学学报, 2006, 24 (4): 514 – 518.

[36] Grediac M. A finite element study of the transverse shear in honeycomb cores [J]. Int J Solids Struct, 1993, 30 (13): 1777 – 1788.

[37] Meraghni F, Desrumaux F, Benzeggagh M L. Mechanical behavior of cellular core for structural sandwich panels [J]. Compos Part A – Appl S, 1999 (30): 767 – 779.

[38] Chamis C C, Aiello R A, Murthy P L N. Composite sandwich thermo structural behavior: computational simulation [C]. In AIAA, ASME, ASCE, AHS 27th Structures, Structural Dynamics, and Materials Conference (SDM). San Antonio, 1986. 370 – 381.

[39] Chen D H, Ozaki S. Analysis of in – plane elastic modulus for a hexagonal honeycomb core: effect of core height and proposed analytical method [J]. Compos Struct. 2009, 88 (1): 17 – 25.

[40] Guo X, Gibson L. Behavior of intact and damaged honeycombs: A finite element study [J]. Int J Mech Sci, 1999, 41 (11): 85 – 105.

[41] Yang, D U, Lee S, et al. Geometric effects on micro polar elastic honeycomb structure with negative Poisson's ratio using the finite element method [J]. Finite Elem Anal Des, 2003, 39 (3): 187 – 205.

[42] 梁森, 陈花玲, 陈天宁. 蜂窝夹芯结构面内等效弹性参数的分析研究 [J]. 航空材料学报. 2004, 24 (3): 26 – 31.

[43] Pan S D, Wu L Z, Sun Y G. Transverse shear modulus and strength of honeycomb cores [J]. Compos Struct, 2008, 84 (4): 369 – 374.

[44] 车建业，何立东，俞龙. 蜂窝铝的材料性能模拟计算与试验研究 [J]. 北京化工大学报，2009，36（6）：100–104.

[45] Chung J, Waas A M. The in-plane orthotropic couple-stress elasticity constants of elliptical cell honeycomb [J]. Int J Eng Sci, 2010, 48 (11): 1123–1136.

[46] 刘叶花，谢桂兰，曹尉南. 铝蜂窝胞元结构参数对其宏观等效表征性能的影响 [J]. 材料工程，2011（11）：29–34.

[47] Mustapha Bouakba, Abderrezak Bezazi, Fabrizio Scarpa. FE analysis of the in-plane mechanical properties of a novel Voronoi-type lattice with positive and negative Poisson's ratio configurations [J]. Int J Solids Struct, 2012, 49 (18): 2450–2459.

[48] 翟宏州，芦吉云，梁晨. 蜂窝结构柔性机翼蒙皮变形特性研究 [J]. 科学技术与工程，2014，14（9）：261–264.

[49] Choon Chiang Foo, Gin Boay Chai, Leong Keey Seah. Mechanical properties of Nomex material and Nomex honeycomb structure [J]. Compos Struct, 2007, 80 (4): 588–594.

[50] Jaeung Chung, Anthony M Waas. Compressive response of circular cell polycarbonate honeycomb under inplane static and dynamic loading-part I: experiments [J]. Int J Impact Eng, 2002, 27 (7): 729–754.

[51] Jaeung Chung, Anthony M Waas. Compressive response of circular cell polycarbonate honeycomb under inplane static and dynamic loading-part II: simulations [J]. Int J Impact Eng, 2002, 27 (10): 1015–1047.

[52] Beomkeun Kim, Richard M Christensen. Basic two-dimensional core types for sandwich structures [J]. Int J Mech Sci, 2000, 42 (4): 657–676.

[53] Balawi S, Abot J L. The effect of honeycomb relative density on its effective in-plane elastic moduli: An experimental study [J]. Compos Struct, 2008, 84 (4): 293–299.

[54] Papka S D, Kyriakides S. In-plane compressive response and crushing of honeycomb [J]. J Mech Phys Solids, 1994, 42 (10): 1499–1532.

[55] Papka S D, Kyriakides S. In-plane crushing of a polycarbonate honeycomb [J]. Int J Solids Struct, 1998, 35 (3–4): 239–267.

[56] Papka S D, Kyriakides S. Experiments and full-scale numerical simulations of in-plane crushing of a honeycomb [J]. Acta Mater, 1998, 46 (8): 2765–2776.

[57] Papka S D, Kyriakides S. Biaxial crushing of honeycombs-part I: experiments [J]. Int J Solids Struct 1999, 36 (29): 4367–4396.

[58] Papka S D, Kyriakides S. Biaxial crushing of honeycombs-part II: analysis [J]. Int J Solids Struct, 1999, 36 (29): 4397–4423.

[59] Chung J, Wass A M. In-plane biaxial crush response of polycarbonate honeycombs [J]. J Eng Mech, 2001 (127): 180-193.

[60] Zhao H, Gary G. Crushing behaviour of aluminium honeycombs under impact loading [J]. Int J Impact Eng, 1998, 21 (10): 827-836.

[61] Ruan D, Lu G, Wang B, et al. In-plane dynamic crushing of honeycombs-a finite element study [J]. Int J Impact Eng 2003; 28 (2): 161-182.

[62] Karagiozova D, Yu T X. Plastic deformation modes of regular hexagonal honeycombs under in-plane biaxial compression [J]. Int J Mech Sci, 2004, 46 (10): 1489-1515.

[63] Karagiozova D, Yu T X. Strain localization in circular honeycombs under in-plane biaxial quasi-static and low velocity impact loading [J]. Int J Impact Eng, 2008, 35 (8): 753-770.

[64] Hu L L, Yu T X, Gao Z Y, et al. The inhomogeneous deformation of polycarbonate circular honeycombs under in-plane compression [J]. Int J Mech Sci, 2008, 50 (7): 1224-1236.

[65] Sun D Q, Zhang W H, Zhao Y C. In-plane crushing and energy absorption performance of multi-layer regularly arranged circular honeycombs [J]. Compos Struct, 2013 (96): 726-735.

[66] Qiu X M, Zhang J, Yu T X. Collapse of periodic planar lattices under uniaxial compression, part I: Quasi-static strength predicted by limit analysis [J]. Int J Impact Eng, 2009, 36 (10-11): 1223-1230.

[67] Qiu X M, Zhang J, Yu T X. Collapse of periodic planar lattices under uniaxial compression, part II: Dynamic crushing based on finite element simulation [J]. Int J Impact Eng, 2009, 36 (10-11): 1231-1241.

[68] Erami K, Ohno N, Okumura D. Long-wave in-plane buckling of elastoplastic square honeycombs [J]. Int J Plast, 2006, 22 (9), 1569-1585.

[69] Ohno N, Okumura D, Niikawa T. Long-wave buckling of elastic square honeycombs subject to in-plane biaxial compression [J]. Int J Mech Sci, 2004, 46 (11), 1697-1713.

[70] Liu Y, Zhang X C. The influence of cell micro-topology on the in-plane dynamic crushing of honeycombs [J]. Int J Impact Eng, 2009, 36 (1): 98-109.

[71] 康锦霞, 王志华, 赵隆茂. 采用 Voronoi 模型研究多孔金属材料准静态力学特性 [J]. 工程力学, 2011, 28 (7): 203-209.

[72] 胡玲玲, 陈依骊. 三角形蜂窝在面内冲击荷载下的力学性能 [J]. 振动与冲击, 2011, 30 (5): 226-229.

[73] 卢子兴, 李康. 四边手性蜂窝动态压溃行为的数值模拟 [J]. 爆炸与冲击, 2014, 34 (2): 181-187.

[74] 孙德强, 孙玉瑾, 郑波波, 等. 正方形蜂窝芯材共面冲击力学性能 [J]. 包装工程, 2014, 35 (3): 1-5.

[75] Karagiozova D, Yu T X. Post-collapse characteristics of ductile circular honeycombs under in-plane compression [J]. Int J Mech Sci, 2005, 47 (4-5): 570-602.

[76] Karagiozova D, Yu T X. Strain localization in circular honeycombs under in-plane biaxial quasi-static and low-velocity impact loading [J]. Int J Impact Eng, 2008, 35 (8): 753-770.

[77] Hu L L, Yu T X, Gao Z Y, et al. The inhomogeneous deformation of polycarbonate circular honeycombs under in-plane compression [J]. Int J Mech Sci, 2008, 50 (7): 1224-1236.

[78] Ali M, Qamhiyah A, Flugrad D. Theoretical and finite element study of a compact energy absorber [J]. Adv Eng Softw, 2008, 39 (2): 95-106.

[79] 何章权. 梯度蜂窝材料面内冲击性能的研究 [D]. 北京: 北京交通大学, 2009.

[80] 刘颖, 何章权, 吴鹤翔. 分层递变蜂窝材料面内冲击性能的研究 [J]. 爆炸与冲击, 2011, 31 (3): 225-231.

[81] 张新春, 刘颖. 密度梯度蜂窝材料动力学性能研究 [J]. 工程力学, 2012, 29 (8): 372-377.

[82] 张新春. 多胞金属材料的动力学特性及微结构设计 [D]. 北京: 北京交通大学, 2010.

[83] 吴鹤翔, 刘颖. 梯度变化对密度梯度蜂窝材料力学性能的影响 [J]. 爆炸与冲击, 2013, 33 (2): 163-167.

[84] Ajdari A, Canavan P K. Mechanical properties of functionally graded 2D cellular structures: a finite element study [J]. Mater Sci Eng A, 2009, 499 (1-2): 434-439.

[85] Sun Y T, Chen Q, Pugno N. Elastic and transport properties of the tailorable multifunctional hierarchical honeycombs [J]. Compos Mater, 2014 (107): 698-710.

[86] Mousanezhad D, Ghosh R, Ajdari A, et al. Nayeb-Hashemi. Impact resistance and energy absorption of regular and functionally graded hexagonal honeycombs with cell wall material strain hardening [J]. Int J Mech Sci, 2014 (89): 413-422.

[87] 肖亚庆. 铝加工技术实用手册 [M]. 北京: 冶金工业出版社, 2005.

[88] Shen C J, Yu T X, Lu G. Double shock mode in graded cellular rod under impact [J]. Int J Solids Struct, 2013, 50 (1): 217 – 233.

[89] Shen C J, Lu G, Yu T X. Dynamic behavior of graded honeycombs – A finite element study [J]. Compos Struct, 2013 (98): 282 – 293.

[90] Silva M J, Hayes W C, Gibson L J. The effects of non – periodic microstructure on the elastic properties of two – dimensional cellular solids [J]. Int J Mech Sci, 1995, 37 (11): 1161 – 1177.

[91] Silva M J, Gibson L J. The effects of non – periodic microstructure and defects on the compressive strength of two – dimensional cellular solids [J]. Int J Mech Sci, 1997, 39 (5): 549 – 563.

[92] Guo X E, Gibson L J. Behavior of intact and damaged honeycombs: a finite element study [J]. Int J Mech Sci, 1999, 41 (1): 85 – 105.

[93] Chen C, Lu T, Fleck N A. Effect of imperfections on the yielding of two – dimensional foams [J]. J Mech Phys Solids, 1999, 47 (11): 2235 – 2272.

[94] Chen C, Lu T, Fleck N A. Effect of inclusions and holes on the stiffness and strength of honeycombs [J]. Int J Mech Sci, 2001, 43 (2): 487 – 504.

[95] Albuquerque J M, Fatima Vaz M, Fortes M A. Effect of missing walls on the compression behaviour of honeycombs [J]. Scripta Mater, 1999, 41 (2): 167 – 174.

[96] Fortes M A, Ashby M F. The effect of non – uniformity on the in – plane modulus of honeycombs [J]. Acta Mater, 1999, 47 (12): 3469 – 3473.

[97] Chung J, Waas A M. Elastic imperfection sensitivity of hexagonally packed circular cell honeycombs [J]. P Roy Soc Lond A Mat, 2002 (458): 2851 – 2868.

[98] Wang A J, McDowell D L. Effects of defects on in – plane properties of periodic metal honeycombs [J]. Int J Mech Sci, 2003, 45 (11): 1799 – 1813.

[99] Li K, Gao X L, Subhash G. Effects of cell shape and cell wall thickness variations on the elastic properties of two – dimensional cellular solids [J]. Int J Solids Struct, 2005, 42 (5 – 6): 1777 – 1795.

[100] Zhu H X, Thorpe S M, Windle A H. The effect of cell irregularity on the high strain compression of 2D Voronoi honeycombs [J]. Int J Solids Struct, 2006, 43 (5): 1061 – 1078.

[101] Symons D D, Fleck N A. The imperfection sensitivity of isotropic two – dimensional elastic lattices [J]. J Appl Mech, 2008, 75 (5): 1 – 8.

[102] Wicks N, Guest S D. Single member actuation in large repetitive truss structures [J].

Int J Solids Struct, 2004, 41 (3): 965-978.

[103] Gui X, Zhang Y, Zhao H. Stress concentration in two-dimensional lattices with imperfections [J]. Acta Mech, 2011, 216 (1-4): 105-122.

[104] 王博, 陈友伟, 石云峰. 多层级蜂窝材料的面内模量缺陷敏感性 [J]. 复合材料学报, 2011, 31 (2): 495-504.

[105] Hönig A, Stronge W J. In-plane dynamic crushing of honeycomb. Part I: crush band initiation and wave trapping [J]. Int J Mech Sci, 2002, 44 (8): 1665-1696.

[106] Tan P J, Reid S R, Harrigan J J, et al. Dynamic compressive strength properties of aluminium foams. Part II – 'shock' theory and comparison with experimental data and numerical models [J]. J Mech Phys Solids, 2005, 53 (10): 2206-2230.

[107] Zheng Z J, Yu J L, Li J R. Dynamic crushing of 2D cellular structures: A finite element study [J]. Int J Impact Eng, 2005, 32 (1-4): 650-664.

[108] Li K, Gao X L, Wang J. Dynamic crushing behavior of honeycomb structures with irregular cell shapes and non-uniform cell wall thickness [J]. Int J Solids Struct, 2007, 44 (14-15): 5003-5026.

[109] 刘耀东, 虞吉林, 郑志军. 惯性效应对多孔金属材料动态力学行为的影响 [J]. 高压物理学报, 2008 (22): 118-124.

[110] 寇东鹏, 虞吉林, 郑志军. 随机缺陷对蜂窝结构动态行为影响的有限元分析 [J]. 力学学报, 2009, 41 (6): 859-868.

[111] 刘颖, 张新春. 缺陷分布不均匀性对蜂窝材料面内冲击性能的影响 [J]. 爆炸与冲击, 2009, 29 (3): 237-242.

[112] Zhang X C, Liu Y, Wang B. Effects of defects on the in-plane dynamic crushing of metal honeycombs [J]. Int J Mech Sci, 2010, 52 (10): 1290-1298.

[113] 张新春, 刘颖. 缺陷对金属蜂窝材料面内冲击性能的影响 [J]. 高压物理学报, 2012, 26 (6): 645-652.

[114] 张新春, 刘颖, 章梓茂. 集中缺陷对蜂窝材料面内动力学性能的影响 [J]. 工程力学, 2011, 28 (5): 239-244.

[115] Jeon I, Asahina T. The effect of structural defects on the compressive behavior of closed-cell Al foam [J]. Acta Mater, 2005, 53: 3415-3423.

[116] Kepets M, Lu T J, Dowling A P. Modeling of the role of defects in sintered FeCrAlY foams [J]. Acta Mech Sin, 2007, 23 (3): 511-529.

[117] Prakash O, Bichebois E, Brechet Y. A note on the deformation behaviour of two-dimensional model cellular structures [J]. Philos Mag A, 1996, 73 (3): 739-751.

[118] 寇东鹏. 细观结构对多孔金属材料力学性能的影响及多目标优化设计 [D]. 合肥：中国科学技术大学, 2008.

[119] Nakamoto H, Adachi T, Araki W. In – plane impact behavior of honeycomb structures randomly filled with rigid inclusions [J]. Int J Impact Eng, 2009, 36 (1)：73 – 80.

[120] Nakamoto H, Adachi T, Araki W. In – plane impact behavior of honeycomb structures filled with linearly arranged inclusions [J]. Int J Impact Eng, 2009, 36 (8)：1019 – 1026.

[121] McFarland R. Hexagonal cell structures under post – buckling axial load [J]. AIAA J, 1963, 1 (6)：1380 – 1385.

[122] De Oliveira, Wierzbicki T. Crushing analysis of rotationally symmetric plastic shells [J]. J Strain Anal Eng Des, 1982, 17 (4)：229 – 236.

[123] Wierzbicki T. Crushing analysis of metal honeycombs [J]. Int J Impact Eng 1983, 1 (2)：157 – 174.

[124] Wierzbicki T, Abramowicz W. On the crushing mechanics of thin – walled structures [J]. J Appl Mech, 1983, 50 (4)：727 – 734.

[125] Abramowicz W, Jones N. Dynamic axial crushing of square tubes [J]. Int J Impact Eng 1984, 2 (2)：179 – 208.

[126] Abramowicz W, Jones N. Dynamic progressive buckling of circular and square tubes [J]. Int J Impact Eng, 1986, 4 (4)：243 – 270.

[127] Werner Goldsmith, Jerome L. Sackman. An experimental study of energy absorption in impact on sandwich plates [J]. Int J Impact Eng, 1992, 12 (2)：241 – 262.

[128] Langseth M, Hopperstad O S. Static and dynamic axial crushing of square thin – walled aluminium extrusions [J]. Int J Impact Eng, 1996, 18 (7 – 8)：949 – 968.

[129] Wu E, Jiang W S. Axial crush of metallic honeycombs [J]. Int J Impact Eng, 1997, 19 (5 – 6)：439 – 456.

[130] Mahmoudabadi M Z, Sadighi M. A study on metal hexagonal honeycomb crushing under quasi – static loading [J]. World Acad Sci Eng Tech, 2010, 2 (2)：671 – 675.

[131] Mahmoudabadi M Z, Sadighi M. A theoretical and experimental study on metal hexagonal honeycomb crushing under quasi – static and low velocity impact loading [J]. Mater Sci Eng：A 2011, 528 (15)：4958 – 4966.

[132] Mahmoudabadi M Z, Sadighi M. A study on the static and dynamic loading of the foam filled metal hexagonal honeycomb – theoretical and experimental [J]. Mater Sci Eng：A 2011 (530)：333 – 343.

[133] Luo C J, Zhou A L, Liu R Q, et al. Average Compressive Stress Constitutive Equation of Honeycomb Metal under Out-of-plane Compression [J]. J Mech Eng 2010, 46 (18): 53-59.

[134] 罗昌杰. 腿式着陆缓冲器的理论模型及优化设计研究 [D]. 哈尔滨: 哈尔滨工业大学, 2009.

[135] Yamashita M, Gotoh M. Impact behavior of honeycomb structures with various cell specifications-numerical simulation and experiment [J]. IntJ Impact Eng, 2005, 32 (1-4): 618-630.

[136] Hong S T, Pan J, Tyan T, et al. Dynamic crush behaviors of aluminum honeycomb specimens under compression dominant inclined loads [J]. Int J Plast, 2008, 24 (1): 89-117.

[137] Yin H F, Wen G L, Hou S J, Chen K. Crushing analysis and multi-objective crashworthiness optimization of honeycomb-filled single and bitubular polygonal tubes [J]. Mater Des, 2011, 32 (8-9): 4449-4460.

[138] Vincent C, James R F, Michael A E. Optimal design of honeycomb material used to mitigate head impact [J]. Composite structures, 2013 (100): 404-412.

[139] Li M, Deng Z Q, Guo H W, et al. Optimizing crashworthiness design of square honeycomb structure [J]. J Cent South Univ, 2014, 21 (3): 912-919.

[140] 李萌. 腿式着陆缓冲装置吸能特性及软着陆过程动力学仿真研究 [D]. 哈尔滨: 哈尔滨工业大学, 2013.

[141] Bai Z H, Guo H R, Jiang B H, et al. A study on the mean crushing strength of hexagonal multi-cell thin-walled structures [J]. Thin-Walled Struct 2014 (80): 38-45.

[142] Zhang X, Zhang H, Wen Z Z. Experimental and numerical studies on the crush resistance of aluminum honeycombs with various cell configurations [J]. Int J Impact Eng, 2014, 66: 48-59.

[143] Ashab A S M, Ruan D, Lu G, et al. Experimental investigation of the mechanical behavior of aluminum honeycombs under quasi-static and dynamic indentation [J]. Mater Design, 2015, 74: 138-149.

[144] Ehinger D, Krüger L, Martin U, et al. Buckling and crush resistance of high-density TRIP-steel and TRIP-matrix composite honeycombs to out-of-planecompressive load [J]. Int J Solids Struct, 2015, 66 (1): 207-217.

[145] 樊喜刚, 尹西岳, 陶勇, 陈明继, 方岱宁. 梯度蜂窝面外动态压缩力学行为与吸能特性研究 [J]. 固体力学学报, 2015, 36 (2): 114-122.

[146] Chawla A, Mukherjee S, Kumar D, et al. Prediction of crushing behaviour of honeycomb structures. Int J Crashworthiness, 2003, 8 (3): 229-235.

[147] Nguyen M Q, Jacombs S S, Thomson R S. Simulation of impact on sandwich structures [J]. Composite structures, 2005, 67 (2): 217-227.

[148] Levent A, Alastair F J, Bernd H K. Numerical modeling of honeycomb core crush behavior [J]. Eng Fract Mech, 2008, 75 (9): 2612-2630.

[149] Xie S C, Zhou H. Analysis and optimization of parameters influencing the out-of-plane energy absorption of an aluminium honeycomb [J]. Thin-walled Struct, 2015, 89: 169-177.

[150] Chen W, Wierzbicki T. Relative merits of single-cell, multi-cell and foam-filled thin-walled structures in energy absorption [J]. Thin-Walled Struct, 2001; 39 (4): 287-306.

[151] Zhang X, Cheng G, Zhang H. Theoretical prediction and numerical simulation of multi-cell square thin-walled structures [J]. Thin-Walled Struct, 2006; 44 (11): 1185-1191.

[152] 张雄. 轻质薄壁结构耐撞性分析与优化设计 [D]. 大连：大连理工大学, 2007.

[153] Liang S, Chen H L. Investigation on the square cell honeycomb structures under axial loading [J]. Compos Struct, 2006, 72 (4): 446-454.

[154] Yin H F, Wen G L. Theoretical prediction and numerical simulation of honeycomb structures with various cell specifications under axial loading [J]. Int J Mech Mater Des, 2011, 7 (4): 253-263.

[155] 尹汉锋. 着陆缓冲系统中吸能结构的耐撞性优化 [D]. 长沙：湖南大学, 2011.

[156] Yin H F, Wen G L. Crashworthiness optimization design of honeycombs based on the simplified basic folding element method [J]. J Mech Eng, 2011, 47 (16): 93-100.

[157] Alavi Nia A, Parsapour M. An investigation on the energy absorption characteristics of multi-cell square tubes [J]. Thin-Walled Struct, 2013, 68: 26-34.

[158] Tran T N, Hou S J, Han X, et al. Theoretical prediction and crashworthiness optimization of multi-cell triangular tubes [J]. Thin-Walled Struct, 2014, 82: 183-195.

[159] Tran T N, Hou S J, Han X, et al. Crushing analysis and numerical optimization of

angle element structures under axial impact loading [J]. Compos Struct, 2015, 119: 422-435.

[160] Cote F, Deshpande V S, Flecka N A, et al. The out-of-plane compressive behavior of metallic honeycombs [J]. Mater Sci Eng: A, 2004, 380 (1-2): 272-280.

[161] Mellquist E C, Waas A M. Size effects in the crushing of honeycomb structures [C]. In 45th AIAA/ASME/ASCE/AHS/ASC structures, structural dynamics and materials conference, Palm Springs, California, 2004, 1388-1401.

[162] Zhang X, Zhang H. Theoretical and numerical investigation on the crush resistance of rhombic and kagome honeycombs [J]. Compos Struct, 2013, 96: 143-152.

[163] Hong W, Fan H L, Xia Z C, et al. Axial crushing behaviors of multi-cell tubes with triangular lattices [J]. Int J Impact Eng, 2014, 63: 106-117.

[164] D'Mello R J, Guntupalli S, Hansen L R, et al. Dynamic axial crush response of circular cell honeycombs [J]. Proceedings of the royal society a: mathematical, physical and engineering sciences, 2012, 468 (2146): 2981-3005.

[165] Hu L L, He X L, Wu G P, et al. Dynamic crushing of the circular-celled honeycombs under out-of-plane impact [J]. Int J Impact Eng, 2015, 75: 150-161.

[166] 张勇, 蔡检明, 赖雄鸣. 异面撞击载荷下金属蜂窝填充薄壁结构的动态力学性能 [J]. 中国公路学报, 2015, 28 (1): 120-126.

[167] Radford D D, McShane G J, Deshpande V S, et al. Dynamic compressive response of stainless-steel square honeycombs [J]. J Appl Mech, 2007, 74 (4): 658-667.

[168] Li M, Liu R Q, Guo H W, et al. A study on out-of-plane compressive properties of metal honeycombs by numerical simulation [J]. Adv Mater Res, 2011, 217: 723-727.

[169] Li M, Deng Z Q, Liu R Q, et al. Crashworthiness design optimization of metal honeycomb energy absorber used in lunar lander [J]. Int J Crashworthiness, 2011, 16 (4): 411-419.

[170] Li M, Deng Z Q, Guo H W, et al. Crashworthiness Analysis on Alternative Square Honeycomb Structure under Axial Loading [J]. Chin J Mech Eng, 2013, 26 (4): 784-792.

[171] Hexcel Company. HexWeb Honeycomb Energy Absorption Systems Design Data Report [R]. Stratford: Hexcel Company, 2005.

[172] Alderson A, Alderson K L, Chirima G, et al. The in-plane linear elastic constants and out-of-plane bending of 3-coordinated ligament and cylinder-ligament honey-

combs [J]. Compos Sci Technol, 2010, 70 (7): 1034 – 1041.

[173] Chen Y J, Scarpa F, Liu Y J, Leng JS. Elastic of anti – tetrachiral anisotropic lattices [J]. Int J Solids Struct, 2013, 50 (6): 996 – 1004.

[174] Bacigalupo A, Gambarotta L. Homogenization of periodic hexa – and tetrachiral cellular solids [J]. Compos Struct, 2014 (116): 461 – 476.

[175] 徐小刚, 黄海, 贾光辉. 蜂窝夹芯板超高速碰撞仿真 [J]. 北京航空航天大学学报, 2007, 33 (1): 18 – 21.

[176] 张延昌, 王自力. 蜂窝式夹层板耐撞性能研究 [J]. 江苏科技大学学报, 2007, 21 (3): 1 – 5.

[177] 杨永祥, 张延昌. 蜂窝式夹芯层结构横向耐撞性能数值仿真研究 [J]. 江苏科技大学学报, 2007, 21 (4): 7 – 11.

[178] 赵桂平, 卢天健. 多孔金属夹层板在冲击载荷作用下的动态响应 [J]. 力学学报, 2008, 40 (2): 194 – 206.

[179] 张延昌, 顾金兰, 王自力, 等. 蜂窝夹层板结构抗冲击正交试验优化设计. 第九届全国冲击动力学学术会议, 2009.

[180] 赵楠, 薛璞, 李玉龙. 鸟体撞击蜂窝夹层板的动力学响应分析研究. 第九届全国冲击动力学学术会议, 2009.

[181] 宋延泽, 王志华, 赵隆茂, 等. 撞击载荷下泡沫铝夹层板的动力响应 [J]. 爆炸与冲击, 2010, 30 (3): 301 – 307.

[182] 王自力, 张延昌. 基于夹层板的单壳船体结构耐撞性设计 [J]. 中国制造, 2008, 49 (1): 60 – 65.

[183] 张延昌, 王自力, 张世联, 等. 基于折叠式夹层板船体结构耐撞性设计 [J]. 船舶工程, 2009, 31 (6): 1 – 5.

[184] 张延昌, 王自力, 顾金兰, 等. 夹层板在舰船舷侧防护结构中的应用 [J]. 中国造船, 2009, 50 (4): 36 – 44.

[185] 王自力, 张延昌, 顾金兰. 基于夹层板抗水下爆炸舰船底部结构设计 [J]. 舰船科学技术, 2010, 32 (1): 22 – 27.

[186] Mines R A W, Worrall C M, Gibson A G. Low velocity perforation behaviour of polymer composite sandwich panels [J]. Int J Impact Eng, 1998, 21 (10): 855 – 879.

[187] Roacha A M, Jonesb N, Evans K E. The penetration energy of sandwich panel elements under static and dynamic loading [J]. Part II. Compos Struct, 1998, 42 (2): 135 – 152.

[188] Yasui Y. Dynamic axial crushing of multi – layer honeycomb panels and impact tensile behavior of the component members [J]. Int J Impact Eng, 2000, 24 (6): 659 – 671.

[189] Meo M, Morris A J, Vignjevic R, et al. Numerical simulation of low-velocity impact on an aircraft sandwich panel [J]. Compos Struct, 2003, 62 (3): 353-360.

[190] Meo M, Vignjevic R, Marengo G. The response of honeycomb sandwich panels under low-velocity impact loading [J]. Int J Mech Sci, 2005, 47 (9): 1301-1325.

[191] Dear J P, Lee H, Brown S A. Impact damage processes in composite sheet and sandwich honeycomb materials [J]. Int J Impact Eng, 2005, 32 (1): 130-154.

[192] Aktay L, Johnson A F, Holzapfel M. Prediction of impact damage on sandwich composite panels [J]. Comp Mater Sci, 2005, 32 (3): 252-260.

[193] Nguyen M Q, Jacombs S S, Thomson R S. Simulation of impact on sandwich structures [J]. Compos Struct, 2005, 67 (2): 2217-2227.

[194] Zhou G, Hill M, Hookham N. Investigation of parameters governing the damage and energy absorption characteristics of honeycomb sandwich panels [J]. J Sandw Struct Mater, 2007, 9 (4): 309-342.

[195] Othman A R, Barton D C. Failure initiation and propagation characteristics of honeycomb sandwich composites [J]. Compos Struct, 2008, 85 (2): 126-138.

[196] Buitrago B L, Santiuste C. Modelling of composite sandwich structures with honeycomb core subjected to high-velocity imapct [J]. Compos Struct, 2010, 92 (9): 2090-2096.

[197] Hou S, Zhao S, Ren L, et al. Crashworthiness optimization of corrugated sandwich panels [J]. Mater Des, 2013, 51: 1071-1084.

[198] Zheng G, Wu S Z, Sun G Y. Crushing analysis of foam-filled single and bitubal polygonal thin-walled tubes [J]. Int J Mech Sci, 2014, 87: 226-240.

[199] Qi C, Yang S, Dong F L. Crushing analysis and multi-objective crashworthiness optimization of tapered square tubes under oblique impact loading [J]. Thin-Walled Struct 2012, 59: 103-119.

[200] Zhang Y, Sun G Y, Li G Y, et al. Optimization of foam-filled bitubal structures for crashworthiness criteria [J]. Mater Des, 2012, 38: 99-109.

[201] Yin H F, Wen G L, Hou S J, et al. Multi-objective crashworthiness optimization of functionally lateral graded foam-filled tubes [J]. Mater Des, 2013, 44: 414-428.

[202] Yin H F, Wen G L, Wu X, et al. Crashworthiness design of functionally graded foam-filled multi-cell thin-walled structures [J]. Thin-Walled Struct, 2014, 85: 142-155.

[203] Yin H F, Wen G L, Fang H B, et al. Multi-objective crashworthiness optimization

design of functionally graded foam – filled tapered tube based on dynamic ensemble meta – model [J]. Mater Des, 2014, 55: 747 – 757.

[204] Sun G Y, Li G Y, Hou S J, et al. Crashworthiness design for functionally graded foam – filled thin – walled structures [J]. Mater Sci Eng A, 2010, 527 (7): 1911 – 1919.

[205] Yang S, Qi C. Multi – objective optimization for empty and foam – filled square columns under oblique impact loading [J]. Int J Impact Eng, 2013, 54: 177 – 191.

[206] Sun G Y, Xu F X, Li G Y, et al. Crushing analysis and multi – objective crashworthiness optimization for thin – walled structures with functionally graded thickness [J]. Int J Impact Eng, 2014, 64: 62 – 74.

[207] Fang J, Gao Y, Sun G, et al. Crashworthiness design of foam – filled bitubal structures with uncertainty [J]. Int J Non – lin Mech, 2014, 67: 120 – 132.

[208] Yin H F, Wen G L, Hou S J, et al. Crushing analysis and multi – objective crashworthiness optimization of honeycomb – filled single and bitubular polygonal tubes [J]. Mater Des, 2011, 32: 4449 – 4460.

[209] Li M, Deng Z Q, Guo H W, et al. Optimizing crashworthiness design of square honeycombstructure [J]. J Cent South Univ, 2014, 21: 912 – 919.

[210] Hou S J, Ren L L, Dong D, et al. Crashworthiness optimization design of honeycomb sandwich panel based on factor screening [J]. J Sandw Struct Mater, 2012, 14 (6): 655 – 678.

[211] Hou S J, Zhao S Y, Ren L L, et al. Crashworthiness optimization of corrugated sandwich panels [J]. Mater Des, 2013, 51: 1071 – 1084.

[212] 张雄, 王天舒. 计算动力学 [M]. 北京: 清华大学出版社, 2007.

[213] 钟万勰. 暂态历程的精细计算方法 [J]. 计算结构力学及其应用, 1995, 12 (1): 1 – 6.

[214] Belytschko T, Liu W K, Moran B. Nonlinear finite elements for continua and structures [M]. New York: John Wiley and Sons, 2000.

[215] Hallquist J O. LS – DYNA theory manual [M]. California: Livermore Software Technology Corporation, 2006.

[216] 赵海鸥. LS – DYNA 动力分析指南 [M]. 北京: 兵器工业出版社, 2003.

[217] Douglas C. Montgomery. 试验设计与分析 (Design and Analysis of Experiments) (第 6 版) [M]. 傅珏生, 张健, 王振羽, 等, 译. 北京: 人民邮电出版社, 2009: 134 – 284.

[218] 杨志程. 几种无重复试验的饱和析因设计分析方法的稳健性 [D]. 上海: 华东

师范大学,2006.

[219] 陈颖. 无重复试验的饱和析因设计的数据分析 [J]. 应用概率统计, 2004, 20 (3): 313-326.

[220] Daniel C. Use of Half – normal plots in interpreting factorial two – level experiments [J]. Technometrics, 1959, 1 (4): 311-341.

[221] 方开泰, 马长兴. 正交与均匀试验设计 [M]. 北京: 科学出版社, 2001.

[222] Kennedy J, Eberhart R C. Particle swarm optimization [C]. In: Proc of IEEE International Conference on Neural Networks. Piscataway, NJ. 1995, 1942-1948.

[223] Raquel C, Naval P. An effective use of crowding distance in multiobjective particle swarm optimization [C]. In Proceedings of the 2005 conference on genetic and evolutionary computation. Washington DC, USA, 2005, 257-264.

[224] Hanssen A G, Langseth M, Hopperstad O S. Static and dynamic crushing of circular aluminum extrusions with aluminum foam filler [J]. Int J Impact Eng, 2000, 24 (5): 475-500.